カルロ・ギンズブルグ

政治的イコノグラフィーについて

上村忠男訳

みすず書房

PAURA, REVERENZA, TERRORE

Cinque saggi di iconografia politica

by

Carlo Ginzburg

First published by Adelphi Edizioni S.P.A. Milano, 2015

目次

原書による凡例

本書のフランス語版 *Peur révérence terreur. Quatre essais d'iconographie politique*（Paris: Les presses du réel, 2013）と比較して、試論は五本になった。すでにメキシコ版 *Miedo, reverencia, terror. Cinco ensayos de iconografía política*（México: Editorial Contrahistorias, 2014）に含まれていた第一試論が新たに追加されたのである。序言の拡大版については、"Le forbici di Warburg," in: Maria Luisa Catoni, Carlo Ginzburg, Luca Giuliani, Salvatore Settis, *Tre figure. Achille, Meleagro, Cristo*, a cura di Maria Luisa Catoni（Milano: Feltrinelli, 2013）, pp. 109-132〔「ヴァールブルクの鋏」カルロ・ギンズブルグ著、上村忠男編訳『ミクロストリアと世界史――歴史家の仕事について』（みすず書房、二〇一六年）、八九―一一八頁〕を見られたい。

本書に（いずれも多少とも改訂したうえで）集められている論考がどこでいつ初めて登場したのかを以下に指示しておく。

第一試論："Memory and Distance. Learning from a Gilded Silver Vase（Antwerp, c. 1530）," *Diogenes*, LI（2004）, 201, pp. 99-112.

第二試論：*Fear Reverence Terror: Reading Hobbes Today*（Max Weber Lecture Series）（Badia Fiesolana, S. Domenico di Fiesole［Firenze］: European University

Institute, 2008).

第三試論：“David, Marat. Arte politica religione,” in: *Prospettiva Zeri*, a cura di Anna Ottani Cavina (Torino: Allemandi, 2009), pp. 67–84.

第四試論：“‘Your Country Needs You’: A Case Study in Political Iconography,” *Historical Workshop Journal*, 52 (2001), pp. 1–22.

第五試論：*Das Schwert und Glühbirne. Eine neue Lektüre von Picassos «Guernica»*, übersetzt von Reinhard Kaiser (Frankfurt a. M.: Suhrkamp, 1999); “The Sword and the Lightbulb: A Reading of «Guernica»,” in: Michael S. Roth and Charles G. Salas (eds.), *Disturbing Remains: Memory, History, and Crisis in the Twentieth Century* (Los Angeles: Getty Research Institute, 2001), pp. 111–177.

序言

1　ここに集めた試論ないし実験は、互いにきわめて異なったテーマをあつかっているが、しかしすべてが政治的イコノグラフィー〔図像学〕に結びついている。これにたいして、さほど明白でないのは、それらが共有している分析道具のほうである。一世紀以上前にアビ・ヴァールブルクが提唱した「パトスフォルメル（Pathosformel）」（「情念定型」）という概念がそれである。わたしがここで採用してきた、ヴァールブルクとは部分的に異なる用法に触れるまえに、この概念の意味内容と起源について一瞥しておこう。

2　ヴァールブルクは、一九〇五年十月にハンブルクでおこなわれた講演（「デューラーとイタリア的古代」）で、オルフェウスの死を描いたデューラーの素描をマンテーニャのサークルから出てきた同じ主題をあつかった版画に接近させた。前者の素描は後者の版画に着想を得ている。しかし、後者は後者で、今日ではもはや探査不可能となったいくつかの媒介をへて、死にゆくオルフェウスの身振りのなかで、すでにギリシアの壺のうちに見いだされる身振りを反響させている、とヴァールブルクは指摘する。そこには「考古学的に真正なパトスフォルメル」の存在が確認されるというのだ。[1] ヴァールブルクによると、これは孤立した例ではなかった。ルネサンス初期の芸術は古代から「強調された感傷性をおびる身振りのモデル」を引き出していた。それは、古代芸術を「静謐なる偉大さ」と同一視していた古典主義的なヴィジョンによっては無視された要素だった。このオルフェウスの死の様式論的‐イコノグラフィック〔図像学的〕な解釈を提示するにあたって、ヴァールブルクは（数か月後の日記に記しているように）ヴィンケルマンの定義を補完し修正するために、ニーチェにまでさかのぼってその声に耳を傾けている。[2] さらにニーチェに続いては、ブルクハルトにである。ルネサンスは、とりわけ古代の石棺をつうじて、敬虔な中世が暗々裡に検閲に付してきた酒神バッコスの祭りにうかがわれる異教の身振りを取り戻した、とフリッツ・ザクスルはヴァールブルクのメモを使って指摘している。[3] そしてまさにブルクハルトの『イタリア・ルネサンスの文化』の一節――「なんらかのパトスが出現したとき、それは古代的な形式で呈示されなければならなかった」――のうちに、ゴンブリッチはヴァールブルクが提出した「パトスフォルメル」という観念の種子を見てとるのだった。[4] たぶん、そうなのだろう。しかし、その種子は指摘されているのとは別の経験によって肥沃になった土壌の上に落ちたのだった。

3

刊行された著作のなかでは、ヴァールブルクは「パトスフォルメル」という概念をまれにしか使っていない。その一方で、歳月が流れるなかで積み重ねられた膨大な量のメモのなかでは、それについてほとんど強迫観念のようにして立ち戻っている。最上級の原初的性格にかんする言語学者ヘルマン・オストホフの研究に着想を得て、ヴァールブルクは定型として引用可能な特定の身振りにかんする描写を言語における最上級にたとえて「情熱的身振り言語の原初的言葉（Urworte leidenschaftlicher Gebärdensprache）」と表現している。[5]オストホフによると、これらの「原初的言葉」の特徴の一つに、両義性があった。これはヴァールブルクが「パトスフォルメル」に拡大適用した要素である。[6]古代から引き出された情動的身振りはルネサンス芸術のなかでは意味内容を反転させて取りあげ直されている。このような「エネルギー論的反転」（ヴァールブルクの用語）の一例は、ドナテッロの弟子であったフィレンツェの彫刻家ベルトルド・ディ・ジョヴァンニの《十字架磔刑図》でマイナデス（酒神バッコスの信女たち）として描かれているマグダラのマリアである。この絵はヴァールブルクが晩年に専念した図像アトラス『ムネモシュネ』では全体および部分として二回登場する。[7]

ヴァールブルクの死後、彼を取り巻くサークルに参加していたエドガー・ヴィントは、「十字架の下のマイナデス」と題された短い論考で、ベルトルド・ディ・ジョヴァンニのマグダラのマリアに立ち戻っている。論考はジョシュア・レノルズの『芸術についての講話』からの引用でもって始まる。レノルズは自分の所有しているバッチョ・バンディネッリの素描について論評して、バッチョ・バンディネッリは「狂乱におちいり熱狂した一種の喜びを表わそうとする」バッコスの信女に着想を得て、「悲しみによって狂乱におちいった姿を表現していた」十字架の下のマリアを描こうとしたのだと記していた。そして「相対立する両極端の情動が、たいした違いもなく、同一の動作で表現されているというのは奇妙であるが、疑いもなくそのとおり真実なのである」と結論していた。これを受けてヴィントは評している。ヴァールブルクは「レノルズのこの一節を知らないまま、類似する身振りが正反対の意味をおびうることを示そうとしていた」像の蒐集をおこなっていたのだ、と。[8]しかし、ヴィントは間違っていた。ヴァールブルクは「パトスフォルメル」という概念の起源をわたしたちがよりよく理解するのを助けてくれるひとつの経路をつうじて、レノルズの問題の一節を知るにいたっていたのである。

4

ただちに言っておかなければならないが、この経路はだれの目にもまったく明々白々である。一八八八年、当時二十二歳のヴァールブルクは、ドイツの美術史家アウグスト・シュマルゾーのためのセミナーの準備をしていたとき、フィレンツェの国立図書館で、『人間と動物における感動の表現』と題されたチャールズ・ダーウィンの著名な本に出会った。[9]ヴァールブルクは日記に記している。「やっとわたしの役に立つ本に出会った」と。[10]この「役に立つ」という言葉が「パトスフォルメル」という概念と関係があるということはしばしば指摘されてきたが、それは「この影響をどのような意味で解釈すべきかということはいまだに解決されないままになっている」といったたぐいの曖昧なかたちにおいてのものであった。[11]そうかもしれない。が、たとえそうであっても、あらゆる解釈はヴァールブルクの研究者たちが奇妙にも沈黙しているひとつの事実データを考慮しないで済ますことはできないだろう。すなわち、ダーウィンが発作的な笑いと涙のような両極端の感動状態のあいだに認められる隣接関係について論じた章において、レノルズのさきに想起しておいた一節（「相対立する両極端の情動が、たいした違いもなく、同一の動作で表現されているというのは奇妙であるが、疑いもなくそのとおり真実なのである」）を頁下の注のなかで引用したうえで、「彼［レノルズ］はバッコスの信女の熱狂的な歓喜とマグダラのマリアの悲痛を例として引用している」と評している、という事実データがそれである。(12)

ダーウィンのこれらのわずか数行の言及は、ヴァールブルクの頭の中に四十年にわたる省察を点火することとなった。そして、それらのなかに「パトスフォルメル」という概念が、それの含意する意味内容とともに、萌芽の形態で表現されているのを見ようとする試みがなされてきた。一方では、古代との関係、もう一方では、バッコスの信女の歓喜のあまり我を忘れた狂乱状態をマグダラのマリアの悲嘆に暮れた狂乱状態に変容させる「エネルギー論的反転」がそれである。しかし、これは後から過去を振り返ったさいに生じる幻想にすぎない。種子は樹木を説明しはしないのだ。ヴァールブルクが「パトスフォルメル」という概念をおおやけに提唱するまでほぼ二十年を要したというのは、意味深長なことである。

5　このためらいはヴァールブルクがほんとうにはけっして解決することができなかったひとつの困難から出てきていたのかもしれない。ダーウィンが彼の本のタイトルによってつとに示唆していたように、もし感動の表現が進化をつうじて説明されるとするなら、もろもろの特殊的な文化的経路の探求は余計なものになってしまう。ところが、まさしくこれらの経路こそは、記録による裏付けがあるものであれ、推測によるものであれ、「デューラーとイタリア的古代」にかんするハンブルクの講演（一九〇五年）の中心にあったものなのだ。これにたいして、死の間際に書かれた図像アトラス『ムネモシュネ』への序文（一九二九年）では、ヴァールブルクは「記憶のうちに刻印された相続財産として生き残る情熱的経験のエングラム〔記憶痕跡〕[13]」について語っている。四半世紀にわたって、ヴァールブルクの思考は二つの相反する方向のあいだで揺れ動いていたのだった。既発表のもの、未発表のものを含め、ヴァールブルクの仕事の豊かさは、まさにここ、すなわち、歴史家と形態学者のあいだの解消されない緊張から生まれているのである。その緊張関係は、スキファノイア宮の一連のフレスコ画についてのセンセーショナルな解読作業を凝縮した図表と、『ムネモシュネ』のパネルのなかで類似点と相違点を浮き彫りにしつつ並置されている図像とのコントラストというかたちで要約することができる[14]。

6　ヴァールブルクの仕事を縦断している形態学と歴史学のあいだの緊張には、いくつかの客観的な根（radici）がある。もろもろの「パトスフォルメル」の伝達はその時々の歴史的な偶発的状況に依存している。一方、それらの「パトスフォルメル」への人間たちの反応は完全に別種の偶発的状況に依存しており、そこでは歴史の多かれ少なかれ短い時間は進化のとてつもなく長い時間と絡まり合っている。この絡まり合いのもろもろの様態はなおも広範囲にわたって未探査の研究領域へとわたしたちを送り届ける。ここに集めた試論がそうした研究へのささやかな貢献であってくれればと願っている。

第一の試論では、ミュンヘンのレジデンツ〔大使公邸〕のシャッツカマー〔宝物の部屋〕に保存されている金めっきされた銀杯の分析をとおして、新世界の征服という、それまでの通念をひっくり返してしまう新しい現実を表象するために、古代風にしつらえられた「パトスフォルメル」が曖昧模糊とした機能を展開していたことが示されている。第二の試論では、恐怖と崇敬とが合流している"awe"という用語がホッブズの省察の中心的要素であることを突きとめることによって、両極端の両義的な情動表現を基軸としたとてつもなく長期間にわたる歴史の決定的な一章が明らかにされている。恐怖と崇敬はダヴィッドの《最後の息を引き取ろうとしているマラー》をあつかった第三の試論でも中心に位置している。ここでは、まずは異教の、ついではキリスト教のイコノグラフィーに登場するもろもろの身振りが、革命のイコノグラフィーに奉仕すべく取りあげ直されていて、世俗化にまつわる曖昧さを範例的な仕方で図解してみせている。同じ主題は、暗々裡にではあるが、第四の試論でも立ち現われている。キッチナー卿の身振りの諸前提は、遠くにあるものも近くにあるものも含めて、彼の身振りが驚嘆すべき効果を上げたことの理由をわたしたちが理解するのを手助けしてくれる。最後に、第五の試論では、古代的なものと現代的なもの、粉々になった剣と電球を暴力的に対置しようとしたピカソのこころみを分析することをつうじて、《ゲルニカ》に予想外の光が投げかけられている。わたしたちが立ち戻っているのは、恐怖とその身振りである。これは政治的イコノグラフィーに献げられたこれらの試論のまさに核心にあるテーマなのである。

7　「パトスフォルメル」という概念は、近代の図像が古代に起源を有していること、そしてそれらの起源にどのようにして改訂がほどこされてきたのかを明るみに出す。しかし、ヴァールブルクがわたしたちに伝達してきた分析道具は、それが当初練りあげられたさいに対象となっていた現象とは大きく異なった現象にも拡大適用することができる。『リヴァイアサン』の表紙――政治的イコノグラフィーの有名な見本――は、タキトゥスの古い言葉、“fingunt simul creduntque”（「人々は自分たちが作りあげたものをただちに信じこむ」）を新しい図像に翻訳している。この場合、わたしたちが眼前にしているのは、情動ではなくて、観念である。情動を対象とする「ロゴスフォルメル（Logosformel）」である。わたしたちはわたしたち自身が作りあげた嘘に支配されてしまっているのだ。この観念は、戦意を喪失させるパラドクシカルな単純さを有していることによって、わたしたちが政治の言語およびそのイメージについての批判を展開する手助けをしてくれる。

（1）　Aby Warburg, “Dürer und die italienische Antike,” in: *Aufgewählte Schriften und Würdingungen*, hrsg. von Dieter Wuttke (2. Aufl.: Baden-Baden: Koerner, 1980), pp. 125-135, spec. p. 126〔アビ・ヴァールブルク「デューラーとイタリア的古代」『ヴァールブルク著作集5』（伊藤博明監訳、加藤哲弘訳、ありな書房、二〇〇三年）、七—三四頁〕――Ulrich Rehm と Claudia Wedepohl の論考が入っている *Die entfesselte Antike. Aby Warburg und die Geburt der*

Pathosformel, hrsg. von Marcus Andrew Hurttig und Thomas Ketelsen (Köln: Water König, 2012) も参照。

（2）　Ernst H. Gombrich, *Aby Warburg. An Intellectual Biography* (London: The Warburg Institute, 1970), p. 185, nota 1.〔E・H・ゴンブリッチ『アビ・ヴァールブルク伝　ある知的生涯』（鈴木杜幾子訳、晶文社、一九八六年）、三七五頁注33〕

（3）　Fritz Saxl, “Die Ausdrucksgebärden der bildenden Kunst” (1932), in: Warburg, *Aufgewählte Schriften und Würdingungen* cit., pp. 419-431, spec. p. 429（ザクスルはヴァールブルクのメモを使っていた）

（4）　Gombrich, *Aby Warburg* cit., p. 179, nota 1〔鈴木訳、三七四頁注24〕――「“Wo irgend Pathos zum Vorschein kam, musste es in antiker Form geschehen”〔なんらかのパトスが出現したとき、それは古代的な形式で呈示されなければならなかった〕―― Karl Heinrich von Stein, *Vorlesungen über Aesthetik* (Stuttgart: Cotta, 1897), p. 77 に引用されている。これはパトスフォルメルというヴァールブルクの観念の萌芽である」。Cf. Jacob Burckhardt, *La civiltà del Rinascimento in Italia. Un tentativo di interpretazione*, a cura di Maurizio Gherardi (Torino: Nino Aragno, 2006), p. 142〔ブルクハルト『イタリア・ルネサンスの文化――一試論』（柴田治三郎訳、中央公論社、中公バックス《世界の名著》56「ブルクハルト」、一九七九年）、二四一頁〕

（5）　Saxl, “Die Ausdrucksgebärden” cit., p. 429, nota 1; Gombrich, *Aby Warburg* cit., pp. 178-179〔鈴木訳、二〇〇―二〇一頁〕―― Hermann Osthoff, “Vom Suppletivwesen der indogermanischen Sprachen,” in: *Akademische Rede* (Heidelberg: Hörning, 1899) にもとづいた一九〇三―一九〇六年の覚え書きから採られている。

（6）　Moshe Barasch, “Pathos Formulae: Some Reflections on the Structure of a Concept,” in: *Imago Hominis. Studies in the Language of Art* (New York: New York University Press, 1994), pp. 119-127（“Ambiguity” という言葉を使っている）。Cf. Gombrich, *Aby Warburg* cit., index, s.v. «Polarity»; Georges Didi-Huberman, *L'image survivante. Histoire de l'art et temps des fantômes selon Aby Warburg* (Paris: Minuit, 2002), pp. 190-270〔ジョルジュ・ディディ゠ユベルマン『残存するイメージ――アビ・ヴァールブルクによる美術史と幽霊たちの時間』（竹内孝宏・水野千依訳、人文書院、二〇〇五年）、一八三―二六三頁〕

（7）　Aby Warburg, *Der Bilderatlas Mnemosyne*, hrsg. von Martin Warnke unter Mitarbeit von Claudia Brink (Berlin: Akademie Verlag, 2000), p. 42, ill. 25〔アビ・ヴァールブルク／伊藤博明／加藤哲弘／田中純著『ヴァールブルク著作集

別巻1　ムネモシュネ・アトラス』（ありな書房、二〇一二年）、一五三頁（パネル25）〕。現在マドリードのプラド国立美術館に保存されている、踊るマイナデスを描いた新アッティカ時代のレリーフは、ベルトルド・ディ・ジョヴァンニの《十字架磔刑図》におけるマグダラのマリアに接近させられている。Ibid., pp. 76-77, ill. 42も見られたい——「エネルギー論的反転としての苦悩のパトス（十字架の下のペンテウスとマイナデス）。世俗的葬儀における哀悼、英雄化されている。宗教的葬儀における哀悼。救世主の死。〔……〕埋葬。葬儀における瞑想」（ここにはベルトルド・ディ・ジョヴァンニの《十字架磔刑図》の全体像も呈示されている）。Aby Warburg, *Tagebuch der Kulturwissenschaftlichen Bibliothek Warburg, mit Einträgen von Gertrud Bing und Fritz Saxl*, hrsg. von Karen Michels und Charlotte Schoell-Glass（Berlin: Akademie Verlag, 2001）, p. 320も参照のこと。

（8）Edger Wind, "The Maenad under the Cross: Comments on an Observation by Reynolds"（1937）, in: *Hume and the Heroic Portrait. Studies in Eighteenth-Century Imagery*, edited by Jaynie Anderson（Oxford: Oxford University Press, 1986）, p. 74 et p. 76. レノルズへの言及はK・W・フォルスターによって「意味深長である」と定義されている。Cf. Kart W. Forster e Katia Mazzucco, *Introduzione ad Aby Warburg e all'Atlante della Memoria*, a cura di Monica Centanni（Milano: Bruno Mondadori, 2002）, p. 28.

（9）Charles Darwin, *The Expression of Emotions in Man and Animals*（London: John Murray, 1872）（フィレンツェ国立中央図書館：MAGL. 19. 8. 445）。フィレンツェ国立中央図書館はフランス語訳も一冊所蔵している：*L'expression des émotions chez l'homme et les animaux*, traduit par Samuel Pozzi et René Benoit（Paris: Reinwald et C., 1874）（MAGL. 19. 8. 435）。Charles Darwin, *L'espressione delle emozioni nell'uomo e negli animali*, 3ª ed. a cura di Paul Ekman（Torino: Bollati Boringhieri, 1999）も見られたい（Philip Prodger による挿図の変遷についての論文が含まれている）〔『人及び動物の表情について』（濱中濱太郎訳、岩波書店、一九三一年、復刊一九九一年）〕

（10）Gombrich, *Aby Warburg* cit., p. 72〔鈴木訳、八九頁〕（ゴンブリッチは書名を*The Expression of Emotion in Animals and Men*と不正確に引用している）

（11）Didi-Huberman, *L'image survivante* cit., p. 232〔竹内・水野訳、二三八頁〕。この問いに続いて、有益な指摘に満ちた回答のこころみがなされている（pp. 224-240, 242-246〔竹内・水野訳、二四二―二五一、二五三―二五五頁〕。ヴァールブルクの表情理論にとってダーウィンが決定的な重要性を有しているということは、すでにゴンブリッチも注意をうながしていた（Gombrich, *Aby Warburg* cit., p. 242〔鈴木訳、二六八頁〕）。

（12） Charles Darwin, *The Expression of the Emotions in Man and Animals*, edited by Francis Darwin, second ed. (London: John Murray, 1904), p. 214, nota 17（ヴァールブルクが参照した一八七二年版では、p. 208, nota 15）〔濱中訳、二四一、二五四頁〕。Paul Ekman (ed.), *Darwin and Facial Expression. A Century of Research in Review* (New York-London: Academic Press, 1973）も参照のこと。レノルズの文章についてのヴィントの解説（"a fundamental law of human expression"〔人間の感情表現の基本法則〕——*The Maenad under the Cross* cit., p. 74）には、おそらく無意識にダーウィンの著作の題名からの影響がうかがえるのではないだろうか。

（13） Didi-Huberman, *L'image survivante* cit., p. 240〔竹内・水野訳、二五二頁〕。この緊張は、ディディ＝ユベルマンの本には姿を見せない。彼は歴史家としてのヴァールブルクにはごくわずかしか紙幅を割いていない。しかし、「理論家」ヴァールブルクの復元作業は「あらゆる「理論」への実証主義的嫌悪」(ibid., p. 93〔竹内・水野訳、九七頁〕）にたいする論争によって歪められてしまっている。ヴァールブルクの理論は明らかに実証主義から生まれているのである。たとえそれを乗り越えているとしてもである（この件にかんしてはフロイトの理論の場合も同様である。しかし、ディディ＝ユベルマンが長々と論じている両者の比較対照はさほど啓発的なものではない）。

（14） この対置とそれが含意するものについては。Carlo Ginzburg, "Family Resemblances and Family Trees: Two Cognitive Metaphors," *Critical Inquiry*, XXX (2004), 3, pp. 537-556 を参照されたい。

上／図1　ピエロ・ディ・コジモ《蜂蜜の発見》　板にテンペラ画　1499年頃　ウースター美術館
下／図2　同《シレノスの災難》　板に油彩とテンペラ画　1500年頃　ハーヴァード大学フォッグ美術

図3　金めっきされた銀杯　1530年頃　ミュンヘンのレジデンツのシャッツカマーに展示

第一試論　記憶と距離

――金めっきされた銀杯（アントワープ、一五三〇年頃）について

1　アビ・ヴァールブルクは、一九二九年、死去する数か月前、彼の最後のプロジェクト、ギリシアの記憶の女神ムネモシュネに献げられた図像アトラス（Bilderatlas）への序文を書いた。ムネモシュネという名前はヴァールブルクがハンブルクで創設した文化科学図書館（Kulturwissenschaftliche Bibliothek）の入り口に記銘されていた。彼の死後七十年経ってはじめてイタリア語に翻訳された序文は、つぎのように始まっている。

自己と外部世界とのあいだに意識して距離を導き入れるというのは、わたしたちが疑いもなく人間文明の基本的行為として規定できることである。このようにして開かれた空間が芸術的造形の基層に転化するなら、そのときには距離の意識は持続的な社会的機能をもたらすことができる。(1)

ヴァールブルクの頭の中で記憶と距離がこんなにも密接に結びついていたのはどうしてなのか。エルンスト・ゴンブリッチは、この一節を注釈して、「記憶が「距離」を作り出せるということではなくて、静謐な観照と感動を誘発するものへのオルギア〔狂宴〕的な放擲という両極のあいだの間隔を拡大し、双方の態度にモデルを提供できるということなのである」と書いている。(2) モデル、すなわち、ギリシア゠ローマの古代から取ってこられ、ルネサンス期に文化的・地理的な距離を乗り越えて現在を解釈するためのフィルターとして作動していた視覚的な（および言葉で表現された）定型である。

2

時として、ヨーロッパ人が新世界と出逢ったときのように、これらの距離は互いに絡まり合っていることもあった。「わたしたちは際限なく広がる土地を発見しました。数え切れないほど多くの民とさまざまな言語を目にしました。彼らはだれもが裸です」とアメリゴ・ヴェスプッチがロレンツォ・ディ・ピエルフランチェスコ・デ・メディチに宛てた手紙にはある。(3) 裸であるということをヨーロッパ人は強調していたが、それは文明が欠如していることの明らかな証拠であるとヨーロッパ人には見えたのだった。「彼らはなんらの法律も信仰ももっていません。自然に従って生活しており、霊魂が不死であることを知りません」とヴェスプッチは書いている。(4) しかし、ピエトロ・マルティーレ・ダンギエーラは、大きな反響を呼んだ本、『新世界の十巻』（一五一一六年）でこの侮蔑的な判断をひっくり返している。それらの民は――と、彼は「裸の哲学者」との対話への評注で書いている――所有とはなにかを知らず、法律も本も判事も知らないが、それは「黄金時代をもっている」からである、と。[5]

ギリシア＝ローマ神話に結びついた一連の錯綜したテクストやイメージとともに、善良な野蛮人の神話が生じていた。この点については、きわめてよく知られた例を想い起こすだけで十分だろう。バッコスの生涯の二つのエピソードを描いたピエロ・ディ・コジモの二枚の絵、《蜂蜜の発見》と《シレノスの災難》がそれである（口絵・図1および図2）。エルヴィン・パノフスキーはそれらの絵を「人間の最初の時代」にかんする視覚的注釈であると解釈した。[6] しかし、不可思議なことに、このテーマに関連するピエロ・ディ・コジモの絵が新世界の発見から霊感を得たものであることに気づいていない。新世界の発見というテーマについては、フィレンツェの市民たちは彼らの同郷人であるアメリゴ・ヴェスプッチによって一五〇四―一五〇五年に公刊された二篇の報告、『新世界』と『ピエロ・ソデリーニ氏に献呈された二回の航海の概要』のおかげでよく知っていたはずであるにもかかわらずである[7]（フェデリコ・ゼーリは、これらのピエロ・ディ・コジモの絵の制作時期を、純粋に様式論的な根拠にもとづいてであるが、一五〇五年と一五〇七年のあいだであるとしている[8]）。ヴァザーリによると、ピエロ・ディ・コジモはストリエ・バッカナリーエ、すなわちバッコスの生涯に関連する物語をジョヴァンニ・ヴェスプッチのために、あるいはより蓋然性が高い推測としては、ジョヴァンニの父で、フランス王ルイ十一世の宮廷における元フィレンツェ大使であったグイダントニオのために描いたのだという。グイダントニオは重責を負った政治家で、パリで二年間、遠縁にあたり、彼が保護人をつとめていたアメリゴ・ヴェスプッチと過ごしたことがあった。[9] ピエロ・ディ・コジモの絵は疑いもなくアメリゴの新大陸発見を顕彰したものだったのである。パノフスキーはこのコンテクスト上の要素を見過ごしており、人間の最初の時代にかんするピエロ・ディ・コジモの絵は「このうえなく洗練された文明の時代にたまたま生きていた原始人についての潜在意識的な想起」であると結論している。[10] しかし、ピエロ・ディ・コジモは「原始人」でもなければ、「先祖返り」の一例でもなかった。少し前に発見されたばかりの住民についての彼の絵は「潜在意識的な想起」に関連したものではなく、古代の諸要素を意識的に取りあげ直したものだった。しかも、彼の所作は例外的なものではなかった。一五二一年、チェーザレ・チェザリアーノは火の発見にかんするウィトルウィウスのくだり（『建築論』二・一・一―二）を図解してみせたさい、それに付した評注のなかで、「黄金時代」とスペイン国王とポルトガル国王の艦隊によって発見された「新しい民」について語っている。[11] その少し後で、メキシコのミチョアカンの司教をしていた判事のバスコ・デ・キローガは、新世界の素朴な住民を黄金時代の住民に譬えるとともに、自らの主張を支持してくれるテクストとしてトマス・モアの『ユートピア』とルキアノスの『サトゥルナリア祭』を引いている。[12] 古代のイメージとテクストの助けを借りて、全ヨーロッパの著述家、古物研究家、画家、彫刻家はギリシア゠ローマの地理学者たちがその存在すら予想したこともなかった新しい土地と新しい住民を理解しようとこころみていたのだった。

3 これがここで検証することになるケース、今日ミュンヘンのレジデンツ〔大使公邸〕のシャッツカマー〔宝物の部屋〕に展示されている金めっきされた銀杯（口絵・図3）[13]の背景である。高さ四七・五センチメートル、幅二四・五センチメートルの物体で、品質とイコノグラフィーの点で異例であることから何度となく言及され複製が作られてきた。しかしながら、深く分析がなされることは一度もなかったようにみえる。

純分認証極印から銀杯は一五二四—二五年にアントワープで作られたことがわかる。[14]装飾は後日ほどこされたもののようであるとの指摘がなされてきた。[15]この仮説は、一方における柄とカップ本体のあいだに瞥見される杯と葉飾りの後期ゴシック的形状と、他方における蓋とカップと台座を装飾しているシーンのルネサンス的な相貌とのあいだの、しばしば強調されてきた明々白々な様式論上のギャップを説明しようとしている。[16]様式論的な観点からは、杯は全体として混成体をなしている。しかし、奇妙なことにも、杯の内部も混成体をなしていることには注意が払われてこなかった。接近して調べてみると、蓋の内部とカップの内部と台座の内部とでは様相を大きく異にしていることが明らかになる。蓋の内部とカップの内部は金めっきされた銀の層によって覆われていて、外部を装飾しているシーンの裏側を包み隠している（図4）。これにたいして、台座の内部では、シーンの裏側が完全に透けて見える（図5）。

この違いはどう解釈すればよいのだろうか。唯一可能な回答はつぎのようではないかとおもわれる。蓋とカップの場合には、装飾された層はまえもって存在していた容器にあとから上塗りされたものであって、容器の内部はなおも目で見ることができる。これにたいして、台座は、内部に二重の層は存

上／図４　金めっきされた銀杯　蓋の内側
下／図５　同　台座の内側

在しておらず、蓋とカップに装飾をほどこした金銀細工師自身によって制作されたのだった。いいかえるなら、レジデンツのシャッツカマーに展示されている物体《オブジェ》は、台座以外は二つの容器からなっていて、一方の容器はもう一方の容器の内部に挟みこまれたものだったのである。古いほうの容器は壊されてしまったのだ。理由もわからなければ、日付もわからない。ただ、外部の表面を均一に飾りつける装飾作業が実行される前であったことはたしかである。

4　これらのシーンが杯の三つのゾーン——蓋、カップ、台座——を人間、動物、樹木、建造物を描いたフリーズ〔帯状装飾〕で覆っている。そのフリーズを眺めていると、それが提供している視覚的データの量にほとんど圧倒されそうになる。しかし、シーンそのものはただちに読み取ることができる。

杯の上に描かれている人間（男、女、子ども）はほぼ全員が裸である。あるいは腰に布を巻いている。もう少し手の込んだ衣服を身にまとっている者はまれにしかいない。なかには、羽根のついた帽子を被っている者や、首飾りをしている者もいる。動物には実在のものもいれば、架空のものもいる。たとえば、蓋の上には、猿と並んで、キュノケファロス、すなわち犬の頭をした人間が雄牛の頭と蛇の尻尾をした海の怪物にまたがっている姿が見える。怪物には綱が結いつけられていて、二人の裸の男が水中から引き上げようとしている。弓で武装した二人の男が七面鳥とおぼしき二羽の動物に向けて弓を放っている（この点についてはあとでふたたび取りあげる）。そしてもう一人の男が楽器を奏でている。背景には高い山々と、湖か川の岸辺に建つ壮大な建物と、漕ぎ手の男たちの乗ったボートが見える。山々と建物とボートの輪郭は、金めっきされた銀杯の表面に精巧に彫り込まれている。

カップの上には、棕櫚やさまざまな種類の植物が描かれている。肩の上に外套をまとった裸の女が幼子の世話をしている。そして彼女の周りを一組の男女が取り囲んでいる。一匹の猿が地面にうずくまって見張っている。両脇を布で覆った裸の男が立ったまま幼子を後ろから抱きかかえている。男と女は手の込んだ衣服をまとい、大きな帽子を被っていて、大きな角笛を吹き鳴らす二人の男を眺めている。後ろ向きの男が棒をつかんで馬を打とうとしている。前景では、小さな獅子が走り回っており、また羽根のついた帽子を被った女が豪奢に飾りつけられた馬に乗っている。そして彼女の背後では、男が象に乗っている（図6）。ついでは、水のシーン。そこでは、男と赤ん坊を腕に抱いた女と一組の男女が湖の中を泳いでいる。そして背景には、ボートが浮かんでおり、岸の上には駱駝がいて、岩壁と樹木と建物が姿を見せている。

杯の台座にはこれとはまったく別種のシーンが描かれている。二人の男が――一人は素手で、もう一人は棒を手にして――獅子を攻撃している。また二人の男が三匹のキュノケファロスを殴打している（二匹は意識を失って地面に横たわっている）。そして、この獰猛な暴力の突発（図7）は、一種の儀礼的な行進に取り囲まれている。馬に乗った恋人たちと駱駝に乗った子どもたちがそれである（図8）。

これらのシーンは異国の住民たちを描いたものだと解釈されてきた。正確には、アメリカのインデ

図6　金めっきされた銀杯のカップの外側

ィオスである。もっとも、顔つきはアフリカの住民に似ている。ハンス・トーマによると、杯はおそらくコンキスタドール〔スペインのアメリカ大陸征服者〕たちの時代に制作されたものではないかという。[17]杯を装飾しているさまざまなシーンが互いに性質を異にしていることからして、説得力のある仮説である。一方には、異国の樹木や動物に取り囲まれた裸ないし半裸の男と女たちが描かれており、他方には、ヨーロッパ風の壮大な建造物が描かれている。しかし、いうまでもなく、これはヨーロッパに言及したものではない。[18]新たに発見された土地のうち、メキシコだけは大きな都会と巨大な建造物をもっていたのだった。

国際的な商業中心地の一つだったアントワープには、エルナン・コルテスの驚くべき征服のニュースがすばやく届いていた。そしてコルテスの第二書簡のフランス語訳と第一書簡と第二書簡を合わせたフラマン語訳がアントワープで一五二二年と一五二三年に公刊されていた。[19]うち第二書簡にはつぎのようなくだりがあった。

〔メキシコの〕この地方は円形をしていて、四方をきわめて峻険な山々に囲まれています。平野も周囲は七〇レグア〔三九〇キロメートル〕ほどもあるでしょう。この平野には湖が二つあり、それがほとんど平野全体を占めています。カヌーで湖を廻りますと、五〇レグア〔二七九キロメートル〕以上もあります。これら二つの湖のうち、一つは淡水で、もう一つの大きいほうは塩水です。……この土地の人々は、カヌーで、一方の湖からもう一方の湖へ、また二つの湖の中にある村々

上／図7　金めっきされた銀杯　台座の外側（キュノケファロスを攻撃する二人の男）
下／図8　同　（一種の儀礼的な行進）

のあいだを、陸地に触れることなく移動しています。……テミスティタン〔テノチティトラン（アステカ帝国の首都、現在のメキシコシティ）〕の大都は、この塩水湖の上に建設されています。……その都市はセビーリャやコルドバほどの大きさがあります。……。[20]

この記述が杯の蓋の上に描かれている山々、建物、そして水面を横切るボートに着想をあたえたのかもしれない。直接的な経験にもとづいているために、二羽の七面鳥の描写ははるかに正確である。コルテスがメキシコから送ったのは、たぶん、ガッルス・インディクス（Gallus indicus〔インドの雄鶏〕）のもっと古くていささか見苦しい絵のほうだったのだろう。[21] しかし、これらの事実情報の多少とも毀損された断片は古代風のフリーズを想起させるシーンのなかに織りこまれている。馬に乗ったり、闘ったり、泳いだり、恋をしたりしている、これらの裸ないし半裸の男と女は、いずれもがギリシア＝ローマ神話の創造物であるようにおもわれる。アビ・ヴァールブルクなら、アントワープの銀杯を装飾しているシーンのうちに、ルネサンス芸術において情念定型（Pathosformeln）が演じた重要性にかんする自らのテーゼを立証してくれるひとつの具体例を見てとったことだろう。教会によって異教的で偶像崇拝的で悪魔的であるという理由で抑圧されてきたこれらの情念定型が再発見されるにいたったのは、「頼るものもなく沈みこんだ瞑想の状態から残忍な人食いの興奮状態にいたるまで、もろもろの感動の全領域を身振り言語の次元で」包括し、「もろもろの人間のダイナミズムの――闘ったり、歩いたり、走ったり、踊ったり、摑んだりといった、両極のあいだに存在する諸段階をも経ながらの――表現」に、「中世の宗教教育とともに育ったルネサンス期の教養人が一部の不敬虔な者たちだけが拘束を解かれた気質によって足を踏み入れることができる禁じられた領域であるとみなしていた、不気味な経験の刻印」を授けるひとつの過程をつうじてであった、とヴァールブルクは書いている。(22)

晩年のヴァールブルク、『ムネモシュネ』に序文を書いた時期のヴァールブルクにとって、この再発見は「恐怖症的印象の相続財産が脱魔術化されていく過程」の結果であった。その相続財産はたんに個人だけのものではない。同じテクストのなかで、記憶は個人と「集合的人格(Kolletivpersöhnlichkeit)」の双方に結びつけられていた。(23)これらすべては「ヴァールブルクの捉え方と元型および種の記憶にかんするユングの観念とのあいだに示唆に富んだ照合関係を」見てとっているエルンスト・ゴンブリッチに軍配を上げるもののようにおもわれるかもしれない。しかし、すぐあとでゴンブリッチが指摘しているところによると、ヴァールブルクが「種の記憶」とか「記憶痕跡」といった表現を使うとき、彼は記憶を物質の特性として提示していた一冊の本、すなわち、リヒャルト・ゼーモンの『ムネーメ』で使われている用語をそのままオウム返しに反復していたのだった。(24)ヴァールブルクはゼーモンの本から深い印象を受けた。しかし、それを読んだとき(一九〇八年)には、ヴァールブルクはすでに何年も前から歴史的に限定されたひとつの現象を復元する作業に取り組んでいた。すなわち、「古代の再生」の主役たちであった博学者、古物研究家、画家、彫刻家によるギリシア゠ローマ古代の、偶発的で脆い記憶を取り戻そうとする作業である。(25)

図9　ハンス・ブルクマイアー《カルカッタの民》 木版画
（『マクシミリアン一世の凱旋』シリーズ，1796年，より）

5　アントワープの銀杯を制作した銀細工師の名前はわからない。その人物を様式論にもとづいてペーテル・ヴォルフガングであると同定しようとするこころみがなされたが、とても説得的なこころみとはおもえない。同様に、銀杯を『マクシミリアン一世の凱旋』シリーズ（一五一七―一八年――ただし、公刊されたのは一五二六年だった）のために制作された、ハンス・ブルクマイアーの《カルカッタの民》と題された木版画（図9）に接近させようとするこころみも、前者よりは興味深いものの、説得力に欠ける。銀細工師と銀杯を結びつけている血族関係的な特徴は、ブルクマイアーがイタリア旅行中に見たにちがいないマンテーニャの《カエサルの凱旋》に由来するものとすることによって説明される。[26] し

図10　アンドレーア・マンテーニャ《海の神々の取っ組み合い》
版画，二枚綴りの右半分　1470-1495年頃　大英博物館，ロンドン

かし、アントワープの銀細工師とマンテーニャの結びつきはより特殊でより直接的なものであるようにおもわれる。銀杯の台座に描かれている海の怪物との戦いおよび人間とキュノケファロスたちのあいだの戦闘は、マンテーニャの有名な版画《海の神々の取っ組み合い》（図10）への――彼らの筋肉隆々としたエネルギーの点でブルクマイアーによって描かれた厳粛な行進とは大きく異なる――回答である。

ゴンサロ・フェルナンデス・デ・オビエドは、『インディアスの自然誌および一般史』のなかで、ベルゲーテやレオナルドやマンテーニャ（マンテーニャとはオビエドはイタリア滞在中に会っている）のような偉大な画家が新

図11　アントニオ・ポッライオーロ《裸の男たちの戦い》
版画　1465年頃　ウフィツィ美術館，フィレンツェ

世界の絵を制作できずにいたことを残念がっている。そのオビエドはアントワープの銀杯のうちにマンテーニャの版画が創意工夫に富む仕方で作り直されているのを見てとったかもしれない。[27]《海の神々の取っ組み合い》はデューラーがその複製を作った年である一四九四年よりも前に制作されている。[28]アントワープの銀細工師のもう一つの着想源も同じく一五〇〇年代終わり頃のものである。ポッライオーロの《裸の男たちの戦い》（図11）がそれであって、これは指摘されてきたように金細工師組合をけっして捨てることのなかった一人の彫刻家兼素描画家によって制作された版画である。[29]

これらの要素からはあとでさらに限定されることになる最初の年代的および地理的コンテクストが浮かび上がってくる。しかし、比較をおこなうことはむずかしい。レジデンツのシャッツカマーの銀杯は、指摘されてきたように、一五〇〇年代の聖画像破壊運動が見逃してきた「アントワープの貴金属製の物体のなかでも最も古いもの」だからである。[30] そうしたなかで、地理的に遠く離れたチェーザレ・チェザリアーノの場合を想い起こすことから始めてみてもよいのかもしれない。一四七五年ミラーノに生まれたチェザリアーノは、一五二一年、すなわち、銀杯の制作された年に近い年に公刊されたウィトルウィウス『建築論』の注解のなかで、古代人の卓越度にまで到達した何人かの近代の芸術家を列挙している。マンテーニャ、レオナルド、ブラマンテ、ミケランジェロ（ミケランジェロは彫刻家としても画家としても称賛されている）。実際にも、チェザリアーノは彼の挿絵のいくつかでかつて彼の師匠であったレオナルドの観念を別の技法のなかに翻案しようとしたのではないか、という仮説が立てられてきた。[31] アントワープの銀細工師が似たような一覧を作成したなら、そこにはマンテーニャとポッライオーロ——そして当然ながらデューラーが含まれていただろう。デューラーの版画は銀杯のいくつかの風景のなかで模倣されているようにおもわれるのである。

しかし、シャッツカマーの銀杯のなかに一五〇〇年代のイタリアの芸術家たちの影響の跡が見られないことは、アントワープの銀細工師はイタリア化した芸術家であったか、一五〇〇年からほどない時期にイタリアを離れたイタリア人であったかのどちらかではなかったか、と推測させる。どちらであったかを決定するためには、マイケル・バクサンドールが彼のすばらしい本『ルネサンス期ドイツの木製彫刻家たち』のなかで提出しているヴェルシュ（Welsch）とドイッチュ（Deutch）の区別をアントワープのシーンに適用することをこころみてみてもよいのかもしれない。

ヴェルシュ（Welsch）とはドイツ彫刻のイタリア化された様式のことで、一五一〇年から一五八〇年のあいだに広く流通していた。……それは混成的で、偉大なヨーロッパ・ルネサンスにおける周縁的な余興である。……それは当初、イタリア美術についてのごく限られた見方によって影響されていた。初期のヴェルシュ様式にとっては、イタリア美術はミケランジェロとラファエッロによって代表されるものではなく、ジョットとドナテッロによって代表されるものですらなかった。それはむしろ、マンテーニャによって制作された彫版やモデルノとかいう人物によって制作されたブロンズ製の小さな金属プレート、あるいはデューラーのようなきわめて個性的な才能の持ち主たちをつうじて媒介されたヴェネツィア美術によって代表されていた。……。(32)

しかし、たしかにレジデンツの銀杯はいくつかの点では混成的なものであると定義することができるが、アントワープの無名の銀細工師によって語られている視覚言語は、とりわけ人体の形態の表現の仕方にかんしては、断固としてイタリア的であって、ヴェルシュ語の地方版ではないようにおもわれる（図6）。

これはひとつの仮説である。その内実を検証してみよう。銀杯の台座に描かれている人間とキュノケファロスたち、すなわち、犬の頭をした人間もどきの怪物との戦いは、いわゆるマエストロＮＨによって考案され、一五二二年にハンス・リュッツェルブルガーによって制作された《裸の男たちと農夫たちの戦い》（図12）から、はるか彼方からではあるが着想を得ていたのかもしれない。また、それよりも限りなく粗野なレヴェルにおいてではあるが、アントワープの銀細工師はエルナン・コルテスの第一書簡と第二書簡にもとづいて一五二三年にアントワープで出版されたフラマン語の小冊子の表紙から着想を得ていたのかもしれない(33)。しかし、どちらの場合にも、フィルター——すなわちマンテーニャとポッライオーロにもとづいて形成された視覚教育——のほうがフィルターをつうじて発せられたメッセージよりもはるかに重要だったのではないかとの印象を受ける。これにたいして、第三の場合はもっと直接的な影響の存在をうかがわせる。一五二七年、「自然哲学者」で医師でもあり地理学者でもあったローラン・フリースが、ストラスブールで『海図もしくはカルタ・マリーナの説明』と題する本を出版した。さまざまな異国についての多くは空想的な描写であって、題名で言及されているカルタ・マリーナ（海図）以外に、立ち入って分析するに値するとおもわれるさまざまな図絵が入っている。なかでも、「人食い人種について」と見出しされた章に付されていて、その後一五三〇年版で表紙に採用された図絵（図13）は、わたしたちの銀細工師の注意を引いたのではなかっただろうか(34)。

しかし、とりわけ杯の蓋と台座に描かれているキュノケファロスたち（図7）がドイツ語よりはイタリア語を話しているのが注目される。ここから、イタリアで生まれて一五二〇年から一五三〇年の十年間にアントワープで活動していた一人の銀細工師の存在が浮かび上がってくる。この仮説にさら

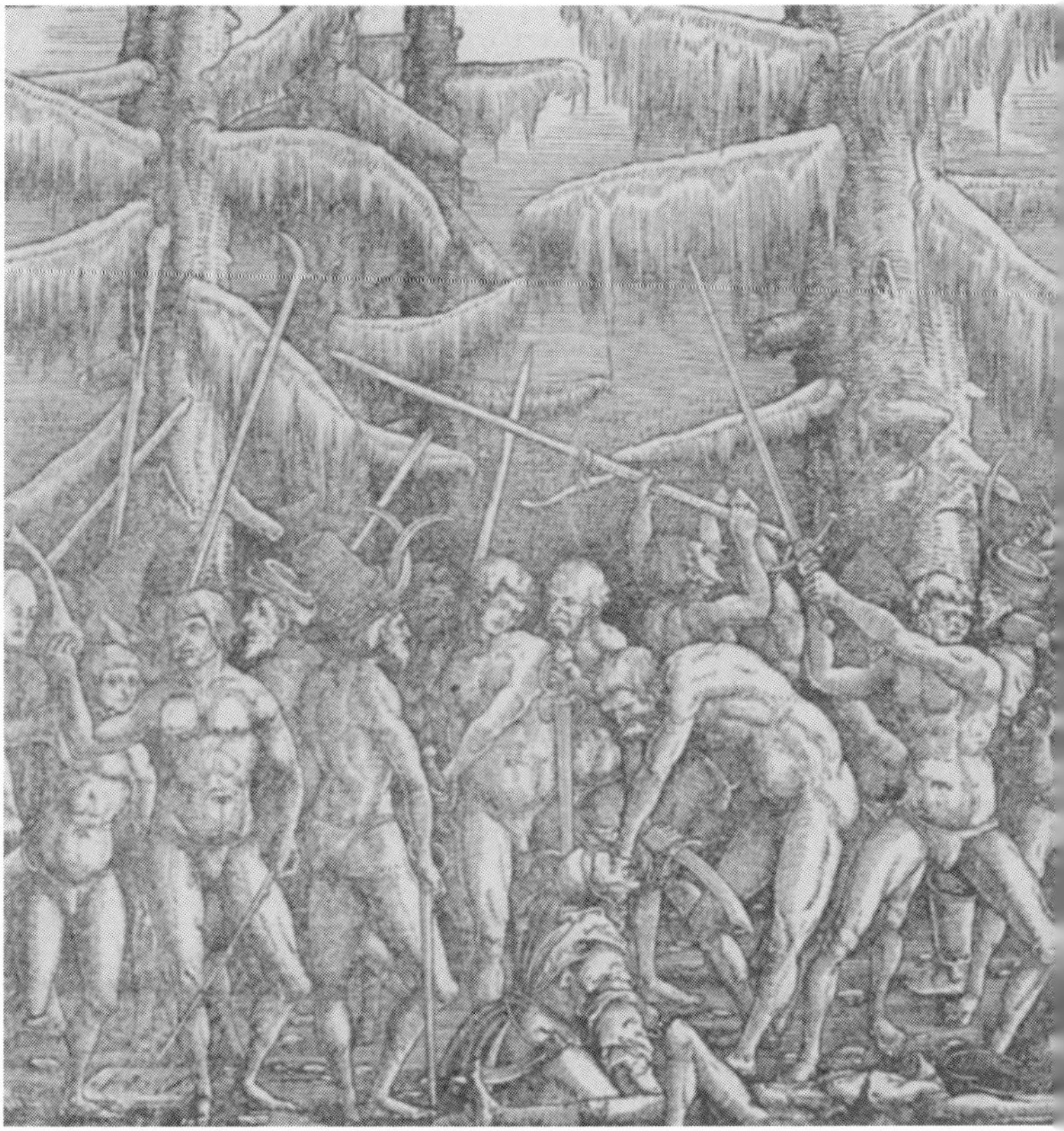

図 12　マエストロ NH《裸の男たちと農夫たちの戦い》
木版画　1522 年　メトロポリタン美術館，ニューヨーク

図 13　《人食い人種について》　版画
（ローラン・フリース『海図もしくはカルタ・マリーナの説明』1527年，より）

なる限定をほどこすことは可能なのだろうか。

6　しかり、可能なのだ。一五二〇年十一月、ネーデルラントからの帰路、デューラーは再度アントワープに逗留している。そのときの日記に彼は「ステファン・カペッロはシトロンの木でできたロザリオをわたしに贈ってくれた。そのお返しにわたしは彼の肖像画を描くと約束し、そして描いた」と記している。[35]この肖像画は、今日ベルリンに保管されている、「一五二〇年アントワープで制作されたマリーヌ〔メヘレン〕の金細工師」というデューラーの手書きの署名の入ったデッサン（図14）のことではないかと、仮説的にではあるが考えられてきた。

日付は日記のくだりと一致する。さらに、ステファノ・カペッロとかいう人物がネーデルラント総督で神聖ローマ皇帝カール五世の叔母であったオーストリアのマルグリットのために金細工師として働いていたことが判明している。[36] さまざまな研究者たちが、そのなかにはパノフスキーもいるのだが、この同定を斥けてきた。デューラーはカペッロのことを名前しか知っていなかったのであって、それをただちに「金細工師」と決めてかかったはずがないというのだった。[37] また、銀杯を制作したアントワープの銀細工師は、わたしの立てた仮説によると、一五二〇年には三十五歳前後だったはずで、したがってデューラーが肖像画を描いた人物よりも歳をとっていたことになることも注意しておいてよい。だから、わたしの仮説は間違っていたの

図14　アルブレヒト・デューラー《マリーヌの金細工師》紙にペンとインク　1520年

かもしれない。しかし、デューラーの日記のくだりに戻ろう。今日わたしたちにとっては、ステファノ・カペッロはたんに名前だけの存在にすぎず、彼の作品はなにひとつとしてわたしたちのもとに届いていない。そして、彼がイタリアで生まれ育ったということにかんしてもなんらの証拠も存在しない。[38] しかし、デューラーによって（またオーストリアのマルグリットによって）評価されたという事実は、彼がさまざまな素材を使って仕事をする能力のある職人であったのではないかと想定させる。デューラーがそのお返しにデッサンを描いたというシトロンの木でできたロザリオに触れていることは注目に値する。銀製の作品を制作するための準備段階として木製の模型を使用していたということは、それ以後の時期についてはおびただしい数の記録証拠が残っている。[39] 木のような柔らかい素材で仕事をすることに慣れていた職人なら、アントワープの銀杯の表面に描かれている素材に印象的な多様性をあたえるだけの能力を発展させていたとしても不思議ではない。泡、毛皮、鱗、葉、羽毛、筋肉組織――事物《もの》、動物、人間の柔らかくてざらざらした皮など。

一五二九年の四月と六月に「アントワープ在住の宝石細工師」ステファノ・カペッロは「昔の物語で装飾された背が高くて美しい一〇マール四オンスの重さの銀製の壺と、これまた内側と外側にめっきがほどこされた蓋の代価として、……そして妃殿下が、ブルドワジーの領主で、フランスの総督であらせられる妃殿下の宝石管理人を務めるバボスにお預けになった……壺の保管箱の費用として」二五三リーヴルと一〇ソルドを受け取った。[40]

古代風の物語で装飾された壺はどうやらステファノ・カペッロの特技だったようである。七年前の一五二二年三月二十七日にはオーストリアのマルグリットから別の「内側と外側にめっきがほどこされた蓋の付いた、faicte à lenticque な〔古代風に仕立てられた〕背が高くて美しい銀製の壺」の代価を受け取っている。(41) ノイエルの妃殿下に贈られたこの壺は、ステファノ・カペッロが一五二九年に制作することになる壺のほぼ半分の重さだった。そして二つの場合に支払われる代価の総額も重さに比例して異なっていた。

アントワープの金めっきされた銀杯をステファノ・カペッロが一五二九年にオーストリアのマルグリットに引き渡した「昔の物語で装飾された背が高くて美しい〔金めっきをほどこされた〕銀製の壺」と同じものとみなすことはできるのだろうか。この問いに答える前に、二つの問題に取り組んでおかなければならないだろう。第一の問題は制作年である。銀杯の純分認証極印には一五二四—一五二五年とある。装飾はそれよりもあとになされたのではないかと想定する研究者がいる。そしてこの仮説は一五二七年に出版されたローラン・フリースの『カルタ・マリーナ』を図解している人食い人種のシーンと銀杯の台座を装飾しているシーン〔図7参照〕のあいだに緊密な関係が認められることによって強化される。版画と銀杯のあいだに認められるこの関係〔双方を逆転させるのは道理に反することだろう〕にもとづいて、わたしたちは一五二七年を銀杯の装飾がほどこされた時期の始点とみなすことができる。

予備的に取り組んでおかなければならない第二の問題は重さである。ステファノ・カペッロによって引き渡された壺の重さは一〇マール四オンスだった。アントワープとマリーヌ〔メヘレン〕では一マールは二四六・一グラムに相当していたことからして、[42]一五二九年に引き渡された壺の総重量は二五八四・五グラムだったことになる。一方、今日ミュンヘンのレジデンツのシャッツカマーに保管されている銀杯の重さは三二四三グラムに等しい。しかし、見てきたように、この最後の場合にわたしたちが目にしているのは、二つの積み重なった層からなる混成的で合成された物体なのである。半ば損壊された層の上に装飾をほどこされた層が新たに積み上げられているのだ。レジデンツの修復師クラウス・ウェルケは、内部に見いだされる半ば損壊された層を差し引いたなら、それが銀杯の重さになるのではないかという彼の仮説を親切にもわたしに伝えてくれた。[43]その結果は二一四三グラムになるだろう。一五二九年にオーストリアのマルグリットが支払った代価のなかで言及されている「昔の物語で装飾された背が高くて美しい［金めっきをほどこされた］銀製の壺」よりも四〇〇グラム少ない。しかし、クラウス・ウェルケがわたしに指摘したように、銀杯の内部の層の正確な厚さにかんしていろいろな推測を立てることは所詮不可能である。いいかえるなら、現存する壺の重さと一五二九年の壺の重さのあいだに食い違いが認められることは、イエスかノーかの最終的結論に到達することを許さないのだ。しかも、銀杯がその長い歴史のなかで何度となく手直しされてきたことを考慮するなら、これはなんら驚くべきことではない。

しかし、どうしてまたアントワープの銀杯は半ば損壊された層の上に装飾をほどこされた層が積み重なったかたちでできているのだろうか。この謎はオーストリアのマルグリットの所有していた絵画、書籍、宝石、家具のきわめて詳しい目録のなかの一節に照らしてみることによって解消することができる。目録に列挙されている項目のなかに「葉で装飾された大きな黄金のカップ」と「講話条約の署名がなされたカンブレーに持っていく三つの小さなカップを作るためにマルグリットの命令で粉々にされた」「塩壺」がある。[44] ステファノ・カペッロが制作して一五二九年に代価を支払ってもらった「昔の物語で装飾された背が高くて美しい［金めっきをほどこされた］銀製の壺」は、それ自体、いわゆる「貴婦人の和約」、すなわち、神聖ローマ帝国皇帝カール五世の叔母であるオーストリアのマルグリットとフランス王フランソワ一世の母であるルイーズ・ド・サヴォワによって一五二九年八月三日カンブレーで署名された条約へと導いていった外交上のこころみに結びついていたのだった。アントワープの銀杯の内部にあった壺もカンブレーの出会いの前夜に粉砕されて、後日、新しい豪奢な装飾によって覆いなおされたのかもしれなかったのではないだろうか。確かなことは、ステファノ・カペッロの壺がルイーズ・ド・サヴォワの宝石管理人に贈呈されたということである。指摘されてきたように、ブルゴーニュの金は（そして付け加えさせてもらうなら銀も）マルグリットの外交上の勝利に貢献したのだった。

一五二九年にステファノ・カペッロが制作した壺は今日ミュンヘンのシャッツカマーに保管されている銀杯と同じものであるとする仮説は、互いに共通点があって一点へと収斂していく、大いに注目に値するいくつかの要素に支えられている。これにさらにもう一点付け加えておかなければならない。銀杯を装飾しているさまざまなシーンがそれである。オーストリアのマルグリットがカンブレーへ旅立つ前夜、大西洋の向こう側で最近なされたスペイン人による征服を想い起こさせるようなものをフランス王に彼の母親をつうじて贈ろうと考えたというのは、想像に難くない。ところが、銀杯を装飾しているシーンには、スペイン人の姿は見えない。どうしてなのか。

7 古代の石棺によって保存されていて、マンテーニャの版画によって伝達されてきた、極端な感動を表現した古い語彙集――ヴァールブルクが「パトスフォルメル（Pathosformel）」と呼んだもの――は、銀杯の台座に描かれている戦い（図7）を表現することのできるような言語を提供していた。アントワープの銀細工師（あるいはステファノ・カペッロと言うべきなのだろうか）がラテン語からフランス語に翻訳されて一五二四年にアントワープで出版された版で読んだのではないかとおもわれるコルテスの第三書簡は、この想像への適切な注釈を提供してくれるだろう。

わたしたちは「イスタパラパの」市の中まで入って行きました。住民はすでに警戒していましたので、陸上のどの家にも人影がなく、人々はみな家財をもって湖上の家に避難していました。そしてそこで逃げていった者たちはふたたび結集してわたしたちと激しく戦いはじめました。しかしながら、われらの主は自らの僕《しもべ》に多くの力を与えてくださいましたので、わたしたちは彼らを追撃して、水の中に追い落とすことができました。胸の高さまで水に入っている者もいれば、泳ぐ者もいました。それからわたしたちは水上にある家の多くを占拠しました。彼らは、男と女と子どもを合わせて、六千人以上がその日のうちに死にました。わたしたちの味方のインディオたちが、神がわたしたちに勝利をお授けになるのを見て、ただひたすら右に左に殺しまくったからであります。[45]

コルテスの書簡とアントワープの銀杯で採用されている物語戦略は同じである。スペイン人の姿はなく、彼らがそこに居合わせたことは抹消されてしまっている。殺害行為を遂行するのは「わたしたちの味方のインディオたち」なのだ。[46] 一方、棍棒で殴られて死ぬ敵は、半人間的な、あるいは人間以下の存在であって、それゆえ、なんら気にする必要はないのである。

8

半人間的で半野獣的な存在というのは、もろもろの文化に共通して見られる通文化的な現象である。人間と動物を切り離す多孔的な境界が存在することの兆候なのだ。[47] 多孔的で歴史的に変化していく境界である。今日、動物組織の移植が人間存在により長くてより健康な生命の新たな展望を切り開いている。と同時に、一世紀以上前に空想科学（ＳＦ）の開祖Ｈ・Ｇ・ウェルズによって『モロー博士の島』で描かれたような恐ろしいシナリオも現実のものになりつつある。生物工学に訴えてさまざまな種の動物にもとづいた新しいヒエラルヒーを創造しようとする社会の不吉なイメージがそれである。[48] たんなる想像の領域を後にしてもろもろの可能性の領域に入りこむときには、雑多な種が混ざり合った動物はますます不安を掻き立てる存在に転化する。銀杯の台座に描かれている人間と人間どもの戦いのうちには、コルテスの側からのメキシコ征服に関連した、そのありうるアレゴリー的意味を超えた脅威的な暗示が存在していることに気づかされる。この感じをそのままアントワープの銀杯に投げこむのは、いうまでもなく時代錯誤もはなはだしいことだろう。しかし、ここでわたしたちはまたもや記憶と距離のテーマにぶち当たっているのである。

9　今日、記憶の直接性はしばしば歴史叙述の距離を置いた態度に対置されている。しかし、モーリス・アルブヴァクスが何年も前におこなったように、個々の記憶の文化的および社会的な次元を分析してみるならば、事情ははるかに込み入っていることが明らかになる。[49] 冒頭で見たように、文化的記憶は地理的距離を克服するために使われてきた。新世界は、古典古代から引き出されイタリア・ルネサンスによって伝達されてきた視覚的定型にもとづいた旧世界の言語に訴えることによって（アントワープの銀杯が示しているように）知覚され馴染みのあるものにされている。ここにうかがえる言語活動は、スペイン人による征服の凶暴な現実を遠い神話的世界に投げ入れることによって、ひとつの距離化の要素として作動している。[50] 個人的な記憶は過去を近づける（あるいは近づけるようにみえる）。そして社会的な記憶は過去を遠ざける（あるいは遠ざけるようにみえる）。これは省察に値する両義性である。

これは“Memory and Distance: Learning from a Gilded Silver Vase（Antwerp. c. 1530）,” *Diogenes*, LI（2004）, 201, pp. 99-112 の改訂版である。

親切に手助けしてくださったザビーネ・ハイム（Sabine Heym）女史（Bayerische Verwaltung der staatlichen Schlösser, Gärten und Seen）と修復師としての専門的な知識と経験を惜しみなく提供してくださったクラウス・ウェルケ（Klaus Oelke）氏（Residenz, München）に心から感謝する。

（1）*Mnemosyne. L'Atlante della memoria di Aby Warburg*, a cura di Italo Spinelli e Roberto Venuti, catalogo della mostra（Siena, 1998）（Roma: Artemide, 1998）, p. 37; Aby Warburg, *Mnemosyne. L'Atlante delle immagini*, a cura di Maurizio Ghelardi（Torino: Nino Aragno, 2002）, p. 3. また、Aby Warburg, "Mnemosyne Einleitung," in: *Werke in einem Band*, hrsg. von Martin Treml, Sigrid Weigel, Perdita Ladwig（Berlin: Suhrkamp. 2010）, pp. 629-639（とくに p. 629）を見られたい。〔アビ・ヴァールブルク著、加藤哲弘訳「序論」、アビ・ヴァールブルク、伊藤博明、田中純、加藤哲弘著『ムネモシュネ・アトラス』（『ヴァールブルク著作集』別巻1）（ありな書房、二〇一二年）、六三四頁〕

（2）Ernst H. Gombrich, *Aby Warburg. An Intellectual Biography*（London: Warburg Institute, 1970）, pp. 288-289〔E・H・ゴンブリッチ著、鈴木杜幾子訳『アビ・ヴァールブルク伝——ある知的生涯』（晶文社、一九八六年）、三一五頁〕

（3）*Il mondo nuovo di Amerigo Vespucci. Scritti vespucciani e paravespucciani*, a cura di Mario Pocci（2ª edizione riveduta: Alessandria: Edizioni dell'Orso, 1993）, p. 70（"Lettera a Lorenzo di Pierfrancesco de'Medici del 28 luglio 1500"）〔アメリゴ・ヴェスプッチ著、長南実訳「アメリゴ・ヴェスプッチの書簡集」『航海の記録』（大航海時代叢書Ⅰ、岩波書店、一九六五年）、二六六—二六七頁〕——従来アメリゴ・ヴェスプッチのものであるとされてきたテクストの作者としてのジュリアーノ・ディ・バルトロメーオ・デル・ジョコンド（Giuliano di Bartolomeo del Giocondo）にかんしては、Luciano Formisano, "Le lettere di Amerigo Vespuccci e la questione vespucciana. Bilancio di un trentennio," in: *Vespucci, Firenze e le Americhe*. Atti del Convegno di Studi（Firenze, 22-24 novembre 2012）, a cura di Giuliano Pinto, Leonardo Rombai e Claudia Tripodi（Firenze: Olschki, 2014）, pp. 269 seqq. を参照されたい（この情報はセルジョ・ランドゥッチが教えてくれた）。

（4）*Il mondo nuovo* cit., p. 87（"Lettera a Lorenzo di Pierfrancesco de'Medici del 1502"）〔長南訳、三二九頁〕

（5）Pietro Martire d'Anghiera, *Opera. Legatio Babylonica. De orbe novo decades octo, Opus epistolarum*. Einleitung von Erich Woldan（Graz: Akademische Druck-und Verlagsanstalt, 1966）, decas I, cap. III, fol. X（これは一五一六年と

一五三〇年にアルカラ・デ・エナーレスで出た版のファクシミリ版である)。*Extraict ou Recueil des isles nouvellement trouvées en la grande mer Océane ...faict premierement en latin par Pierre Martyr de Milan, et depuis translaté en languaige françoys* (Paris: Simon de Colines, 1532), c. 23r も見られたい。

(6) Cf. Erwin Panofsky, “The Early History of Man in Two Cycles of Painting by Piero di Cosimo,” in: *Studies in Iconography: Humanistic Themes in the Art of the Renaissance* (Oxford and New York: Oxford University Press, 1939), pp. 33-68〔エルヴィン・パノフスキー著、浅野徹・阿天坊耀・塚田孝雄・永澤峻・福部信敏訳「ピエロ・ディ・コジモの二つの絵画群における人間の初期の歴史」『イコノロジー研究――ルネサンス美術における人文主義の諸テーマ』(美術出版社、一九七一年)、三五―六四頁〕

(7) Cf. *Il mondo nuovo* cit., pp. 102-133.

(8) Federico Zeri, “Rivedendo Piero di Cosimo,” in: *Giorno per giorno nella pittura. Scritti sull'arte toscana dal Trecento al primo Cinquecento* (Torino: Allemandi, 1991), pp. 175-182 (とくに p. 180)

(9) Panofsky, “The Early History of Man” cit., p. 59, nota 69〔浅野ほか訳、二二一―二二二頁〕――グイダントニオの名前は Carlo Gamba, “Piero di Cosimo e i suoi quadri mitologici,” *Bollettino d'arte*, XXX (1936), 2, pp. 45-57 で示唆されていた。グイダントニオにかんしては、Frederick J. Pohl, *Amerigo Vespucci Pilot Major* (New York: Octagon Books, 1966), p. 26 を見られたい。Germán Arciniegas, *El embajador. Vida de Guido Antonio, tío de Amerigo Vespucci* (Bogotá: Planeta, 1990) も参照のこと。

(10) Panofsky, “The Early History of Man” cit., p. 62〔浅野ほか訳、六四頁〕

(11) Vitruvius, *De architectura, translato commentato e affigurato da Caesare Caesariano* (1521), a cura di Arnaldo Bruschi, Adriano Carugo e Francesco Paolo Fiore (Milano: Il Polifilo, 1981), c. XXXIv. ――パノフスキーはチェザリアーノの挿絵を複写しているが、それにチェザリアーノが添えている注釈の重要性を摑んでいない (cf. “The Early History of Man” cit., p. 41, nota 21〔浅野ほか訳、二〇九頁〕)。Cf. Cesare Cesariano, *Volgarizzamento dei libri IX* (*capitoli 7 e 8*) *e X di Vitruvio, De Architectura, secondo il manoscritto 9/2790 Sección de Cortes della Real Accademia de Historia, Madrid*, a cura di Barbara Agosti (Pisa: Scuola Normale Superiore di Pisa, 1996). *Cesare Cesariano e il classicismo di primo Cinquecento*, a cura di Maria Luisa Gatti e Alessandro Rovetta (Milano: Vita e Pensiero, 1996)

所収の諸論文も参照のこと。

（12）Carlo Ginzburg, *Nessuna isola è un'isola. Quattro sguardi sulla letteratura inglese*（Milano: Feltrinelli, 2002）, pp. 17-44.

（13）Hans Thoma, *Kronen und Kleinodien. Meisterwerke des Mittelalters und der Renaissance aus den Schatzkammern der Residenz zu München*（München: Deutscher Kunstverlag, 1955）, pp. 12, 22.

（14）Marc Rosenberg, *Der Goldschmiede Merkzeichen*（3. erweiterte Aufl: Berlin: Frankfurter Verlags-Anstalt, 1928）, vol. IV, n. 5086.

（15）Carl Hernmarck, *Die Kunst der europäischen Gold und Silberschmiede von 1450 bis 1830*（München: Beck, 1978）, ill. 141 ——「（たぶん後日に）異国風の描写をほどこされたカップ」。p. 101 では、装飾部分が制作されたのはさらに後年のことであったのではないかとの示唆があたえられ、装飾されたポルトガルの皿との比較が（皿の制作年は明かされないままに）なされている。

（16）Leon Voet, *Antwerp, the Golden Age: The Rise and Glory of the Metropolis in the Sixteenth Century*（Antwerpen: Mercatorfonds, 1973）の p. 373 の挿絵（カラー）と p. 352 のキャプション、およびとくに p. 372 を見られたい。Rosenberg, Der *Goldschmiede Merkzeichen* cit. も参照のこと。

（17）Thoma, *Kronen und Kleinodien* cit, p. 12.

（18）*Schatzkammer der Residenz München. Katalog*, hrsg. von Herbert Brunner（3. Aufl.: München: Bayerische Verwaltung, 1970）, p. 60, nota 37.

（19）Hernán Cortés, *Des marches, îles et pays trouvés et conquis par les capitaines du tres illustre...*（Antwerpen: M. van Hoochstraten, depuis 1 octobre 1522）; Id, *De Contreyen van den Eylanden ende Landtouwen...*（Antwerpen: M. van Hoochstraten, 1523）. «Americana Series», 28（Boston: Massachusetts Historical Society, 1920）のファクシミリ版も参考のこと。

（20）Hernán Cortés, *Letters from Mexico*, translated by Anthony R. Pagden, introduction by John H. Elliott（New York: Grossman, 1971）, p. 102〔エルナン・コルテス著、伊藤昌輝訳『コルテス報告書簡』（法政大学出版局、二〇一五年）、一二五—一二六頁〕

（21） Lise Lotte-Müller, "Der Indianische Hahn in Europa," in: *Art, the Ape of Nature: Studies in Honor of H. W. Janson*, edited by Moshe Barasch and Lucy Freeman Sandler（New York: Abrams, 1981）, pp. 313-340 によると、ヨーロッパ美術における七面鳥の最も早い描写は、Léonard Thiry, *Historia Jasonis*（1550）のために制作された René Boivin の挿絵のフレーム（f. 19）のなかに見いだされるという。

（22） Warburg, "Mnemosyne Einleitung" cit., p. 630〔ヴァールブルクほか『ムネモシュネ・アトラス』、六三四―六三五頁〕

（23） Ibid., p. 629〔同上、六三四頁〕

（24） Gombrich, *Aby Warburg* cit., pp. 241-242（p. 287 も参照）〔鈴木訳、二六七頁、三一二頁〕; Richard Semon, *Die Mneme als erhaltendes Prinzip im Wechsel des organischen Geschehens*（2. Aufl.: Leipzig: Engelmann, 1908）. Gombrich, *Aby Warburg* cit., pp. 242-243〔鈴木訳、二六七頁〕も見られたい。

（25） Fritz Saxl, "Rinascimento dell'antichità. Studien zu den Arbeiten A. Warburgs," *Repertorium für Kunstwissenschaft*, XLIII（1922）, pp. 205-272. ヴァールブルクの仕事における形態学と歴史のあいだの緊張関係については、Carlo Ginzburg, "Le forbici di Warburg" cit.〔「ヴァールブルクの鋏」、カルロ・ギンズブルグ著、上村忠男編訳『ミクロストリアと世界史――歴史家の仕事について』（みすず書房、二〇一六年）所収〕を見られたい。

（26） Hans Burgkmair, *Das graphische Werk*（Augsburg: Städtische Kunstsammlungen, 1973）, n. 26.

（27） David B. Quinn, "New Geographical Horizons: Literature," in: *First Images of America: The Impact of the New World on the Old*, edited by Fredi Chiappelli（Berkeley-Los Angeles: University of California Press, 1976）, vol. II は Oviedo, *Historia natural y general*（1547）, c. 92v を引用している――「それを言葉で理解させるよりは、ベルゲーテや彼以外にもレオナルド・ダ・ヴィンチやアンドレーア・マンテーニャのようなわたしがイタリアで会った何人かの有名な画家の手によって描かれたものを見てもらうほうがよい。そしてこうしたことよりもはるかによいのは、書かれたり描かれたものを見るよりも、じかに見ることである」。

（28） Ronald Lightbown, *Mantegna*（Oxford: Phaidon/Christie's, 1986）, pp. 490-491（マンテーニャに影響をあたえた石棺にかんする文献目録が付いている）。デューラーの複製は、誤って、マンテーニャの二つの版画の（右側ではなくて）「左側」のセクションに関連づけられている。

（29） David Landau and Peter W. Marshall, *The Renaissance Print, 1470-1550*（New Haven, CT-London: Yale

University Press, 1994), p. 73.

(30) Voet, *Antwerp, the Golden Age* cit., p. 372.

(31) Vitruvius, *De architectura* cit., c. XLVIv. チェザリアーノの生誕年については、Barbara Agosti, “Riflessioni su un manoscritto di Cesare Cesariano,” in: *Cesare Cesariano* cit., p. 71 を参照のこと。

(32) Michael Baxandall, *The Limewood Sculptors of Renaissance Germany* (New Haven, CT: Yale University Press, 1980), p. 135.

(33) Cortés, *De Contreyen van den Eylanden ende Landtouwen* cit.

(34) Laurent Fries, *Uslegung der Mercarthen oder Cartha Marina darin man sehen mag, wo einer in der wellt sey und wo ein yetlich Landt, wasser und Stadt gelegen ist. Das alles in den büchlin zu finden* (Straßburg: Johannes Grieninger, 1527), p. XIVv; *Underweisung und ußlegunge der Cartha Marina* (Straßburg: Grieninger, 1530).

(35) Albrecht Dürer, *Diary of His Journey to the Netherlands 1520–1521*, introduction by Jan-Albert Goris and Georges Marlier (Greenwich, CT: New York Graphic Society, 1970), p. 77 (22–24 November 1520); Id, *Schriften und Briefe* (Leipzig: Reclam Verlag, 1993), p. 42.

(36) Georges van Doorslaer, *La corporation et les ouvrages des orfèvres Malinois* (Antwerpen: De Sikkel, 1935), pp. 94–96.

(37) Walter Leopold Strauss, *The Complete Drawings of Albrecht Dürer* (New York: Abaris Books, 1974), vol. IV, n. 1520/9 を見られたい。

(38) Piero Pazzi, *Dizionario biografico degli orefici, argentieri...operanti nello Stato Veneto...* (Treviso: Grafiche Crivellari, 1998) は十八世紀に生存していたステファノ・カペッロという人物にしか言及していない。

(39) Mane Hering-Mitgau, “Vom Holzmodell zur Silberplastik,” in: *Entwurf und Ausführung in der europäischen Barockplastik*, hrsg. von Peter Volk (München: Schnell & Steiner, 1986), pp. 135–136.

(40) Van Doorslaer, *La corporation* cit., p. 96. フリードリヒ・ライトシューは彼の編集になるデューラーの日記の版のなかでこの壺に言及していた。Cf. *Albrecht Dürer's Tagebuch der Rise in die Niederlande*, hrsg. Von Friedrich Leitschuh (Leipzig: Brockhaus, 1884), p. 147.

(41) Van Doorslaer, *La corporation* cit.

(42) Horace Doursther, *Dictionnaire universel des poids et mesures anciennes et modernes* (1840) (Amsterdam: Meridian Publishing Company, 1965), p. 248.

(43) 現存する物体の重量——蓋一一五五グラム、カップ一〇九五グラム、リング一三五グラム、台座七五八グラム、総重量三一四三グラム。仮説上の重量——台座七五八グラム、カップ五三五グラム、蓋七五〇グラム、リング一〇〇グラム、総重量二一四三グラム。

(44) Léon de Laborde, *Inventaire des tableaux, livres, joyaux et meubles de Marguerite d'Autriche...* (Paris: Leleux, 1850), p. 34. 目録の完全版については、Henri-Victor Michelant, *Inventaire des vaisselles, joyaux, tapisseries, peintures, manuscrits, etc., de Marguerite d'Autriche, régente et gouvernante des Pays-Bas, dressé en son palais de Malines, le 9 juillet 1523* (Bruxelles: Hayez, 1870), p. 113 (*Bulletins de la Commission royale d'histoire de Belgique*, troisième serie, XII, 2 の抜き刷り) を参照されたい。

(45) Cortés, *Letters from Mexico* cit., pp. 174-175. 第三書簡 (ibid., pp. 160-281) は一五二二年に書かれ、翌年出版された (Sevilla: Jacobo Cromberger)。Pietro Savorgnan のラテン語訳 (Nürnberg: Friedrich Peypus) とそのラテン語訳からのフランス語訳 (Antwerpen: Michel van Hoochstraten) はいずれも一五二四年に出ている〔伊藤訳、二一九頁〕。

(46) これは Franco Moretti, *Opere-mondo. Saggio sulla forma epica dal «Faust» a «Cent'anni di solitudine»* (Torino: Einaudi, 1994), pp. 22-28 でみごとに分析されている「無垢のレトリック」の一例である。

(47) Carlo Ginzburg, *Storia notturna. Una decifrazione del sabba* (Torino: Einaudi, 1989)〔カルロ・ギンズブルグ著、竹山博英訳『闇の歴史——サバトの解読』(せりか書房、一九九二年)〕。見方は異なるが、Carlo Ginzburg, "Mito. Distanza e menzogna," in: *Occhiacci di legno. Nove riflessioni sulla distanza* (Milano: Feltrinelli, 1998), pp. 40-81〔カルロ・ギンズブルグ著、竹山博英訳「神話——距離と虚偽」、『ピノッキオの眼——距離についての九つの省察』(せりか書房、二〇〇一年)、五二—一一三頁〕も見られたい。

(48) Herbert George Wells, *The Island of Doctor Moreau* (1896), edited by Robert M. Philmus (Athens, GA: University of Georgia Press, 1993).〔H・G・ウェルズ作、橋本槙矩。鈴木万里訳『モロー博士の島他九篇』(岩波書店、一九九三年)〕

（49）　Maurice Halbwachs, *Les cadres sociaux de la mémoire*（Paris: Félix Alcan, 1925）［Paris: Les Presses universitaires de France, 1952］〔モーリス・アルブヴァクス著、鈴木智之訳『記憶の社会的枠組み』（青弓社、二〇一八年）〕

（50）　最上級としての情念定型にかんしては、Gombrich, *Aby Warburg* cit., 178-179〔鈴木訳、二〇〇—二〇四頁〕を見られたい。古典様式の鎮静効果（klassische Dämpfung）については、Leo Spitzer, "La smorzatura classica nello stile di Racine," in: *Saggi di critica stilistica: Maria di Francia — Racine — Saint-Simon*, con un prologo e un epilogo di Gianfranco Contini（Firenze: Sansoni, 1985）, pp. 97-227 を参照。

第二試論　今日ホッブズを読み返す

1　わたしが語ろうとおもうのは、テロル（恐怖）についてであってテロリズムについてではない。「テロリズム」という言葉は通常その言葉によって言及されているもろもろの血なまぐさい出来事を理解する助けになるとはおもわない。また、テロリズムと同じく、テロルもわたしたちの現在の一部である。が、ここでは現在についても語らないだろう。時としてわたしたちは各方面からわたしたちのところにやってくるさまざまなニュースの間断なき喧噪から身を引き離すよう努めなければならないことがある。現在を理解するためには、現在を斜めに眺めることを学ばなければならない。あるいは、別の比喩を使うなら、現在を遠くから眺めることを学ばなければならないのだ。あたかも裏返しになった望遠鏡をつうじて見ているかのようにしてである。最後には現在はわたしの話のなかでも新たに姿を現わすだろうが、しかし、それは異なった予想外のコンテクストにおいてであろう。現在についても短く語るだろうし、未来についてすら少しばかり語るだろう。しかし、そこにわたしは遠く離れたところから出発して到達するだろう。

2

しばらく前から（二〇〇一年九月十一日から、と言わせてもらう）不吉にも頻繁に起きるようになった政治的テロ事件にかんするコメントのなかで『リヴァイアサン』の著者ホッブズの名前が口にされるようになっている。(1) これらの名前——ホッブズ、『リヴァイアサン』——を聞けば、「万人の万人にたいする戦争（bellum omnium contra omnis）」とか「人間は人間にとっての狼である（homo homini lupus）」といった、昔か最近か学校で習った文言がただちに思い浮かぶのではないかとおもう。なんとも苛烈で情け容赦なく、およそいっさいの幻想を打ち壊してしまう文言である。そのような文言を吐いた——しかし第二番目の「人間は人間にとっての狼である」は古くからの言い伝えにまでさかのぼる(2)——哲学者をもっと間近から見てみることにしよう。

トマス・ホッブズは一五八八年、イングランドのマームズベリーで生まれた。ブロークンバラの国教会牧師をしていた父は飲んだくれで、まもなく家族を捨て、姿を消してしまった。ホッブズは何人かの貴族のもとで育てられ、最初は家庭教師、ついでは秘書になる。読書家で、ラテン語とギリシア語の深い知識を習得。ギリシア語からトゥキュディデスのペロポネソス戦史を翻訳し、一六二九年に出版されている。

当時、イギリスの貴族の家では青年たちは自分の教育の仕上げに（のちにグランド・ツアーと呼ばれるようになった）ヨーロッパ旅行をすることが慣わしになっていて、そのさいにはフランスとイタリアに長期間逗留する手筈になっていた。ホッブズは彼のパトロンであったキャヴェンディッシュ卿の息子に付き添ってそうした旅行の一つに参加している。別の機会にはフィレンツェに逗留してガリレオに会っている。またパリでは学識ゆたかな僧侶で巨大な知識人ネットワークの中心にいたマラン・マルセンヌと知り合っている。そしてマルセンヌをつうじてデカルトとも接触するようになるが、そのデカルトの学説には一連の異議を申し立てることとなる。当時ホッブズは四十五歳。いまだ哲学的テーマにかんする本は一冊も公刊していなかったが、厳密に演繹的な形態で組織された一連の省察を蓄積しつつあった。何年か前、だれなのかいまだに名前を突きとめることができないでいるある貴族の邸宅を訪れたとき、テーブルの上に一冊の本が置かれているのを見た。エウクレイデスの『原論』である。たまたま頁を繰ったところ、第一巻の命題四七に出会った。「なんてことだ！　こんなことはありえない！」と彼は叫んだ。それから本を一頁ずつさかのぼって読んでいって、ついにすべてが明確になった。その瞬間から「すっかり幾何学に惚れこんでしまった」とホッブズは彼の友人で伝記作家のオーブリーに書き送っている(3)。

ホッブズの最初の哲学的著作は、エウクレイデスの『原論』への敬意を込めて、『法の原理』と題されていた。ホッブズのパトロンであったデヴォンシャー伯ウィリアムへの献辞は一六四〇年五月八日の日付となっている〔正確にはニューカスル伯。また献辞の日付は八日ではなく九日である〕。あたかも、のちに「グレイト・リベリオン（Great Rebellion）」、大反乱と呼ばれるようになったもの——イングランド革命が始まったばかりであった。スチュアート朝の国王チャールズ一世と議会の衝突はしだいに厳しさを帯びつつあった。そして間もなく内戦に突入しようとしていた。一六四九年、王は議会から弾劾されて裁判にかけられ、斬首刑に処せられる。これはまことに驚天動地の出来事というほかなく、ヨーロッパ全域に深甚な反響を呼び起こすこととなる。

しかし、ホッブズは政治状況がさらに悪化するのを待ち望んではいなかった。一六四〇年十一月、彼はイングランドを去ってパリに向かう。「まっさきに逃げ出した」と後日、当時を回顧して書いている。彼が亡命の道を選んだのは、『法の原理』のなかで君主政を称揚したことで報復に遭うのを怖れたためだった。この本は最初は手稿で回覧されていたのだが、その後本人の知らぬ間に粗悪な短縮版で出版されていたのである。

ホッブズは、彼の長い生涯のあいだに同書を何度となく、拡充したり訂正したり変更したりしながら、異なった形態と異なった言語で（ラテン語と英語で）書き直している。当初萌芽的な形態で提出されていたいくつかの概念が、しだいに新しい意味を付与されながら発展していっている。これらの概念のうちの――基本的な――一つが恐怖である。

3

「わたしと恐怖とは双生児である」とホッブズは最晩年に綴ったラテン語韻文の自伝で書いている。(4) 実際にもホッブズはまさにスペインの「無敵艦隊」がイギリスの沿岸に上陸する恐れがあったときに生まれている。また彼が恐怖という言葉を口にしているのはたぶん個人的な弱さを告白しようとしたものだったのだろう。しかし、ホッブズは同時に、尊大なまでに大胆不敵な思想家であって、周りの人々を挑発しては論争をしかけていたことも忘れてはならない。恐怖という言葉を口にすることによって、彼は自らの政治哲学の中心に恐怖を置く決心をしたことを誇らしげに言明していたのだった。

『法の原理』のなかには、自然状態についての、ホッブズがその後もけっして放棄することはなかった論法と結びついた総合的な記述が見える。自然状態においては、人々は実質上平等であり、同一の権利をもっている（それらのうちには攻撃と自己防衛の権利もある）。このため、人々は絶えざる戦争状態、「一般的な不信」と「相互的な恐怖（mutual fear）」の状態のもとで生活している。(5) この耐えられない状態から人々は自分の権利の一部を放棄することによって脱出する。契約を結んで無定型な群集をひとつの政治体《ボディ・ポリティック》に変えるのである。こうして国家、ホッブズがリヴァイアサンと呼ぶことになるものが誕生する。だれも釣り上げることのできない巨大な海獣であるリヴァイアサンというのは、ヨブ記のなかで鯨を指してそう呼ばれている名前である。ホッブズは『リヴァイアサン』の扉頁（図1）にヨブ記の四一章から採った「この地上に彼に比肩しうる権力は存在しない」という一節を聖ヒエロニュムスのラテン語訳 “Non est super terram potestas quae comparetur ei” で引用している。(6)

扉頁（これはたしかにホッブズの着想によるものだった）のもつ意味についてはあとで立ち戻る。ここではさしあたり、ホッブズにとっては、国家は恐怖から生まれた契約をつうじて出現するものであるということを指摘しておけば十分である。宗教戦争によってずたずたに引き裂かれてしまったヨーロッパにおいて、国王と議会の対立によって分裂したイギリスにおいて、平和こそがいかなる犠牲を払っても守るに値する最高の善であるようにホッブズにはみえたのだった。そしてこの考えを彼は死去するまでもちつづけることとなる。しかし、自然状態の特徴をなしているような強いられた状態のもとで締結される契約は法的に有効なものとみなしうるだろうか。ホッブズが『法の原理』のなかで立てているこの問いには、当時プロテスタントとカトリック双方の神学者たちによって繰り返し立てられていた問い、すなわち、宗教的迫害を免れるために偽りの誓言をおこなうことは許されるのかという問いが反響している形跡がうかがえる(7)。ホッブズの答えは明確である。契約はたとえ恐怖の状態のもとで締結されたものであっても有効であるというのだ。あとから振り返ってみると、彼はこれ以外には答えようがなかったのではないか、との印象を受ける。彼の議論のなかでは、恐怖は他に取り替えうるもののない役割を演じており、このことが世間を憤慨させることとなったのだった。

時が経つとともに憤慨は鎮静化していった。しかし、同時代の読者には相互の恐怖に支配された自然状態の記述は受け入れがたいものにみえた。それというのも、とりわけ、ホッブズは聖書と原罪へのいかなる言及をすることからも身を退いていたからである。さらに、この沈黙にまったく種類を異にするもうひとつの論戦が付け加わった。一六四七年にアムステルダムで公刊された『市民論』のラテン語第二版にホッブズが付け加えた「読者に向けての序文」のうちに見いだされる論戦がそれである（第一版は一六四二年にパリで著者の名前を伏せて出版されている）。その序文でホッブズは自らの「方法」を記述している。都市の発生と形態および正義の起源を理解するためには、まずもって、それらを構成している部分を同定しなければならない。同じように、時計の動き方を理解するために

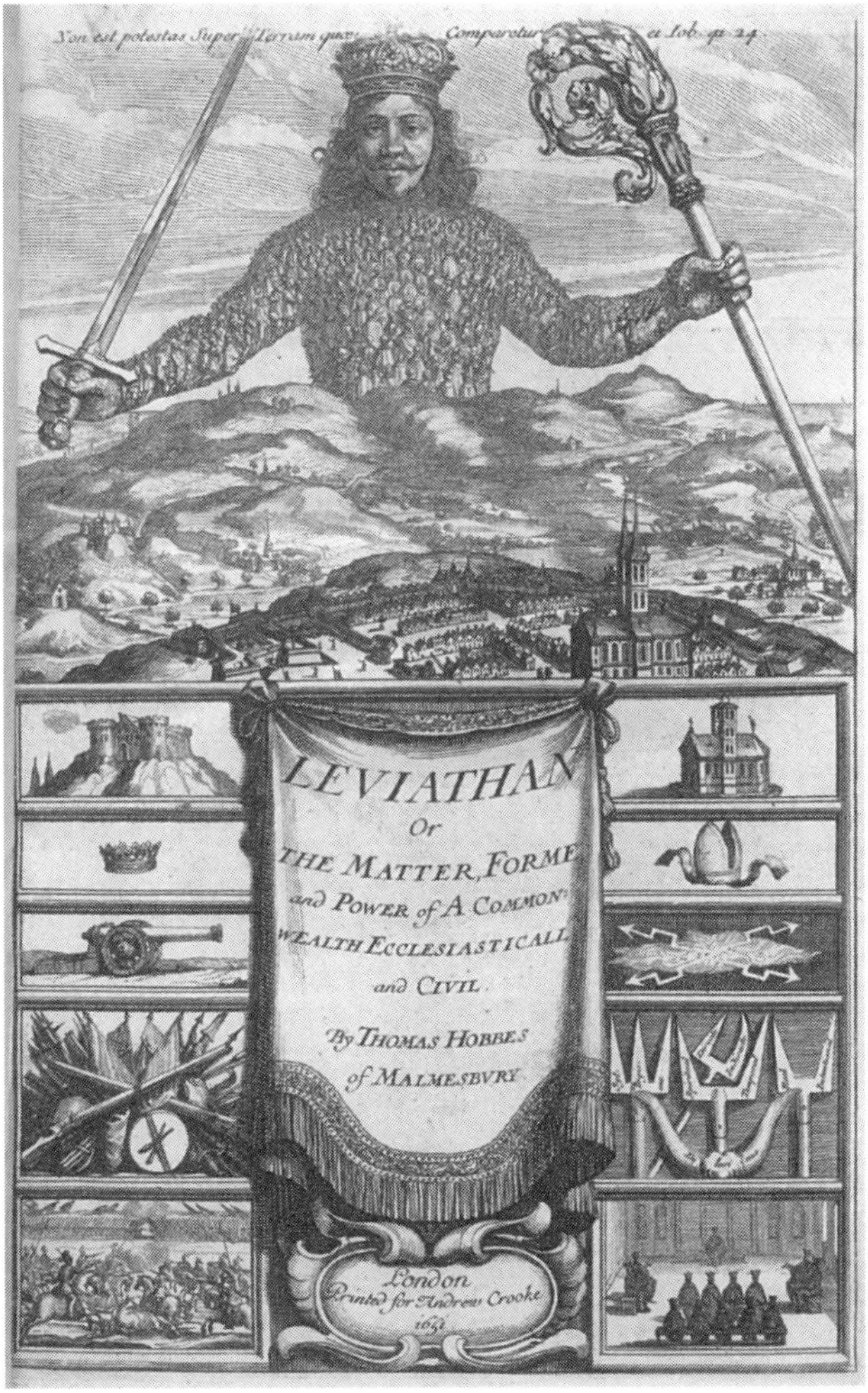

図1　アブラハム・ボス画(？)　トマス・ホッブズ『リヴァイアサン』扉頁
アンドリュー・クルック社刊　1651年

は、分解してみなければならない。分解してみてはじめて、さまざまな装置がどのような機能をもっているのかを理解することに成功するのである。(8)

『市民論』のラテン語版が差し向けられた教養ある読者層はホッブズの標的がなんであるかをただちに読み解いたことだろう。アリストテレスの『政治学』だったのだ。わたしの「方法」は、ポリス(polis)――都市すなわち政治的共同体――を構成している諸要素を見きわめることにある、とアリストテレスは説明していた。したがって出発点は似ていた。が、その後まもなく採られることになった道は異なっている。アリストテレスにとっては、人間はポリス的動物(zoon politicon)である。ひいては、ポリスは自然によって存在するのであり、それは自然的な現象である。これにたいして、ホッブズにとっては、自然状態は社交性ではなく、万人の万人にたいする戦いという、正反対の状態を特徴としている。いつ何時襲ってくるかわからない攻撃がまずは恐怖を生み出し、ついでは各人が自分の自然権を放棄することにもとづく契約をつうじて恐怖から脱け出そうとする衝動を生み出す。この契約の結果である都市――キーウィタース(civitas)、すなわち政治的共同体――は、人為的な現象である。この帰結はホッブズが導入した時計との比較によってなんらかの仕方で予想されていたことであった。

4　ホッブズの議論の重要性を理解するためには、どのようにして、どのような道をとおって、彼がその議論を定式化するにいたったのか、を理解しなければならない。ひとつの間接的な手がかりはホッブズ自身からやってくるようにおもわれる。彼はしばしば自然科学の豊穣さを道徳哲学の無益さに対置している。そして道徳哲学者としてエウクレイデスをモデルに考えていると言明していた。しかし、指摘されてきたように、ホッブズの知性が四十歳になってはじめて、エウクレイデスを読んだあとで覚醒したとは信じがたい。[9]もっと以前にホッブズは彼の省察に多種多彩な糸口を提供した本の翻訳をしていた。トゥキュディデスのペロポネソス戦史である。[10]ホッブズ研究者たちの注意を喚起してきたくだりのなかに、トゥキュディデスが紀元前四二九年にアテナイで猖獗を極めたペストの反響を描いている第二巻五三章の有名な頁がある。[11]しかし、この頁をホッブズが読んだ――そして翻訳した――やり方については、なおも言うべきことが残っている。

なによりもまず、トゥキュディデスの言に耳を傾けてみよう。

他の面でもこの疾病はアテナイ市にとって法律の存在しない状態が蔓延していくことの端緒となった。人は以前ならこっそりと隠れて自分の快楽のためにしていたことを今は堂々とやってのけるようになった。それは裕福な者たちが思いがけず死んで、それまでは文無しの連中が裕福な者たちのものであった富を手に入れるというような、突然の変化を目のあたりにして、自分の身体も手にしている貨幣も長続きするものではないと考え、官能の充足を求めて一時の快楽にふける権利があると思い込むようになっていったからである。だれももはや善であると判断していたものに固執しつづけようとはしなくなった。なぜなら、そこに到達する前に死んでしまうかどうか判ったものではないと考えていたからである。そして、どこからやってきたものであれ、直接的な快楽と利益を得ることさえできるなら、それは善にして有用なものになると考えていたのだった。神々にたいする恐怖も人間の掟ももはや拘束力を失っていた（theon de phobos e anthropon nomos oudeis apeirge）。なぜなら、一方では、だれもが同じようにして死んでいくのを目撃した以上、神々を尊敬していようと不敬をはたらいていようと今では同じことであったからであり、他方では、過ちを犯しても、裁判がおこなわれて刑が執行されるまで生き残っているとはだれも思っていなかったからである。彼らの頭上で宙づりになっている刑罰のほうがはるかに重大であって、それについては判決がすでに言い渡されていた。だから、この刑罰が彼らの上に落ちる前に、少しばかり人生を楽しんでも当然なのだった。[12]

5

トゥキュディデスの濃密な分析は、法律の不在状態、あるいはより正確にはペストの蔓延を目のあたりにしてあらゆる法律が効力を失ってしまうありさまを指すアノミア（anomia）という言葉でもって始まっている。[13] 権力の空白状態と今日なら言うだろうものが作り出され、それが剝き出しの本能を充足することによって埋め合わされているのだった。しかし、そのあとで続いて指摘されているように、アノミアという語は——その語はデュルケムと現代社会学にいたるまで、長きにわたって何度となく復活しては作り直されてきたのだが——人間の制定する法律にのみ言及したものではない。襲いかかる死を前にしては、神々にたいする恐怖もいかなる効力も失ってしまった、とトゥキュディデスは言うのである。

トゥキュディデスの描写している政治的身体の解体現象は、ホッブズの描く自然状態を抗しがたい仕方で想起させる。それは合わせ鏡のような関係である。ペストによって荒廃したアテナイにおいては法律はもはや存在しないのにたいして、自然状態においては法律はいまだ存在しないのだ。どうやらトゥキュディデスの描く極端な状況はホッブズに同じく極端な状況を軸としたひとつの思考実験――自然状態の描写――を示唆したのではないかと想定してもよさそうである。

しかし、翻訳者――ラテン語ではインテルプレス（interpres）――たるホッブズは、読者に自らの解釈（interpretazione）を押しつけている。トゥキュディデスは書いていた。“theon de phobos e anthropon nomos oudeis apeirge”と。いま引用したイタリア語訳〔からの日本語重訳〕――「神々にたいする恐怖も人間の掟ももはや拘束力を失っていた」――はギリシア語のテクストを忠実に写している。これにたいして、ホッブズの翻訳はただ一点、一語においてトゥキュディデスのテクストから離れている。“Neither the fear of the gods, nor laws of men *awed* any man”、すなわち、「神々にたいする恐怖も人間の掟ももはやだれをも畏怖させることはなかった」とあるのだ。ホッブズはギリシア語の動詞アペイルゲイン（apeirgein）＝「抑制する」を多かれ少なかれイタリア語の「インクテレ・ソッジェッツィオーネ（incutere soggezione）」〔畏怖させる〕に対応する英語の動詞――to awe――に移し換えている。トゥキュディデスのギリシア語テクストにたいする英語訳のこの相違のうちに、ホッブズが以後の数十年間に仕上げていった道徳哲学において中心的な役割を演じることになるひとつの観念の、最初の、閃光のごとき出現を見てとることができるのではないかとおもう。

6 ホッブズがトゥキュディデスの英訳のなかに"to awe"＝「畏怖させる」という動詞を挿入したことの意味を理解するために、一六一三年にロンドンで出版され、その後何度となく増補がほどこされて再版された一冊の本、『パーチャスの諸国巡礼、あるいは世界と創世から現在にいたるまであらゆる時代と発見されたあらゆる土地において観察されるもろもろの宗教についての報告』から出発することにしよう。この分厚いフォリオ判のなかで、著者の英国国教会牧師サミュエル・パーチャスは、膨大な量にのぼる旅行者たちの報告を頼りにしながら、旅ないし比喩的な巡礼の形態のもとで、全世界の住民の習俗、慣習、そしてとりわけ宗教について記述している。

パーチャスとホッブズは互いに面識があった。二人の名前はヴァージニア会社の理事会の議事録に記載されている。ヴァージニア会社は、新世界のうち、「処女王（Virgin Queen）」エリザベス一世にちなんでヴァージニア（Virginia）と呼ばれた地方の搾取を主要な活動目標とする商会で、ホッブズのパトロンであったキャヴェンディッシュ卿は主要な株主の一人であった。ホッブズの著作のなかにネイティヴ・アメリカンに触れた箇所が何か所かあるが、それはパーチャスの本から採ってこられたものではないかと想定されてきた。[14] この想定には、パーチャスが現代ユダヤ人のメシア願望について述べた章のなかでヨブ記に出てくるレビヤタンとベヘモットという二頭の巨大な動物について長々と語っていたことも付け加えておいてよいだろう。[15] ホッブズがこれらの名前を自分の著作〔『リヴァイアサン』と『ビヒモス』）のタイトルに選んだのは、聖書から直接引いてきたのであったにちがいない。彼は聖書の熱心な読者で深く読みこんでいた。しかし、パーチャスの諸国巡礼のなかで世界にはさまざまな宗教が存在することを教えられ、それをつうじてなにか別の興味あることがらを発見したのかもしれないのである。

パーチャスはイングランドの植民地主義的膨張は人類の宗教的統合と差し迫る世界の終焉を準備することになると考えていた。彼の目には人類の宗教的統合は可能であるようにみえたが、それは「宗教はなにか自然なものであって、すべての人間の心の中に書き込まれている」からであった[16]。パーチャスは一部の無信仰な者たちが「公言するというよりは囁いている」議論、すなわち「宗教は人々を畏怖のうちにとどめておこうとする、古くから連綿と続く慣習、あるいは巧妙な政策（a continued custom, or a wiser Policie, to hold men in awe）以外のなにものでもない」という議論を強く斥けている[17]。ホッブズはトゥキュディデスを翻訳したとき、この文言のことを憶えていて、"awe"という名詞を"awed"という動詞に変えたのだろうか。ありえないことではない。が、確かというにはほど遠い。とどのつまり、パーチャスの論争的な反撥の仕方からもわかるように、そうした考えはなんら珍しいものではなく、広く人口に膾炙していたのだった。続く一節は、宗教を「古くから連綿と続く慣習」に還元した、名指しされていない人物がだれであったのか、を同定することを可能にしてくれる。たぶんパーチャスはモンテーニュのことを考えていたのだった。モンテーニュの『エセー』は最近ジョン・フローリオによって英語に翻訳されていた。カトリック教のくびきから逃れるために父親といっしょにイタリアを去った人物で、最初の伊英辞書の著者である。(18) モンテーニュは、「慣習について。また人々によって受け入れられてきた法律を安易に変えてはならないことについて」と題された有名なエセーのなかで、どんな奇異な考えでもなんらかの慣習に支えられていることはありうる、と主張していた。そして、括弧のなかで「もろもろの宗教のはなはだしいごまかしには触れないでおく」と付け加えていた。(19) このわざとくだけた口調の言葉でもって、モンテーニュは『三人のペテン師』のことにそれとなく触れていたのだった。いまだ書かれずにいて、中世からスキャンダラスなタイトルだけが流布していたテクストで、モーセ、イエス、ムハンマドという地中海世界における三大一神教の創設者たちをペテン師であると決めつけていた。モンテーニュが想起し、パーチャスが決然と排斥したこの言い伝えは、宗教のうちに無知な群衆の衝動を抑制するのにうってつけの政治的な道具を見てとっていたのである。

7 これやそれ以外の本を読んだ影響の跡が「人々の態度《マナーズ》の相違について」および「宗教について」と題された『リヴァイアサン』の第一一章と第一二章のうちに確認される。(20) ホッブズは宗教の起源を事物の自然的原因について無知でそれらが目に見えない力に取って代えられたところから生じた恐怖によるものだとみている。これはルクレティウスによって事物の本性にかんする偉大な詩篇のなかで取りあげ直されたエピクロスの哲学の中心的なテーマだった。すなわち、恐怖が最初に神々を作った、トーは“Primus in orbe deos fecit timor”というものだった。エピクロスに由来する有名なモッというのである。[21] ホッブズはこのモットーを引用して「きわめて真実である」と述べつつも、ただちに言葉を接いで、これは異教徒たちの宗教についてのみ当てはまるとことわっている。そして、「永遠、無限、全能の唯一の神が存在することの承認」は、たぶん、「将来ふりかかるであろうものへの恐怖」よりも、もろもろの原因を知りたいという好奇心から出てくるのだろうと続けている。[22] これは慎重にも真実を偽った言明というほかない。一パラグラフ前ではホッブズは正反対のことを言っていたのだった。すなわち、事物の原因を知ろうとする願望が「不安（anxiety）」と「不断の恐怖（perpetuall feare）」を生じさせるのだ、と。欄外の小見出しには「宗教の自然的原因、すなわち将来への不安」とある。[23]

宗教の根源、すなわち無知から生み出される偽りの恐怖を破壊することによって宗教を攻撃すること――この計画はルクレティウスのいくつかのすばらしい詩行の着想源となっていて、ホッブズの頁のうちにもところどころでその影響をとどめている形跡が見てとられる。しかし、両者のあいだには重要な相違が存在する。ホッブズのほうは恐怖を破壊しようとしておらず、それどころか、恐怖を国家の起源の基礎そのものにしている。[24] ホッブズは宗教のエピクロス的な批判から出発しながら、その後その批判から離れていっているようにみえるのだ。とはいえ、多くの研究者たちが強調していることの相違は、あるひとつのもっと込みいった態度を隠蔽している。このことを理解するには、ホッブズが、しばしばおこなってきたように、出自を異にするさまざまな素材を力強く錬成しなおして、ひとつの新たな形態に凝縮している一節が役に立つ。

自然的原因についての無知とその結果生じる恐怖（feare）は、人々をして「自分たちのあいだにさまざまな種類の目に見えない力が存在すると想定してそれらの力を仮構し、自分たち自身の想像したものを畏怖しながら仰ぎ見、苦境におちいったときにはそれらを呼び出して祈り、事態が期待したとおりの良い結果をもたらしたときにはそれらに感謝する」よう導いていくとホッブズは言う。[25] ここでもまたホッブズは宗教に畏怖（awe）を結びつけている。しかし、それは人々は「自分たち自身の想像したものを畏怖しながら仰ぎ見る（to stand in awe of their own imaginations）」ということを強調したコンテクストにおいてである。この一見したところでは背理めいた態度を記述するにあたって、ホッブズはタキトゥスの「人々は自分たちがたったいま作りあげたばかりの話を本当のことだと信じてしまった（fingebant simul credebantque）」という驚くべき文言（『年代記』五・一〇）を想い起こしていたのではないかとわたしは考える。この文言は、虚偽の情報が流布するといったような限定された出来事を記述する目的で、タキトゥスの著作のなかにわずかな変更をほどこしつつ三回繰り返し出てくる。[26] これにたいして、ホッブズは、タキトゥスの定式（この定式はホッブズが書記をしていたベーコンによって歪曲された仕方で引用されていた）を利用して、宗教の起源という、きわめて一般的な現象を記述しようとしている。また、ホッブズは「フェイン（feign）」という〔ここで「作りあげる」と訳した〕動詞を使うさい、名詞「フィクション（fiction）」〔架空の作品、小説〕および形容詞「フィクティヴ（fictive）」〔架空の、作り話の〕との結びつきを維持しようと努めている。「フェイン（feign）」はタキトゥスが使っているラテン語の動詞「フィンゲバント（fingebant）」をそのまま踏襲したものである。[27]

8　ホッブズの目的は宗教を想像の産物であるとして破壊することではなかった。そうではなくて、タキトゥスの背理めいた定式をつうじて、恐怖と人間の想像力の産物である宗教がいかに効果的に機能しうるかを理解しようとしていたのである。この推論の結果はホッブズにとって決定的であった[28]。宗教の起源を説明するために設定されたモデルは、『リヴァイアサン』の中心的な頁のなかでふたたび登場する。国家の起源について記述している頁がそれである。

その頁のなかでホッブズは説明している。動物たちのあいだでの一致は自然的なものであるが、これにたいして、人間のあいだでの一致は契約・信約の上にのみ成り立っており、人為的なものである、と。

このため、契約が長続きするものであるようにするためには、彼らを畏怖させておき（to keep them in awe）、彼らの行為を共通の利益へと導いていく、共通の権力が必要となる[29]。

ホッブズは自然状態を記述したさいにも同じ表現を用いていた。

このことから、人々が彼らのすべてを畏怖させておく（to keep them all in awe）共通の権力をもたないでいるあいだは、彼らは戦争と呼ばれる状態にあることが明らかになる。そしてそのよう

な戦争は各人の各人にたいする戦争である。(30)

したがって、宗教の起源の場合でも、国家の起源の場合でも、最初には恐怖（feare）があり、最後には、結果として、畏怖ないし崇敬（awe）があることがわかる。そして中間にはフィクションがあって、それを作りあげた者たち自身に実在するものとして押しつけられるのである。

これが、あの偉大なリヴァイアサン、あるいはむしろ（もっと敬意を払って言えば）あの可死の神の生成であって、わたしたちは不死の神のもとにあって、わたしたちの平和と防衛をこの可死の神に負っているのである。(31)

人為的な被造物であるリヴァイアサンが、契約によってそれを創造した者たち――それがその者たちによって作られた（fatto）ところの当の者たち――の前に、畏怖を呼び起こす客体としてそそり立つ。チャールズ二世に献呈された羊皮紙写本の扉頁におそらくはアブラハム・ボスによって鉛筆でデッサンされた図絵（図2）のなかでは、リヴァイアサンの身体を構成する無数の人間が、読者、いまの場合には国王を仰ぎ見ている（図3）(32)。印刷された第一版の最終ヴァージョンでは、たぶんホッブズの示唆によって変更がなされ、タキトゥスの"fingunt simul creduntque"という言葉を強く示唆した図絵に取り替えられている。(33) 無数の人々が彼らのおかげで存在している「人工人間」――彼らを結び

図2　羊皮紙に描かれた『リヴァイアサン』扉頁の写本

つける契約をつうじて彼ら自身が作り出したリヴァイアサン——を畏怖と崇敬の面持ちで見上げている（図4）[34]。絵を見る側から見て右側（図5）には、おそらくはアブラハム・ボスではないかとおもわれる版画家が、ホッブズの案内で、病気の瘴気から保護してくれると信じられていた嘴型の仮面で顔を覆った（図6）、ペストの防疫にあたる二人の医師の、高さ三ミリメートルの肖像を描いている。明らかにホッブズは、都市のすべての紐帯を解いてしまったアテナイのペストにかんするトゥキュディデスの頁を想い起こしていたのだった[35]。

9　したがって、ホッブズは宗教の起源と国家の起源を並行したかたちで提示しているわけである。しかし、彼の描き出す国家では宗教——あるいはより正確には——教会はなんらの自立性も有していない。『リヴァイアサン』の扉頁に描かれている「死すべき運命にある神」、国家は、一方の手に剣をもち、もう一方の手に牧杖をもっている。ホッブズにとっては、国家の権力は力だけを支えとしているのではなく、畏怖（awe）をも支えとしているのだった。これは宗教と国家の起源について論じた『リヴァイアサン』の頁のなかで戦略的な地位を占めて登場しているのを見てきた言葉である。

ホッブズは同じ言葉を動詞形（awed）でペストの結果にかんするトゥキュディデスの頁を翻訳したなかでも使っていた。「神々にたいする恐怖も人間の掟ももはや拘束力を失っていた」とトゥキュディデスは書いていた。想い起こしてもらえるだろうとおもうが、それをホッブズは「もはやだれをも畏怖させることはなかった」と翻訳していたのだった。ギリシア語のテクストにたいするこのずれの

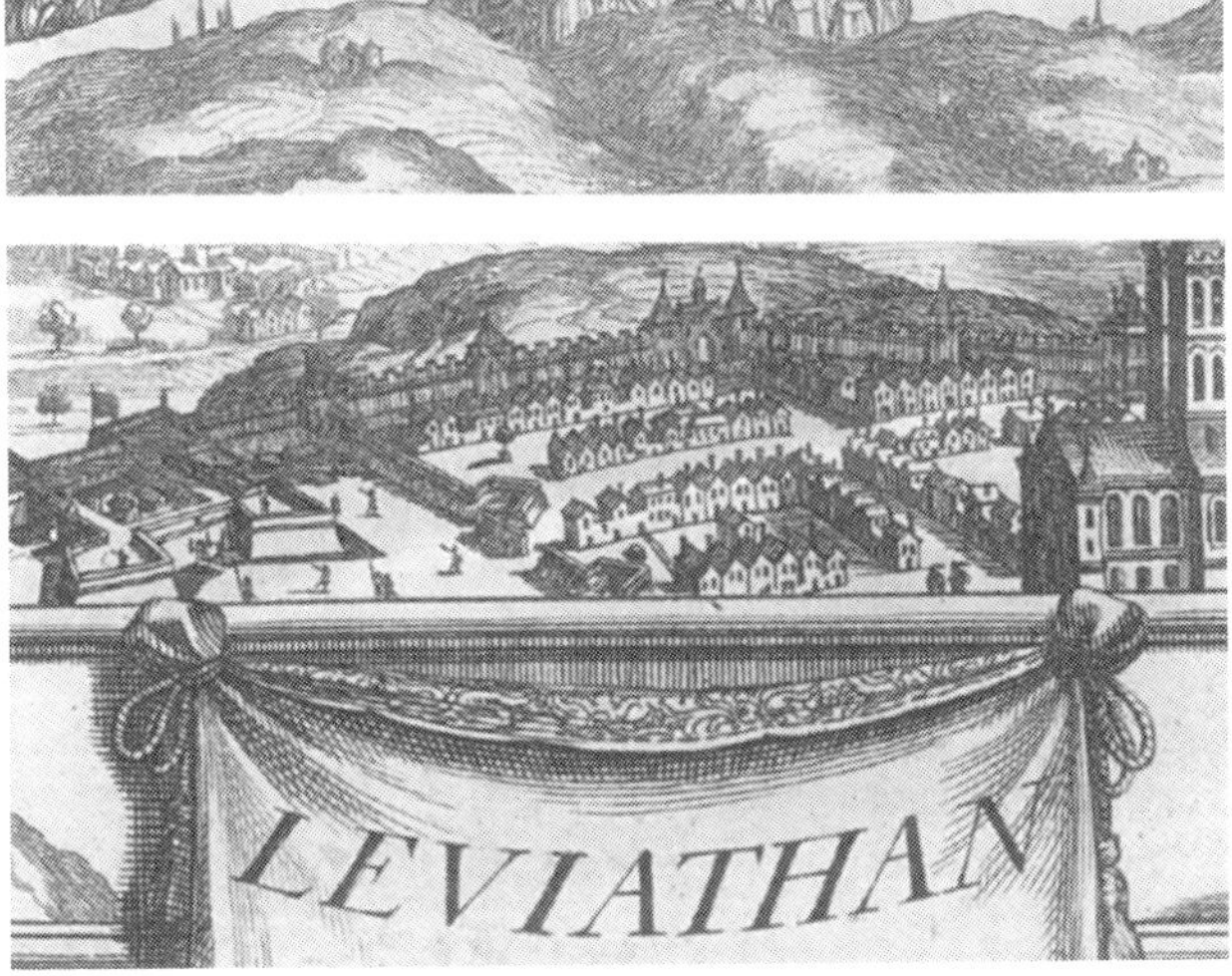

上／中／下　図3・4・5　『リヴァイアサン』扉頁の細部

図6　パウル・フュルスト《ペストの医師》 版画　1656年

説明は、たぶん、すぐ前の言葉のうちに探し求められる。そこでトゥキュディデスは「神々にたいする恐怖（theon phobos）」について語っていた。それを“fear of the gods”と翻訳したとき、ホッブズはきっと、キング・ジェイムズ版聖書〔欽定訳聖書〕のなかで「フィアー（fear）」という言葉が名詞および動詞として神および「神にたいする畏怖」と結びついて繰り返し出てくることを考えていたのだろう。しかし、神にたいする畏怖は恐怖と同じではない。聖ヒエロニュムスのラテン語訳聖書のなかで用いられている「ティモル・デイー（timor Dei）」という表現は、ヘブライ語聖書の七十人訳と呼ばれるギリシア語訳を踏襲したものだったが、ヘブライ語聖書においてそれに対応する「イェールハウ（yirʼah）」という言葉の内包している両価的な意味合いを伝達していない。わたしはヘブライ語についてはまったく無知である。が、手助けしてくれた友人たちから学び知ったところによると、「イェールハウ（yirʼah）」は恐怖と畏怖を同時に表現しているという。(36) 聖ヒエロニュムスによって彼のラテン語訳聖書で選択された「ティモル（timor）」という言葉はまったく不適切だったわけである。不適切であるとともに危険でもあった。というのも、「ティモル（timor）」は、宗教の起源を恐怖に還元していた、さきに想起しておいたエピクロスのモットー（“primus in orbe deos fecit timor.”）を想い起こさせるものだったからである。たしかに、キング・ジェイムズ版聖書のいくつかのくだり（『詩篇』四・四、三三・八、一一九・一六一、『箴言』一〇）において神に向かっての人間の態度を指して用いられている「オー（awe）」という言葉のほうが「イェールハウ（yirʼah）」のもつ両価性をよりよく言い表わしていた。「オーサム（awesome）」＝「畏敬の念を呼び起こすような」とか「オーフル（aweful）」

＝「畏るべき」といった、名詞「オー（awe）」に関連する形容詞がそのことを証明している。おそらく、ホッブズは、トゥキュディデスの一節を翻訳するにあたって、宗教によって引き起こされる態度の矛盾した複雑さを伝えるために、“fear”という言葉のあとに“awed”という言葉を挿入する必要があると感じていたのだった(37)。そしておそらく、畏怖（fear）にかんするホッブズの省察はここにおいて始まったのだった。

しかし、わたしたちは「イェールハウ（yir'ah）」をどうイタリア語に翻訳できるのだろうか。「テルリビリタ（terribilità）」という古い言葉――ヴァザーリがミケランジェロの作品を指してそう呼んだ言葉――がまっさきに思い浮かぶ。それから、「ソッジェッツィオーネ（soggezione）」の代わりに、ラテン語の「ウェレオル（vereor）」＝「畏敬する」に由来する「レヴェレンツァ（reverenza）」という言葉を使うこともできるかもしれない(38)。しかし、「オー（awe）」の最善のイタリア語訳はおそらく「テルローレ（terrore）」である。ホッブズ自身がこのことを直接示唆しているようにみえる。

なぜなら、コモンウェルスに住むすべての個人から与えられたこの権威をつうじて、彼〔リヴァイアサン〕は自分に授与された強大な力と強さを生かし、人々を恐怖させる〔威嚇する〕ことによって（by terror thereof）、彼らすべての意志を国内における平和と彼らの外敵に対抗する相互援助へと一致させることができるからである(39)。

ホッブズは国家の起源についての世俗化された解釈を初めて提起することによって近代的な政治哲学を創始したといわれる。わたしがここで提起してきた読解はこれとは異なる。ホッブズにとって、政治的な権力は力を前提としているが、力だけでは十分でない。国家、畏怖から産み出された「可死の神」は、恐怖（terrore）を呼び起こす。これは畏怖と崇敬が分かちがたく混ざり合った感情である。[40]自らを正当な権威として提示するためには、国家は宗教の提供するいくつかの道具（武器）を必要としている。このため、国家にかんする近代の省察は政治神学を軸にして遂行されるのである。そしてこの伝統を創始した人物こそがホッブズだったのだ。

この結論は、わたしたちが世俗化と呼んでいる、いまだ完成からはほど遠い現象を、これまでとは異なった目で見させてくれる。カール・シュミットが引いているアルベリコ・ジェンティーリの言葉――「神学者たちよ、きみたちに関係のない職務には口出しするな！（Silete theologi in munere alieno!）」――は、政治神学にも世俗化にも関連させることができる。世俗化は宗教から自立した領域を主張しようとはしていない。それは宗教の領域を侵害しているのである。[41]世俗化へのわたしたちが目撃しているもろもろの反応は、この侵害に照らして説明される（わたしは「説明される」と言ったのであって、正当化されるとは言っていない）。

10　わたしは話を始めるにあたって、たとえ最後には現在に立ち戻ることになるとしても、現在からは離れることになるだろうと述べておいた。いま、その現在に立ち戻ることにしよう。皆さんのなかには二〇〇三年三月のバグダッド爆撃のことを憶えている方がいるだろう。作戦の名は「衝撃と恐怖（Shock and Awe）」と言った。イタリアのいくつかの新聞に登場した訳語は「打撃をあたえて恐怖におとしいれる（Colpire e terrorizzare）」だった。二〇〇三年三月二十四日付の『イル・マニフェスト』紙に掲載された記事のなかで、クララ・ガッリーニは、宗教史の研究者としての権限において、その訳語は「もともとの言い回しに込められている不吉な含意を十分には伝えていない」と指摘していた。それが言及しようとしていたのは心理的な意味における恐怖ではなく、「聖なる恐怖」であるというのだった。(42) 同じ記事はルドルフ・オットーが『聖なるもの』と題された有名な本のなかで注解している聖書の一節――『出エジプト記』二三・二七――にも想起をうながしていた。「わたしは、あなたの前にわたしの恐怖を送り、あなたが入っていく土地の民をすべて混乱におとしいれるだろう」と主が述べている箇所である。(43) この場合、「エーマーティ（emati）」というヘブライ語は、友人がわたしに教えてくれたところによると、両価性を剝奪された恐怖のことだという。ルドルフ・オットーはヨブ記で描かれている二頭の怪物的な動物、ベヘモットとレビヤタンを、聖なるもののもつ恐るべき両価性の例として想い起こしていた。しかし、ルドルフ・オットーもクララ・ガッリーニもホッブズのことは想起していない。(44)

これにたいして、「衝撃と恐怖（Shock and Awe）」という表現のなかでホッブズが暗に言及されていることは、『リヴァイアサン』の扉頁とそれが含意するものについて取り組んだ重要な論考の著者であるホルスト・ブレーデカンプによって即座に見てとられていた。ブレーデカンプは、ホッブズから出発して、現在にまで、アメリカのネオコンたち（新保守主義者たち）にレオ・シュトラウスが及ぼしている影響にまで到達しようとしている。[45] また、リチャード・ドレイトンも、二〇〇五年十二月二十九日付の『ガーディアン』紙に掲載された、アメリカのネオコンたちと彼らの対外政策のもたらす壊滅的な結果に取り組んだ記事において、ブレーデカンプほど深く掘り下げてはいないものの、似たような方向に向かっている。[46] ドレイトンが指摘しているところによると、ポール・ヴォルホヴィッツとリチャード・パールと彼らの仲間は、ホッブズを二十一世紀に適合させようとしており、テクノロジーによる恐怖を拡散させて、彼らが敵とみなす者たちを支配下に置こうとしていたという。しかし、「衝撃と恐怖」作戦もホッブズも、その鋒先はそれらを唱道した者たち自身に向けられる結果となってしまった、とドレイトンはコメントしている。

しかし、もちろんゲームは終わってはいない。一九九五年に「衝撃と恐怖」というスローガンを打ちあげたアメリカの軍事分析家ハーラン・ウルマンは、広島に投下された原子爆弾をこの戦略のモデルとして挙げていた。言っておかなければならないが、二〇〇一年九月十一日のあと、ウルマンはふたたび職務に就いている。グローバルなテロにたいする戦争を終わらせる手段が手許にある、と彼は説明していた。「ほぼ完璧な知識とスピードとすばらしいパフォーマンスと環境の管理統制を組み合わせることによって、われわれは最小限の損失で素早い決定的な勝利を達成できる」というのだ。[47] いうまでもなく、ウルマンが考えているのはアメリカ軍の損失だけであって、これにたいして、民間人も含めて敵のほうが被る損失は最大限のものにならざるをえないのである。しかし、イラクから届く血なまぐさいニュースは、ウルマンのような人物の軍事テクノロジー的な尊大ぶりがいかに嘘偽りに満ちたものであるかをほぼ毎日のように曝き出している。

11 わたしたちは、諸国家が恐怖をあたえると脅して実行し、時には被ってもいる世界に生きている。それは宗教の尊敬に値する強力な武器を我が物にしようとしている者と宗教を武器として振りかざしている者からなる世界である。巨大なリヴァイアサンたちが激しく体をよじらせてのたうち回っているか、地面にうずくまって待機している世界である。ホッブズが思考し探求したものに似た世界である。

しかし、なかには、ホッブズはわたしたちが現在だけでなく未来をも想像する手助けをしてくれる、と主張する人がいるかもしれない。遠く彼方にあって、回避できないわけではないが、それでもおそらくありえないわけでもない未来をである。(48) 環境の悪化は今日では考えられないレヴェルにまで達すると想定してみよう。空気、水、土壌の汚染は、ついには、ホモ・サピエンス・サピエンスと名づけられている種も含めて、多くの動物種の生存にとって脅威となってしまうだろう。そのときには、世界とその住民たちの上に毛細血管のように張り巡らされたグローバルな管理統制が避けがたくなるだろう。人類の生存はホッブズが要請したのに似た契約を要求することになるだろう。個々人は自分たちの自由を放棄して、ひとつの抑圧的な超国家、過去のものよりも無限に強力なリヴァイアサンを求めるようになるだろう。社会的な鎖が死ぬ運命にある者たち〔人間〕を締めつけて鉄のごとき結び目を作りあげるだろう。もはや、レオパルディが『えにしだ』のなかで書いたような「不敬虔な自然(empia natura)」[49]にたいしてではなく、脆くて、調子が狂い、傷ついた自然に救いの手を差しのべるためにである。

これはあくまでも仮説的な未来であって、けっして現実のものにならないことをわたしたちは願っている。

このペーパーのさまざまなヴァージョンはトリーノ（国際ブックフェアー）、エルサレム（ヘブライ大学）、ヴェネツィア（歴史学部）、ボローニャ（政治科学学部）、イスタンブール（ビルギ大学）、ベルリン（文学・文化研究センター）、ブエノスアイレス（国立図書館）、サンパウロ（サンパウロ大学）、ローマ（マリー・キュリー欧州博士コース）、ニューヨーク（コロンビア大学）、デリー（インド経済社会史回顧講義）、フィレンツェ（マックス・ヴェーバー講義、欧州大学院）、パルマ（建築学部）で発表された。

援助の手を差しのべてくれたペリー・アンダーソン、フォルカー・バリ、ピエル・チェーザレ・ボーリ、マリア・ルイーザ・カトーニ、アルベルト・ガイアーノ、カルロス・ハドソン、セルジョ・ランドゥッチ、アムノン・ラス＝クラコツキン、タミ・サルファッティに感謝する。

（1） Corey Robin, *Fear: The History of a Political Idea* (Oxford: Oxford University Press, 2004), p. 28 et passim.

（2） François Tricaud, "'Homo homini Deus', 'Homo homini Lupus': Recherche des sources des deux formules de Hobbes," in: *Hobbes-Forschungen*, hrsg. von Reinhart Koselleck und Roman Schnur (Berlin: Duncker & Humblot, 1969), pp. 61-70 は、プラウトゥスとエラスムスの『格言集』以外に、ベーコンの重要性を強調している。

（3） John Aubrey, '*Brief Lives*', *chiefly of Contemporaries, set down by John Aubrey, between the Years 1669 & 1696*, edited by Andrew Clark (Oxford: Clarendon Press, 1898), vol. I, p. 332.

（4） "T. Hobbes Malmesburiensis vita, scripta anno MDCLXXII," in: *Opera Philosophica, quae Latine scripta*, edited by William Molesworth (London: John Bohn, 1839; facsimile reprint: Aalen: Scientia, 1966), vol. I, p. LXXXVI.

（5） Thomas Hobbes, *The Elements of Law Natural and Politic*, edited by Ferdinand Tönnies, introduction by Maurice M. Goldsmith (2nd ed: London: Frank Cass, 1969), chapter 14, pp. 70-74.〔ホッブズ著、田中浩・重森臣広・新井明訳『法の原理――人間の本性と政治体《コモンウェルス》』（岩波書店、二〇一六年）、一四一―一四二頁〕

（6） ホッブズの引用では "Non est potestas super terram quae comparetur ei" となっている。

（7） このために、現代の何人かの読者は『リヴァイアサン』をクロムウェル体制を擁護して書かれた本だとみなしてきた。Cf. Quentin Skinner, "Hobbes's Life in Philosophy," in: *Visions of Politics* (Cambridge: Cambridge University Press, 2002), vol. III: *Hobbes and Civil Science*, p. 21. Johann Peter Sommerville, "The 'New Art of Lying': Equivocation, Mental Reservation, and Casuistry," in: *Conscience and Casuistry in Early Modern Europe*, edited by Edmund Leites (Cambridge: Cambridge University Press, 1988), pp. 159-184 も参照のこと。

（8） Thomas Hobbes, *Elementa philosophica de cive* (Amsterdam: Ludovicum Elzevirium, 1647), fol. 4v.〔トマス・ホッブズ著、本田裕志訳『市民論』（京都大学学術出版会、二〇〇八年）、一七―一八頁〕

（9） Cf. Leo Strauss, *The Political Philosophy of Hobbes: Its Basis and Its Genesis* (Chicago: University of Chicago Press, 1961), pp. 29 et passim (First ed.: Oxford: Clarendon Press, 1936)〔レオ・シュトラウス著、添谷育志・谷喬夫・飯島昇藏訳『ホッブズの政治学』（みすず書房、一九九〇年）、三六頁ほか〕。シュトラウスによって開かれた道を歩んで、クエンティン・スキナーは *Reason and Rhetoric in the Philosophy of Hobbes* (Cambridge: Cambridge University Press, 1996), pp. 3, 217 において、ホッブズの受けた人文主義的教育を彼の知的道程における決定的要素と受けとめて詳細に再構築してみせた。シュトラウスの解釈、とりわけホッブズにアリストテレスが影響を及ぼしたという点にかんして、Carlo Augusto Viano, "Analisi della vita emotiva e tecnica politica nella filosofia di Hobbes," *Rivista critica di storia della filosofia*, XVII (1962), pp. 355-392 の批判を見られたい（これはしばしば見過ごされてきたが、重要な論考である）。わたしの解釈はヴィアーノの解釈とは異なるが、ホッブズの思想の発展にとってトゥキュディデスがもつ重要性にかんしては、ヴィアーノと意見を同じくする。

(10)　この重要性を最初に指摘したのは、Arturo Bersano, "Per le fonti di Hobbes," *Rivista di filosofia e scienze affini*, X (1908), pp. 197-213, 384-391 である。

(11)　Clifford Orwin, "Stasis and Plague: Thucydides on the Dissolution of Society," *The Journal of Politics*, L (1988), 4, pp. 831-847（とくに pp. 841-849); Gabriella Slomp, "Hobbes, Thucydides and the Three Greatest Things," *History of Political Thought*, XI (1990), 4, pp. 565-586（とくに pp. 569-571); Id., *Thomas Hobbes and the Political Philosophy of Glory* (London-New York: Palgrave Macmillan-St. Martin's Press, 2000)（とくに pp. 78-83). Bersano, "Per le fonti di Hobbes" cit. p. 209 にも簡単な言及がある。

(12)　Tucidide, *La guerra del Peloponneso*, a cura di Luciano Canfora (Torino: Einaudi-Gallimard, 1996), p. 253〔トゥキュディデス著、小西晴雄訳『歴史』（筑摩書房、二〇一三年）、一六六―一六七頁〕。トマス・ホッブズの英語訳 Thucydides, *The History of the Grecian War*, in: *The English Works of Thomas Hobbes of Malesbury*, edited by William Molesworth (London: John Bohn, 1843; reprint: Aalan: Scientia, 1966), vol. VIII, pp. 203-211（とくに pp. 208-209 の第二巻第五三章）を参照されたい――「他の面でもこの都市ではびこるようになっていた大いなる放縦状態は、最初はこの疾病から始まったのだった。なぜなら、人が以前なら肉欲にふけっておこなっていたことを包み隠していて認めようとはしなかっただろうことをいまは臆面もなく自由におこなっているからである。人は裕福な者たちが死んでいき、なんの値打ちもない連中が彼らの財産を受け継ぐといった、急激な変化を目の前にしているのである。彼らはすばやく富を得たことを自分たちの快楽のためにすら正当化しているが、それは自分たちの生命はその日かぎりしか続かないと考えていたからである。労苦にかんしては、なんらかの名誉のためにそんなものを払おうとはしていない。なぜなら、それを達成する前に死んでしまうかどうか判ったものではないと考えていたからである。ただ喜ばしくて快楽に役立つことがわかっているものだけが有用で名誉あるものなのだった。神々にたいする恐怖も人間の掟ももはやだれをも畏怖させることはなかった (Neither the fear of the gods, nor laws of men awed any man)。前者については、自分たちは等しく全員が死滅していくのを目撃している以上、崇拝してもしなくても同じだと結論していたからであり、後者については、自分が犯した罪の罰を判決によって受けるまで生命が続くとはだれも期待していなかったからである。かえって、いまや自分たちの頭上にはなにかもっと大きな判決がぶら下がっているのだから、それが落ちてくる前に残っている人生の少しの部分でも楽しんでおこう、と考えていたのだった」。

（13） Marcello Gigante, *Nomos Basileus* (Napoli: Edizioni Glaux, 1956), p. 184; Marco Orrù, *Anomie: History and Meaning* (London: Unwin Hyman, 1987).

（14） Noel Malcolm, "Hobbes, Sandys, and the Virginia Company," *The Historical Journal*, XXIV (1981), 2, pp. 297-321（とくにpp. 304, 318）. パーチャスにかんしては、David Armitage, *The Ideological Origins of the British Empire* (Cambridge: Cambridge University Press, 2000), pp. 81-90を見られたい。

（15） Samuel Purchas, *Purchas His Pilgrimage or Relations of the World and Religions Observes in All Ages and Places Discovered, from the Creation to the Present* (London: William Stansby for Henrie Fetherstone, 1613), p. 181.

（16） Ibid., p. 15.

（17） Ibid., p. 26.

（18） Manfred Pfister, "Inglese Italianato-Italiano Anglizzato: John Florio," in: *Renaissance Go-Betweens*, edited by Andreas Höfele and Werner von Koppenfels (Berlin: Walter de Gruyter, 2005), pp. 32-54.

（19） Michel de Montaigne, Essais, in: *Oeuvres complètes*, éd. de Albert Thibaudet et Maurce Rat (Paris: Gallimard, 1962), p. 109（第一巻第二三章）. Michel de Montaigne, *Essays*, trad. by John Florio (London: Edward Blount and William Barret, 1613, first ed: 1603), p. 48も見られたい。〔モンテーニュ著、原二郎訳『エセー（一）』（岩波書店、一九九一年）、二〇九頁〕

（20） Julien Freund, "Le Dieu Mortel," in: *Hobbes-Forschungen* cit., pp. 33-52はp. 42で書いている。「自然権が存在するように、畏怖を基礎とする自然的宗教も——ホッブズはこの表現を使っていないけれども——存在する」と。しかし、Thomas Hobbes, *Leviathan*, edited by C. B. Macpherson (Harmondsworth: Penguin, 1974), p. 167を見られたい。そこには、小見出しに「同じもの〔知ろうとする好奇心〕から生じる自然的宗教」とある〔ホッブズ著、水田洋訳『リヴァイアサン（一）』（岩波書店、一九五四年）、一七三頁〕。ホッブズにとってのモンテーニュの重要性については、正当にも、Gianni Paganini, "Hobbes e lo scetticismo continentale," *Rivista di storia della filosofia*, LIX (2004), 1, pp. 303-328が力説している。

（21） スエトニウス『ローマ皇帝伝』第一巻「カエサル」六——「それゆえ、〔わたしの叔母ユリアの〕血のなかには、人間の世界で最高の権力をもつ王の高潔さと、その王たちすら支配に服する神々の侵すべからざる神聖さとが、二つなが宿っているのだ」、ホラティウス『カルミナ』三・一・五―六――「地上の王たちは彼ら自身の羊の群れのなかでは恐るべき存在かもしれないが／王たち自身もユピテルの支配下にあるのだ」も参照されたい。

（22）Hobbes, *Leviathan* cit., p. 170〔水田訳、一七八頁〕

（23）Ibid., p. 168〔水田訳、一七七頁〕

（24）このテーマにかんしては、Paolo Cristofolini, *Vico pagano e barbaro*（Pisa: Edizioni ETS, 2001）, pp. 71–74 から得るところがあった（そこではホッブズについては言及されていないが、前提されている）。

（25）Hobbes, *Leviathan* cit., pp. 167–168〔水田訳、一七四頁〕. このくだりは Karl Schuhmann, "Phantasms and Idols: True Philosophy and Wrong Religion in Hobbes," *Rivista di storia della filosofia*, LIX（2004）, 1, pp. 15–31（とくに pp. 26–27）に、ここで提示されているのとは異なる見方のもとで引用されている。

（26）タキトゥス『年代記』五・一〇、『同時代史』一・五一・五――「しかし噂をでっちあげ信じ込む要因の多くは……」、『同時代史』二・八・一――「同じころアカイアとアシアは、ネロがやってきたという虚報に狼狽した。ネロの最期はいろいろと取り沙汰されていただけに、一層多くの人が、ネロはまだ生きているという噂をでっち上げ信じていた」。

（27）Francis Bacon, *The Advancement of Learning*, in: *The Works of Francis Bacon*, edited by James Spedding, Robert Leslie Ellis and Douglas Dennon Heath（Boston: Taggard and Thompson, 1863）, vol. 6, Book 1, p. 125 も参照されたい――「詮索好きな人はおしゃべりである。同じ理由で、人の言うことを信じやすい人は詐欺師である。噂の場合に見られるように、やすやすと噂を信じる人は、またやすやすと噂を大きくし、自分で尾ひれをつける。タキトゥスは賢明にもこのことを指摘して、"Fingunt simul creduntque"〔人々は噂を作り出してはただちに信じ込んでしまう〕と言っている。作り出すことと信じることとは大いに似ているのである」〔ベーコン著、服部英次郎・多田英次訳『学問の進歩』（岩波書店、一九七四年）、五七頁〕。わたしの読解はホッブズを最も深く読みこんでいる読者の一人の読解を踏襲している。Cf. Giambattista Vico, *Principj di Scienza Nuova* ...（1744）, §376, in: *Opere*, a cura di Fausto Nicolini（Milano-Napoli: Ricciardi, 1953）, p. 503（「詩的形而上学」の章全体も参照のこと）〔ヴィーコ著、上村忠男訳『新しい学（上）』（中央公論新社、二〇一八年）、二九九―三〇〇頁〕。わたしはこの点を"Microhistory and World History," in: *The Cambridge World History*, Volume 6: *The Construction of a Global World, 1400–1800CE*, Part 2: *Patterns of*

Change, edited by Jerry H. Bentley, Sanjay Subrahmanyam, Merry E. Wiesner-Hanks（Cambridge: Cambridge University Press, 2015), pp. 447-473で展開した〔「ミクロストリアと世界史」、カルロ・ギンズブルグ著、上村忠男編訳『ミクロストリアと世界史——歴史家の仕事について』（みすず書房、二〇一六年）、一五四—一九四頁所収〕。“fingo”という語の曖昧さについては、Carlo Ginzburg, “Das Nachäffen der Natur. Reflexionen über eine mittelalterliche Metapher,” in: *Fälschungen: Zu Autorschaft und Beweis in Wissenschften und Künsten*, hrsg. von Anne-Kathrin Reulecke（Frankfurt am Main: Suhrkamp, 2006), pp. 95-122を見られたい。

（28） 初期のホッブズと晩年のホッブズのあいだに実質的に哲学的連続性が存在することを証明しようとするこの議論は、初期のホッブズと晩年のホッブズのあいだの連続性はレトリックにたいして似た態度をとっている点にあるとするクエンティン・スキナーの結論（*Reason and Rhetoric* cit., とくにpp. 426-437）と混同されてはならない。スキナーの結論は彼の基本的なアプローチと一致している。「わたしが関心をもっているのは、あるひとつの哲学的体系の創始者としてのホッブズであるよりも、ルネサンス文化の内部にあっての道徳科学をめぐる一連の論争への貢献者としての彼の役割である」（p. 6）

（29） Hobbes, *Leviathan* cit., Chapter 17, pp. 226—227〔水田訳『リヴァイアサン（二）』、三二—三三頁〕

（30） Hobbes, *Leviathan* cit., Chapter 13, p. 185〔水田訳『リヴァイアサン（一）』、二〇二—二〇三頁〕。同じ頁の少し前では、「さらにまた、人々は、彼らすべてを畏怖させる力が存在しないところでは、仲間をつくることを喜ばない（反対に大いなる悲哀を感じる）」と述べられていた。〔水田訳、二〇一—二〇二頁〕

（31） Hobbes, *Leviathan* cit., Chapter 17, p. 227〔水田訳『リヴァイアサン（二）』、三四頁〕

（32） 読者と国王を同一視するにあたっては、カルロス・ハドソン（ブエノスアイレス）から示唆を得た。

（33） ノウエル・マルコルムは、ホッブズが介入したのは鉛筆書きのデッサン（ロンドン、ブリティッシュ・ライブラリ、エガートンMS 1910）だけだと考え、デッサンの作者はヴェンツェスラウス・ホラーだとしている。そして印刷版の扉頁において導入された変更については自分には説明できないと言明している。Cf. Noel Malcolm, “The Title-page of Leviathan, Seen in a Curious Perspective”（1998), in: *Aspects of Hobbes*（Oxford: Oxford University Press, 2002), pp. 200-233（とくにpp. 200-201). ホルスト・ブレーデカンプは、デッサンも（こちらのほうはさほど説得的でないが）印刷版の扉頁の版画もアブラハム・ボスの制作したものだとしている。Cf. Horst Bredekamp, *Thomas Hobbes visuelle*

Strategien. Der Leviathan, Urbild des modernen Staats: Werkillustrationen und Portraits（Berlin: Akademie Verlag, 1999）. 改訂版 *Thomas Hobbes Der Leviathan: Das Urbild des modernen Staats und seine Gegenbilder, 1651-2001*（Berlin: Akademie Verlag, 2003）も見られたい。ブレーデカンプは、印刷版の群衆は巨人を「慈しみと恭しさの入り交じった」面持ちで眺めていると記している。しかし、最終ヴァージョンでなされた変更についての彼の説明（*Thomas Hobbes visuelle Strategien* cit., pp. 109-110, 114）は不適切であるようにおもわれる。

（34） Hobbes, *Leviathan* cit., Introduction, p. 81〔水田訳『リヴァイアサン（一）』、三七頁〕――「というのは、技術によって、コモンウェルスとか国家《ステイト》（ラテン語ではキーウィタース）と呼ばれるあの偉大なリヴァイアサンが創造されるのだが、それは……人工人間（an Artificiall Man）にほかならないのである」。

（35） Francesca Falk, *Eine gestische Geschichte der Grenze. Wie der Liberalismus an der Grenze an seine Grenzen kommt*（München: Wilhelm Fink, 2011）, pp. 63-90 は（わたしが見落としていた）この点を立ち入って分析しており、それはわたしのホッブズ解釈を裏付けるものだと指摘している（p. 69）。また、この点にかんしては、Giorgio Agamben, *Stasis. La guerra civile come paradigma politico.* «Homo sacer», II, 2（Torino: Bollati Boringhieri, 2015）, pp. 55-58 もファルクの分析を受け入れており、アテナイのペストにかんするトゥキュディデスの一節をホッブズの英訳から引用している（p. 57）〔ジョルジョ・アガンベン著、高桑和巳訳『スタシス――政治的パラダイムとしての内戦』（青土社、二〇一六年）、八八―九〇頁〕。この最後の点の分析については、本試論の4―9を見られたい。

（36） Alexander Cruden, *A Complete Concordance to the Old and New Testament*, edited by William Youngman（London-New York: F. Warne and Company, 1889）; Bonifatius Fischer, *Novae Concordantiae Bibliorum Sacrorum iuxta Vulgatam Versionem critice Editam*（Stuttgart: Frommann-Holzboog, 1977）; Edwin Hatch and Henry Adeney Redpath, *A Concordance to the Septuagint and the Other Greek Versions of the Old Testament*, vol. II（Graz: Akademische Druck-und Verlagsanstalt, 1954）.

（37） "awe"の両価性ならびにそれをドイツ語に翻訳することの不可能性については、Horst Bredekamp, "Marks und Signs. Mutmaßungen zum jüngsten Bilderkrieg," in: *FAKtisch. Festschrift für Friedrich Kittler zum 60. Geburtstag*, hrsg. von Peter Berz, Annette Bitsch und Bernhardt Siegert（München: Wilhelm Fink Verlag, 2003）, pp. 163-169（とくに p. 163）が指摘している。この論考をわたしに教えてくれたマリア・ルイーザ・カトーニと、"awe"に当たるドイ

ツ語に“Ehrfurcht”があることを教えてくれたフォルカー・バリに感謝する。

(38) ホッブズが参照した可能性のある Randle Cotgrave, *A Dictionarie of the French and English Tongues* (London: Adam Islip, 1611; Facsimile reprint: Menston: Scolar Press, 1968) は、フランス語の“vénération”を“veneration, reverence, awe, worship, honour”と翻訳している。

(39) Hobbes, *Leviathan* cit., Chapter 17, pp. 227-228〔水田訳『リヴァイアサン(二)』、三四頁〕。わたしは、リチャード・タックの示唆(Malcolm, *Aspects of Hobbes* cit., p. 228)にしたがって、“forme”を“conforme”に訂正した。『キング・ジェイムズ版聖書』一三・三参照――「なぜなら、支配者たちが恐怖であるのは、善い仕事にとってではなく、邪な仕事にとってであるからである」。このくだりをわたしに教えてくれたピエル・チェーザレ・ボーリに感謝する。

(40) この点は Leo Strauss, *The Political Philosophy of Hobbes* cit. によって深い洞察力のもとでつかみ取られている(そしてただちに放棄されてしまった)――「それというのも、虚栄心と暴力による死への恐怖という対立は、傲慢と神への畏怖(ないし恭順)という伝統的対立の「世俗化された」形態、全能の神が全能の敵ども、ついでは全能の国家すなわち「可死の神」によって取って代わられたことから帰結する世俗化された形態でなくてなんであろうか。しかしながら、この系譜関係が正しいとしても、わたしたちがいま議論しているホッブズの著作における道徳的対立が、ただたんに、原則的に退けられた伝統のあらずもがなの残滓でしかないという結論にはけっしてならない」(p. 28〔添谷ほか訳、三四―三五頁〕)。Norberto Bobbio, “Introduzione al «De cive»,” in: *Thomas Hobbes* (Torino: Einaudi, 1989), p. 99〔ノルベルト・ボッビオ著、田中浩・中村勝己・千葉伸明訳『ホッブズの哲学体系――「生命の安全」と「平和主義」』第三章「『市民論』入門」(未來社、二〇一八年)、一六二頁〕も見られたい――「だからこそ、ホッブズの国家はかくも威嚇的な相貌をもっているのである。それは解き放たれた恐怖への組織された恐怖の回答である。が、恐怖こそがその本質なのである」。

(41) ここでわたしは Sigrid Weigel, “Souverän, Märtyrer und ‘gerechte Kriege’ jenseits des Jus Publicum Europaeum. Zum Dilemma Politischer Theologie, diskutiert mit Carl Schmitt und Walter Benjamin,” in: *Figuren des Europäischen. Kulturgeschichtlichen Perspektiven*, hrsg. von Daniel Weidner (München: Fink, 2006), pp. 101-128 (とくに p. 108) の指摘を発展させている。Carl Schmitt, “Die vollendete Reformation. Bemerkungen und Hinweise zu neuen Leviathan-Interpretationen,” *Der Staat*, IV (1965), pp. 51-69 (とくに p. 55); Id., *Politische Theologie. Formen und Funktionen*

im 20. Jahrhundert, hrsg. von Jürgen Brokoff und Jürgen Fohrmann（Paderborn: Ferdinand Schöningh Verlag, 2003）〔C・シュミット著、田中浩・原田武雄訳『政治神学』（未來社、一九七一年）〕も見られたい。

（42） Clara Gallini, "Shock & Awe, potere e paura," *Il Manifesto*, 24 marzo 2003. Alessandro Portelli, "Bombarda e doma," *Il Manifesto*, 26 marzo 2003 は、アレッサンドロ・マンゾーニの詩「五月五日」から採って、効果的にも、"Percossa, attonita"〔震撼させられ、仰天した〕と訳している。Bruce Lincoln, *Holy Terrors: Thinking about Religion after September 11*（Chicago: Chicago University Press, 2003）も見られたい。

（43） *La Bibbia di Gerusalemme*（Bologna: EDB, 1977）; King James Bible: "I will send my fear before thee, and destroy"; Vulgata: "Terrorem meum mittam in praecursum tuum, et occidam omnem populum ad quem ingredieris".

（44） Cf. Rudolf Otto, *Das Heilige. Über das Irrationale in der Idee des Göttlichen und sein Verhältnis zum Rationalen*（Breslau: Trewendt & Granier, 1917）〔オットー著、山谷省吾訳『聖なるもの』（岩波書店、一九六八年）〕

（45） Cf. Bredekamp, *Thomas Hobbes visuelle Strategien* cit.: "Marks und Signs" cit.『フランクフルター・アルゲマイネ・ツァイトゥング』二〇〇三年四月七日付におけるブレーデカンプとウルリヒ・ラウフルとの会話も見られたい（Weigel, "Souverän, Märtyrer und 'gerechte Kriege'," p. 103, nota 6 に引用されている）。

（46） Richard Drayton, "Shock and Awe and Hobbes Have Backfired on America's Neocons," *Guardian*, 29 December 2005, p. 26.

（47） Harlan K. Ullman, *Finishing Business: Ten Steps to Defeat Global Terror*, foreword by Newt Gingrich（Annapolis, MD: Naval Institute Press, 2004）, p. 55.

（48） このテーマとそれのもつ含意のいくつかについては、Adriano Sofri, *Chi è il mio prossimo*（Palermo: Sellerio, 2007）を見られたい。

（49） Giacomo Leopardi, "Ginestra" in: *Canti*, a cura di Niccolò Gallo e Cesare Garboli（Torino: Einaudi, 1962）, p. 280: "E quell'orror che primo/Contra l'empia natura/Strinse i mortali in social catena...".〔レオパルディ著、脇功・柱本元彦訳『カンティ』（名古屋大学出版会、二〇〇六年）、二二三頁――「邪な自然に対して、／人間を最初に社会の絆で／結び合わせたあのおののきが……」〕

第三試論　ダヴィッド、マラー——芸術・政治・宗教

ヴィリバルト・ザウエルレンダーに

1　最初に弁解を一つ、いや二つ。わたしはこれからひとつのきわめて有名な絵について語るが、わたしは美術史家ではない。しかし、《最後の息を引き取ろうとしているマラー》（これがジャック＝ルイ・ダヴィッドが一通の手紙のなかで使っている、今日広く《マラーの死》と呼ばれている絵のタイトルである）にかんしては、なおも言うべきことが残されていることを証明できるのではないかと期待している（口絵・図1）[1]。論述の過程では、だれもがよく知っている事実にもダヴィッド研究者のだれにもよく知られている研究成果にも言及するだろう。また、わたしはダヴィッドの研究者たちにも語りかけるが、語りかけるのは彼らにだけではない。《最後の息を引き取ろうとしているマラー》の背後にひかえている芸術と政治と宗教の絡み合いは、結論で説明したいとおもうが、今日避けて通ることのできない諸問題に光を投げかけているのである。

　ひとつの細部から始めよう。絵の制作年である（図2）。「二年（L'AN DEUX）」という言葉が絵の右側に描かれている木箱の底の「マラーへ、／ダヴィッド（à Marat, / David）」という献辞と署名の下

図2　ジャック＝ルイ・ダヴィッド
《最後の息を引き取ろうとしているマラー》部分

に大文字で書かれている。その象徴的な開始年が共和政時代の最初の年である一七九二年九月二十二日と一致する革命暦は、ダヴィッドの《マラー》がルーヴル宮殿の中庭で公衆に展示された十日前の一七九三年十月六日、キリスト教暦に代えて、正式に発効した(2)。今日のわたしたちの目には絵のなくてはならない要素であるようにみえる「二年」という言葉は、たぶん、最後の時点で付け加えられたのだった。従来の暦に従った制作年――一七九三年――の表記は、なかば色で隠されているけれども、なおも目で確認することができる。ただし、何年か前に絵を調べてみたが、一七九三年という文字がその後の修復作業のあとでふたたび表面に姿を見せたという可能性は排除されなければならないように感じた。

すべてのキリスト教的要素が姿を消してしまった新しい暦のもつ意義はきわめて明確であったし、現在も明確である。それによって大革命から誕生した共和政が新時代の幕を開けたことを宣言したのだ。この過去との抜本的な断絶についてのわたしたちの受けとめ方（そしてまた間接的にはダヴィッドの絵についてのわたしたちの受けとめ方）が前世紀末の諸事件によってどれほど変容してしまったかを自問してみることは、今日では避けがたい。一七八九年にパリで始まった歴史のサイクルはまさしく二百年後の一九八九年に閉じることとなった、と――満足げに、あるいは哀惜の念を込めて――繰り返し言われてきた。この解釈によると、東欧における共産主義体制の崩壊はラディカルでグローバルなプロジェクトとして理解される革命の時代の終焉を告げるものだったという。しかし、歴史の時計の針は（この使い古されたイメージに訴えるなら）逆向きに回すことはできない。脱キリスト教化された暦はほんの数年しか続かなかったが、大革命の長期にわたる反響の形跡はいまもなおはっきりと見てとることができる。周知のように、特権をもたない社会集団が政治の舞台になだれ込み、出自と結びついた特権が廃止されたことは、フランス、ヨーロッパ、世界の歴史を不可逆的な仕方で変化させてきた。連続と断絶、近さと遠さは、ダヴィッドの絵のなかでも絡まり合っている。

2

一七八九年に始まった過程は、一七九二年と一七九三年のあいだに突然加速した。九月の大虐殺に続いて国王にたいする裁判と彼への死刑判決があった。国民公会は多数決で判決を承認した。賛成票を投じた議員のなかにダヴィッドもいた。投票の瞬間、演壇に近づいていって二言、「死を」という言葉を発した。彼はまた判決の停止に反対する演説をした者たちの一人でもあった（今回は判決の停止に反対した多数派の数は判決を承認したさいよりも多かった）。一七九三年一月二十一日、元国王はギロチンにかけられた。

一月二十日、すなわち元国王の刑が執行される前の日、革命の側に立っていた貴族のミシェル・ルペルティエ・ド・サン゠ファルジョーのところへ一人の男が近づいてきて、国王の死刑に賛成票を投じたかどうか尋ねた。ルペルティエは賛成票を投じたと答え、その理由を説明し始めた。すると男によって短剣で刺し殺されてしまった。事件は人々の強い憤激を広く自然発生的なかたちで引き起こした。ダヴィッドは、共和国の最初の殉教者であるルペルティエ・ド・サン゠ファルジョーの肖像を描くことを引き受けた。絵は、あとで説明するように、いまはもう存在しない。何枚かの鉛筆書きのコピーとダヴィッドの絵にもとづいて制作されたピエール゠アレクサンドル・タルデューの彫版画の断片をつうじて紛失した作品の姿を思い浮かべることができる。英雄的で荘厳な像で古代のモデルから想を得ている（図3）。

国民公会と公衆一般はダヴィッドからまさにこれを期待していたのだった。プルタルコスとルソーに陶酔していた革命家たちは、古代を、ローマとアテナイを、公共的精神と英雄的な徳のモデルとして仰ぎ見ていた。バスティーユ襲撃の五年前に描かれた《ホラティウス兄弟の誓い》（一七八四年、口絵・図4）で、ダヴィッドは共和主義のエートスを先取りしていた。そして、それからほどなくして、そのエートスを形成するのに大いに貢献することとなった。革命の勃発後、ダヴィッドは芸術と政治の舞台の中心にいた。彼の威信、彼の影響力は、無限であった。まずは国民公会の書記になり、それから議長になった。ロベスピエールの恐怖政治の期間中は、革命法廷の活動に直接関わった。しかし、こうして政治に積極的に参与しながらも、多彩な芸術活動から身を退くこともなかった。ダヴィッド

図 1　ジャック＝ルイ・ダヴィッド《最後の息を引き取ろうとしているマラー》
キャンヴァスに油彩　1793 年　ベルギー王立美術館，ブリュッセル

図 4　ジャック＝ルイ・ダヴィッド《ホラティウス兄弟の誓い》
キャンヴァスに油彩
1784 年
ルーヴル美術館，パリ

図 5　市民の服装プロジェクトにおける議員の衣装．ダヴィッドによるデザイン
水彩画　1793 年
カルナヴァレ美術館，パリ

図 8　ジャック＝ルイ・ダヴィッド《ヘクトールの死を嘆くアンドロマケー》
キャンヴァスに油彩　1783 年　パリ市立プティ・パレ美術館

ピエール・ルグロ《死の床の聖スタニスワフ・コストカ》
大理石　1703 年　クイリナーレ宮のサンタンドレーア教会，ローマ

図3　ピエール゠アレクサンドル・タルデュー
《死の床に横たわるルペルティエ・ド・サン゠ファルジョー》 版画　1793年頃

は政治の振付師のような存在になる。さまざまな政治的祝祭や葬儀を細部にわたるまで準備し、革命から出現した新しい社会に適合する切手、貨幣、政治的戯画、衣装をデザインし（口絵・図5）、ルペルティエやマラーのような共和主義の殉教者たちの肖像画を描いた(3)。

これらはすべて、伝統的でステレオタイプ化したダヴィッド像の一部をなしている。しかし、さらに接近して検証してみると、実際はもっと込みいっていることが明らかになる。

3　「人民の友」ジャン゠ポール・マラーの暗殺は人々のあいだにきわめて強い感情の爆発を引き起こしていた(4)。翌日の一七九三年七月十四日、ギロー議員は国民公会で発言した。「「おお、なんと恐るべき光景であることか！　マラーが死の床に横たわっているのだ！　ダヴィッド、きみはどこにいるのだい？　きみは祖国のために死んだルペルティエの絵を後代の者たちに残した。きみにはもう一枚、絵を描く仕事が残っている……」」。すると「わかった、描くよ」とダヴィッドは答えた」[5]。ダヴィッドのマラーとの結びつきは政治的なものであるとともに個人的なものでもあった。一七九三年四月、国民公会がマラーを非難したとき、ダヴィッドは無謀にも近い勇気を奮ってマラーを援護していたのだった[6]。

十月十六日、《マラー》は完成した。マラーが暗殺されてから三か月が経過していた。その間、ダヴィッドはマラーの葬儀の準備に忙殺されていたが、公衆のためにルーヴル宮殿の中庭にルペルティエとマラーの死を追悼して描かれた二枚の絵を展示する準備も整えていた。後日、二枚の絵はテュイルリー王宮の国民公会のある場所に移され、そこに十五か月間、並んで吊されていた。一七九五年、総裁政府の期間中、ダヴィッドは二枚の絵とも自分の手許に取り戻すことに成功した。ダヴィッドは二枚の絵を隠匿して破壊されるのを避けようとしたのではないかとも、彼の政治的過去の最も明々白々な痕跡を消し去ろうとしたのではないかとも推測されているが、二つの仮説とも排除はされない[7]。その後数十年間、《ルペルティエ》も《マラー》も公衆には接近不能なままになっていた。一八二〇年四月五日、アントワーヌ＝ジャン・グロはブリュッセルに亡命したダヴィッドに手紙を書いて、二枚の絵は、《マラー》の二つの複製とともに、袋に包んで安全な場所に保管してある、と伝えている。「いっさいはできるかぎり慎重におこなっています」[8]。

4

美術館という空間は文字どおり抽象的な空間であって、絵画や彫刻が当初差し向けられていた空間とは大きく異なっている。今日ブリュッセルの王立美術館で展示されている《最後の息を引き取ろうとしているマラー》の場合（《死の床に横たわるルペルティエ・ド・サン゠ファルジョー》の思い違いか）には、絵の元々のコンテクストの撤廃は剣を吊すつり革（pendant）が姿を消していることから始まる。ルペルティエの娘のシュザンヌが、一八二六年に取得した父の肖像画のうち最も人々を当惑させる部分を消し去ったのち、最後にはつり革も破壊してしまったのだろう。[9]

《マラー》と《ルペルティエ》が互いに親密な間柄にある絵画と考えられていたということは（そして考えられるようになったということは）ここまでの叙述から明らかである。ある目撃証言者によると、両者の寸法は同じだったという。[10] 二つの絵、現存している絵と紛失してしまった絵のあいだに類似性が認められることは明白である。しかし、より注意深く分析してみると、いくつかの相違点も浮かび上がってくる。

（a）ルペルティエは死んでいるのにたいして、マラーは「最後の息を引き取ろうとしている」というふうに描写されている。手にはなおもペンを握っており、顔にはそれとなく微笑を浮かべているようにみえる。

（b）紛失した絵にもとづいて描かれたダヴィッドの弟子のデッサン（図6）は、ルペルティエの傾いた胴体の上に剣が吊されていて、「わたしは暴君の死刑に賛成票を投じた」という言葉が書かれた紙片を刺し貫いている様子を示している。[11] ダヴィッド自身が国民公会で説明したように、剣はキケロが『トゥスクルム荘対談集』五・六一―六二で語っていた逸話に言及したものだった。シュラクサイの僭主ディオニュシオスは（さも羨ましげに彼と話をしていた）ダモクレスに豪奢な宴会の場で自分に代わって王座につき、一本の糸でつながれた剣を男の頭上に吊すよう命じたというのだ。絵の意味するところは明確だった。革命家たちは、僭主と同じように、絶えることのない危険な状態のもとで生きているというのである。同様に、たとえアレゴリカルな言い回しで表現されているとしても、ルペルティエの投票と彼の人生に終止符を打つことになった所作とのあいだに結びつきが存在することも明確だった。これにたいして、マラーの肖像画には、アレゴリーは存在しない。細部にいたるまで、いっさいは直写的である。浴槽、インク壺、書き物机として使われていた木製のテーブル、五人の子どもの母親である哀れな未亡人に宛ててしたためられた手紙の上に置かれている〔フランス革命政府の発行した〕アシニャ紙幣。[12] マラーを彼の自宅で刺殺した女性は、姿こそ見えないが、観客の前に開かれたまま置かれている手紙を介して想起されている。マラーに援助を求めた手紙だったが、それを暗殺犯のシャルロット・コルデーは送信することがないまま自分の手許に保管していたのだった。ルペルティエの頭上に吊されている装飾をほどこされた剣の代わりに、血で汚れた粗末な料理包丁が描かれている。手紙と包丁はダヴィッドが描写するのを避けていた犯罪のシーンを想起させる。

（c）一八二六年、ルペルティエの肖像画がまだ破壊されずに残っていたとき、批評家のピエール＝アレクサンドル・クーパンは二つの絵を見て比較している。彼は二人の人物の違いをとりわけ社会

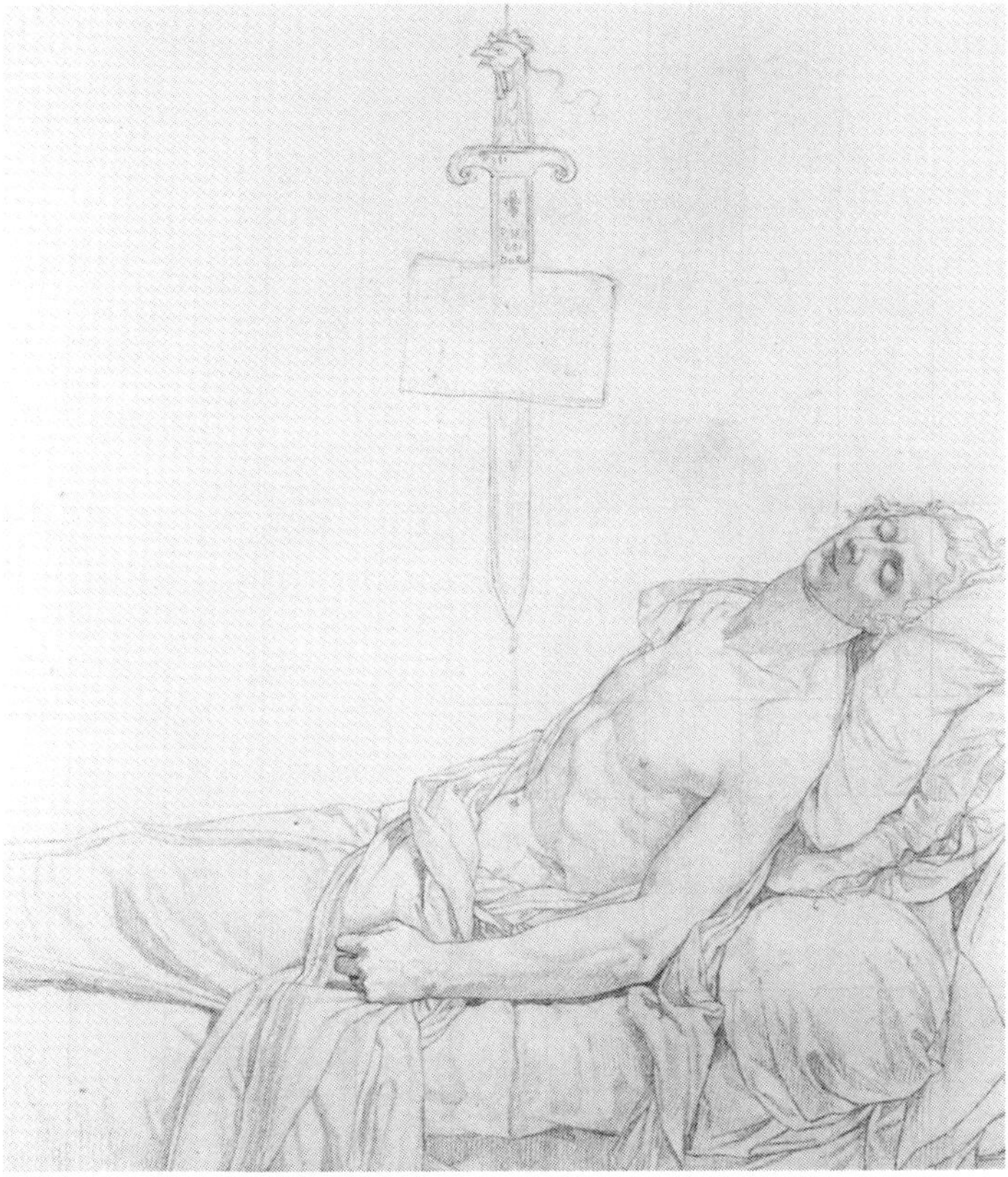

図6　アナトール・ドゥヴォージュ
《死の床に横たわるルペルティエ・ド・サン＝ファルジョー》
紙に鉛筆　1793 年頃　ディジョン美術館

的出自の観点から強調したということでダヴィッドを称賛した。貴族のルペルティエは「優美かつ上品に」描かれていたのにたいして、マラーは「教育を受けていたにもかかわらず、庶民の振る舞い方を保持していて」「不快で粗野な性質」をさらけ出しているというのだ[13]。実際には、同時代の一連の肖像画はダヴィッドがマラーの目鼻立ちを美しく潤色していたことを証明している。しかし、クーパンによってなされた比較は、マラーにたいする（当時は当然視されていた）敵意はさておくとして、重要な一点に触れていた。二枚の絵はいずれも古典古代から着想を得て似たような言語を語っているようにみえるのだ。ダヴィッドのローマ滞在期にまでさかのぼる手帖には、メレアグロスの死を悼んで石棺に納められているところを描いたスケッチが入っている（図7）。ダヴィッドは、まずは《ヘクトールの死を嘆くアンドロマケー》（一七八三年、口絵・図8）で、ついでは死の床に横たわるルペルティエを描いた、現在は紛失してしまった絵で、そして最後には《最後の息を引き取ろうとしているマラー》で、このモティーフを繰り返し利用していた。しかし、この最後の絵では、古典風に仕立てられた記憶にはなにかまったく別種のものが混ざり込んでいたのだった。

エーリヒ・アウエルバッハの大著『ミメーシス』を読んだことのある人なら、それが西洋の文学的伝統の内部にあっての古典古代から受け継がれた文体的（ならびに社会的）ヒエラルヒーの観念とその観念のキリスト教による転覆・打倒のあいだの緊張を軸にして構築されていることを憶えているだろう。古典的伝統によると、悲劇は王や君主の事績を高尚にして荘厳な文体で物語り、喜劇は卑しい社会的出自の人物を主役とする話を日常生活から採った細部に満ちた低俗な文体で物語り、諷刺劇は

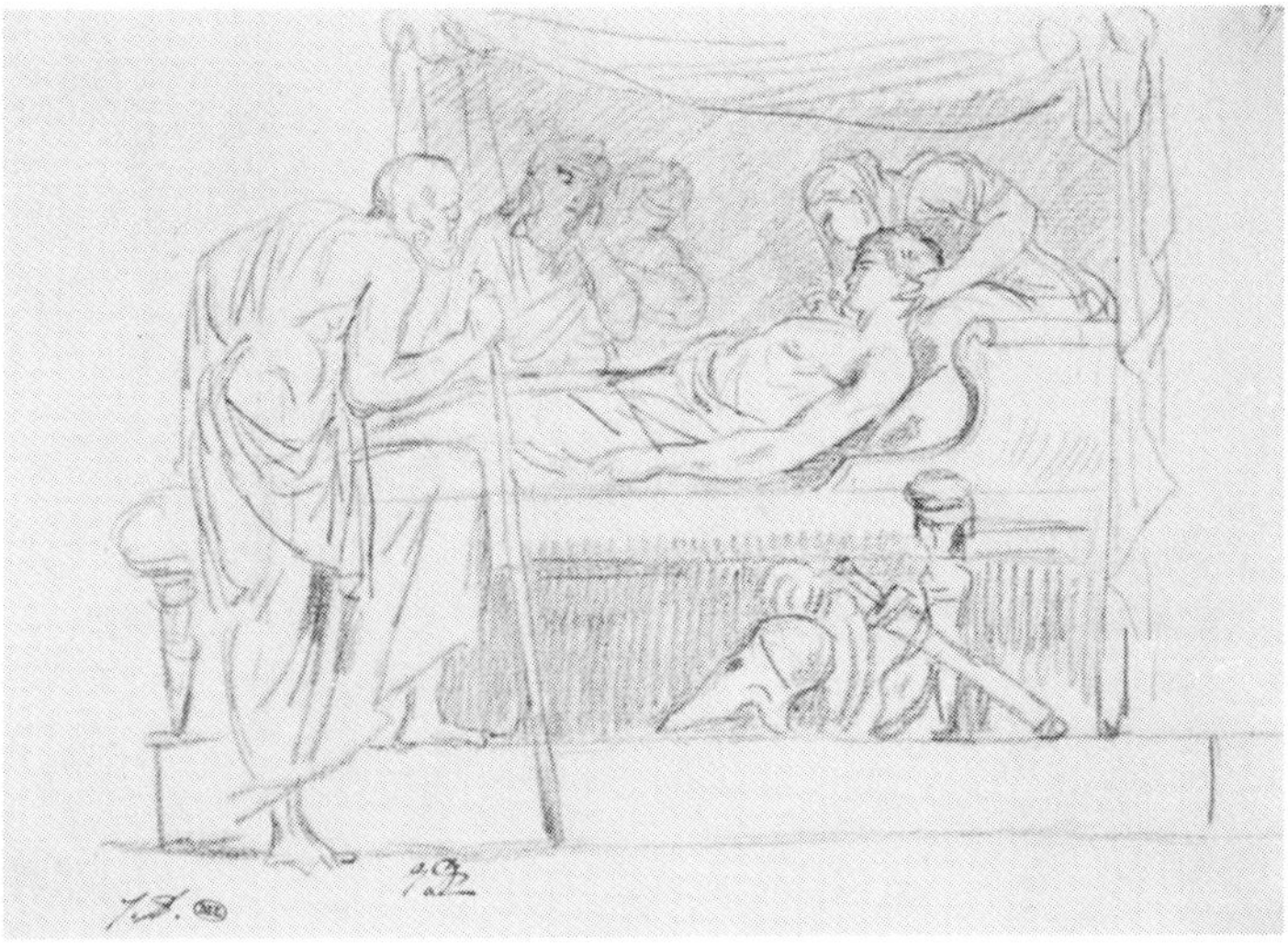

図7　ジャック＝ルイ・ダヴィッド《メレアグロスの死》
素描　制作年不詳　ルーヴル美術館

両者の中間のレヴェルで動いているものとされてきた。この社会的かつ文体的なヒエラルヒーは福音書によって覆される。そこでは、漁夫や両替屋や娼婦のあいだで生活していたのち、グロテスクな戴冠を甘んじて受けることを余儀なくされ、最後は奴隷として十字架に磔けられて死ぬ一人の人物の話が簡素かつ直接的な文体で物語られているのだ。(14) 浴槽で包丁で刺されて死ぬ英雄の像は、これと同様の古典的な端正さの侵犯を意味するものであった。同じことは、ダヴィッドがかくも際立たせて描いた、浴槽、インク壺、料理包丁、書き物机として使われていたテーブルのような卑近な事物についても言うことができる。《最後の息を引き取ろうとしているマラー》は古典的な言語で語っていたが、力点の置かれ方はキリスト教的なものだったのである。

5　ここまで述べてきたことは別して新しいことではない。ロバート・ローゼンブルムは、一九六七年に出た独創性に富む本『十八世紀末美術におけるもろもろの変容』のなかで、「ジャン＝ポール・マラーの神聖化された遺体」について語っている。「この隠れキリスト教的な舞台設定のなかにあって、殉教者を取り巻いている無生の事物――包丁、ペン、書き物机――は、聖遺物の意味を帯びている。実際にも、取り返しのつかない精神的喪失とみなされてきたもののうち、いくつかの物質的痕跡――書き物台、浴槽、血だらけのシャツ――は、マラーの葬儀のさいには崇拝の対象として公衆の前にさらけ出されていたのだった(15)」。

「崇拝」という言葉は文字どおりに受け取るべきである。葬儀のさい、マラーの心臓はイエスの心臓と並んで呼び出されている。「おお、イエスの心臓よ！　おお、マラーの心臓よ！(16)」。それぞれ不寛容と特権の犠牲になって死んだ殉教者であるイエスとマラーを並列させてとらえようとする動きは多くの方面からなされるようになる。さまざまな証言が、マラーは死後、正真正銘の崇拝の対象になった、と指摘している。こういったことのすべてをどう解釈すればよいのだろうか。カトリック教で伝統的におこなわれてきた儀礼の迷信的なヴァージョンなのだろうか。それとも、あるひとつの生成状態にある混血的《ハイブリッド》な宗教心から霊感を得た態度なのだろうか(17)。フランク・ポール・ボウマンは、豊かな資料的裏づけに支えられた論考のなかで、どちらの解釈も斥けている。いわゆるマラー崇拝が宗教的に内包しているものはなにかといえば、それは一八四八年の風土のなかで生まれた回顧的投影の所産にほかならないというのだ。しかし、このテーゼは支持しがたい。ボウマン自身が引用しているひとつのテクストを取りあげよう。ディジョン市長ソヴァジョーが、革命暦二年のブリュメール二十五日、マラーの胸像の落成式の日におこなった演説がそれである。ソヴァジョーは、イエスとマラーを並列させてとらえようとする見方が流布していることに触れたのち、こう演説を締めくくっている。

市民のみなさん、マラーはわたしたちの焼香に値します。が、彼を神格化してはなりません。わたしたちはただ彼のうちに彼の祖国に奉仕した一人の人間だけを見るのでなければなりません。もしわたしたちの先祖が彼を神にすることによってイエスの道徳的メッセージを改変するようなことをしなかったとしたなら、もしわたしたちの先祖が彼のうちに偉人を民衆と同じレヴェルに置こうと欲した一人の哲学者だけを見ていたとしたなら、狂信と誤謬が彼らを国王と祭司の足元に鎖で縛りつけておくようなことにはならなかったでしょう。そしてわたしたちは今日、理性と自由の王国を創建するためにわたしたちの富を浪費することもなければ、あたらわたしたちの血を流すこともなかったでしょう。ですから自由をわたしたちの神にしようではありませんか。(18)

「焼香」はよいが「神格化」はだめだとディジョン市の市長は勧告していた。この区別は、聖人たちに捧げられるドゥーリア（dulia〔崇敬〕）と神にのみおこなうことを許されているラトリーア（latria

〔礼拝〕〉とのキリスト教的な区別をそのまま踏襲したもののようにみえる。マラーの胸像の落成式のさいになされたといわれるその演説は、世間に広まっていた崇拝熱が行き過ぎるのをなんとかして抑制しようとしてなされたものだった。それから何年か経って、その崇拝熱は、《エジプトの災い》シリーズの一部をなす《マラー信仰》と題された、ダヴィッドの研究者たちにはよく知られている版画〔図9〕からわかるように、論争的な意味合いを込めて、「信仰」と定義されるようになる。[19] マラーの胸像の前でひざまずいて香をふりまいている若者の下には、"Dans leur aveuglement à ce monstre odieux / Ils présentoient l'encens que l'on ne doit qu'aux Dieux"〔「彼らは目が見えなくなってこの憎むべき怪物に／神々にのみふさわしい香を提供していた」〕という説明文が記されているのが読みとれる。《エジプトの災い》は一七九三—一七九五年にまでさかのぼると考えられている。これは不完了過去形の動詞（"présentoient"）によって強調されている回顧的視線とも古典風の言及（"aux Dieux"）とも合致する日付である。しかし、焼香とマラーの胸像への二重の、けっしてありふれたものではない言及がなされていることは、まさしく、ソヴァジョーの演説のことを暗に指したものであったと見てよいだろう。この場合には、絵の標的は三重であることになるだろう。「憎むべき怪物」としてのマラーと、目が見えなくなって彼を崇拝する信者たちと、ディジョン市の市長のように、信者たちとは論争しながらもマラーを「自分の国に奉仕した人間」と考えている者たちである。しかし、その絵とそのテクストとの関連が不十分にしか立証されていないと受けとめる人でも、双方ともわたしたちが「マラー信仰」と呼ぶことになるものの存在を含意していることは認めるべきだろう。これは、たんなる回顧

図 9　カール・デ・ヴィンク《マラー信仰》
（《エジプトの災い、あるいは1789年から現憲法制定までのフランスの状態》
シリーズ，1795年，より）　版画　フランス国立図書館，パリ

的投影と同一視するわけにはいかない、広く資料的裏づけのある現象なのだ。

6

マラーの遺骸から抜き取られた心臓は、ジャック゠ルネ・エベールの追従者であるコルドリエ派とジャコバン派によって競い合いになった。コルドリエ派が勝利し、七月二十六日、投票にかけて、「いつまでも朽ち果てることのないマラーの心臓に献げられる祭壇を建立する」という提案を承認した。[20] マラーに献げられた共和派の信仰はマラーの心臓をイエスの心臓に譬えた民衆の信仰とは大きく相違していた。しかし、どちらもダヴィッドの選択がなされたさいのコンテクストの一部をなしている。「選択」という言葉を使うというのは自明のことではない。ロバート・ローゼンブルムは「ダヴィッドは狂信的なジャコバン派であったかぎりで、当然にもキリスト教を拒絶していた。それでも、カモフラージュされたキリスト教的伝統が不可避的に彼の作品のなかには生き続けていた」と書いている。[21] しかし、この結論は受け入れられない。かくも重大な局面でダヴィッドが文体論上ないしイコノグラフィー上の「不可避的な」強制の衝動に屈してしまったと想定することは、《最後の息を引き取ろうとしているマラー》の制作を委託された七月十四日から作品が展示された十月十六日までの経緯についてわたしたちが知っていることのすべてを無視してしまうことを意味している。わたしたちが眼前にしているのはたんなる政治的な絵画ではなく、第一級の政治的責務を担っていた一人の画家によって遂行された政治的な行為なのである。そのときには、《最後の息を引き取ろうとしているマラー》を特徴づけている古典的要素とキリスト教的要素の絡まり合いを政治的なかたちで読んでいる解釈のほうがはるかに説得性があるように見えてくる。クラウス・ヘルディンクによると、その絡まり合いは「革命的一致団結への極端なアピール」に対応するものだという。[22] トマス・クロウも、これと異なるところのない見方のもとで、「革命の側からの教会の拒否」とロベスピエールをして「脱キリスト教論者たちの極端な熱意に抑制をかける」こころみへと駆り立てていった無神論にたいする敵意とのあいだの「暗々裡の妥協」について語っている。[23]

7　ここまで述べてきたことは、キリスト教的な要素ないし死せるキリストを描いたキリスト教的イコノグラフィーへの暗示が存在することにかんして、ダヴィッドの《最後の息を引き取ろうとしているマラー》に取り組んできた美術史家たちのあいだにもはや議論の余地のない意見の一致が存在しているかのように思わせるかもしれない。しかし、実際には、いくつか不協和な声が存在しないわけではない。これらの声のなかでは、きわめて鋭い論考でダヴィッドの絵の古代風特徴を力説しているヴィリバルト・ザウエルレンダーの声がとりわけ際立っている。“Saisis tes pinceaux, venge notre ami”（「きみの筆をとれ、わたしたちの友の復讐をしたまえ」）——国民公会議員のギローからダヴィッドに発せられた言葉はたしかに同情への呼びかけではなかった。《最後の息を引き取ろうとしているマラー》はあくまでもエクセンプルム・ウィルトゥーティス（exemplum virturis〔雄々しさ＝徳の手本〕）であって、「ジャコバン的ピエタ〔同情〕」ではないとザウエルレンダーは結論している。[24] この見方のもとでは、マラー信仰は予想できるように回顧的証言にもとづく周縁的現象として清算されてしまう。

しかし、論考の最後、ダヴィッドの絵が作者の没後にたどることになった運命について割かれた頁のなかで、ザウエルレンダーは自らの解釈を巧妙にも議論に付すにいたっている。

見てきたように、一七九五年以降、《最後の息を引き取ろうとしているマラー》は数十年間にわたって流通市場から姿を消してしまう。画家の死後、相続人たちは絵を売ろうとしたがうまく行かなかった。それはいまだにスキャンダラスな絵だった。公衆の大部分にとって（自由主義者たちも含めて）、マラーは革命政府の恐怖政治の最悪の行き過ぎた行為を象徴していたのだった。しかし、画家や鑑定家からなる選ばれた公衆の目には、ダヴィッド自身もマラーに劣らずスキャンダラスな存在でありえた。一八三五年六月、イギリスの有名な画家ジョン・コンスタブルは、なんでも心おきなく打ち明けることのできる親友のチャールズ・レズリーに「ダヴィッドの絵を見たが、じつに胸くその悪くなる絵だ」と書いている。そのダヴィッドの絵とは当時ロンドンで展示されていた《サン＝ベルナール峠を越えるボナパルト》、《ウェヌスに武器を取り上げられるマルス》、そして《最後の息を引き取ろうとしているマラー》のことだった。「どうやらダヴィッドは自らの精神を断頭台、病院、売春宿という三つの源泉から形成してきたようだ」とコンスタブルはコメントしている。[25]

一八四六年、《最後の息を引き取ろうとしているマラー》はパリで展示された。ボードレールはその絵を見て、忘れがたい頁のなかで書いている。ここではその二、三のくだりだけを引用しておけば、いかにして描写——ギリシア人によって考案され実践されたエクフラシス（ekphrasis）——が詩人および批評家（あの詩人、あの批評家）の手によって認識の道具に変容しうるかを示すのには十分だろう。「神々しいマラーは、片腕を浴槽の外に垂らし、最後のペンをいまや力を失ってしまった手に握り、胸は瀆聖の傷に貫かれて、いましがた息を引き取ったところだ」。

神々しいマラー、瀆聖の傷。これらはいずれも、ダヴィッドの絵をいっそうスキャンダラスなものにしてきたキリスト教的な暗示がそこには込められていることを慎重に伝えている言葉だ。ボードレールは続けている。「これらの細部はみな、バルザックの小説のように、歴史的で現実的だ。劇《ドラマ》が、痛ましい凄惨さを湛えて、生き生きとそこに存在している。そして、この油絵をダヴィッドの傑作にし、現代芸術の偉大な逸品の一つにしている、奇妙な離れ業によって、それはなにひとつ卑俗なものも下劣なものももたない。……自然のごとくに残酷でありつつ、この絵は理想に固有の芳香をことごとく含んでいる」と。

マラーは変身してしまった。彼の身体的な醜さは消え去ってしまった。死、いや「神聖な死」が、「いましがた情欲をそそる唇で彼に接吻したところであり、彼は自らの変身の静けさのうちに憩うている。この作品には、なにかしら優しいと同時に胸を刺すものがある。この部屋の冷たい空気の中を、これら冷たい壁の上を、この冷たくて不吉な浴槽の周りを、一個の魂が舞い回っている」[26]。

ザウエルレンダーはこの頁からいくつかのくだりを引用している。ついではボードレールの描写から導かれる帰結を暗々裡に引き出し、自らの論考を「ダヴィッドの《マラー》のうちには、ジャコバン的イコンの内部に、革命以前の十八世紀の絵画の洗練された感受性、閨房（boudoire）と化粧台（toilette）の啞然とさせるような芳香が感じ取られる」という電光石火のごとき批評でもって締めくくっている。[27]

「なにかしら優しいと同時に胸を刺すもの」とボードレールは書いていた。「革命以前の十八世紀の絵画の洗練された感受性」とザウエルレンダーは指摘している。この方向でさらなる一歩を進めてみよう。《最後の息を引き取ろうとしているマラー》を描くにあたって、ダヴィッドは若いころに吸収していたロココ文化のうちに着想を探し求めたのではないか、とわたしは考える。もっと正確に言うなら、ダヴィッドの記憶のなかで沸騰していた爆発性のガスのなかに十八世紀前半にローマで活動していた最も重要な彫刻家の一人であったピエール・ルグロの作品〔口絵・図10〕が再浮上したのではなかったかと思うのだ。[28]一七〇三年に制作された多色彩大理石の彫像は、一五六七年に十八歳で死去し、一六〇五年に福者に列せられ、一七〇二六年に列聖されたポーランドのイエズス会士、スタニスワフ・コストカを象っている。彫像は今日でもまだそれがもともと置かれていた空間に安置されている。ローマのクイリナーレ宮のサンタンドレーア教会の内部にあるノヴィシアド〔修練院〕のコストカが死去した部屋である。

ルグロの彫像とダヴィッドの《最後の息を引き取ろうとしているマラー》を比較してみると、相違点と一致点が浮かんでくる〔図11および図12〕。スタニスワフ・コストカのほうはガウンのような黒い外套を身にまとっているのにたいして、マラーのほうは裸である。二人の頭の傾き具合は似ている（もっとも、彫像のほうは別の角度から写しとられたものであったが）。コストカの左手はわずかに持ち上がっていて（イエズス会士は最後の息をしているところだ）、シャルロット・コルデーの手紙を

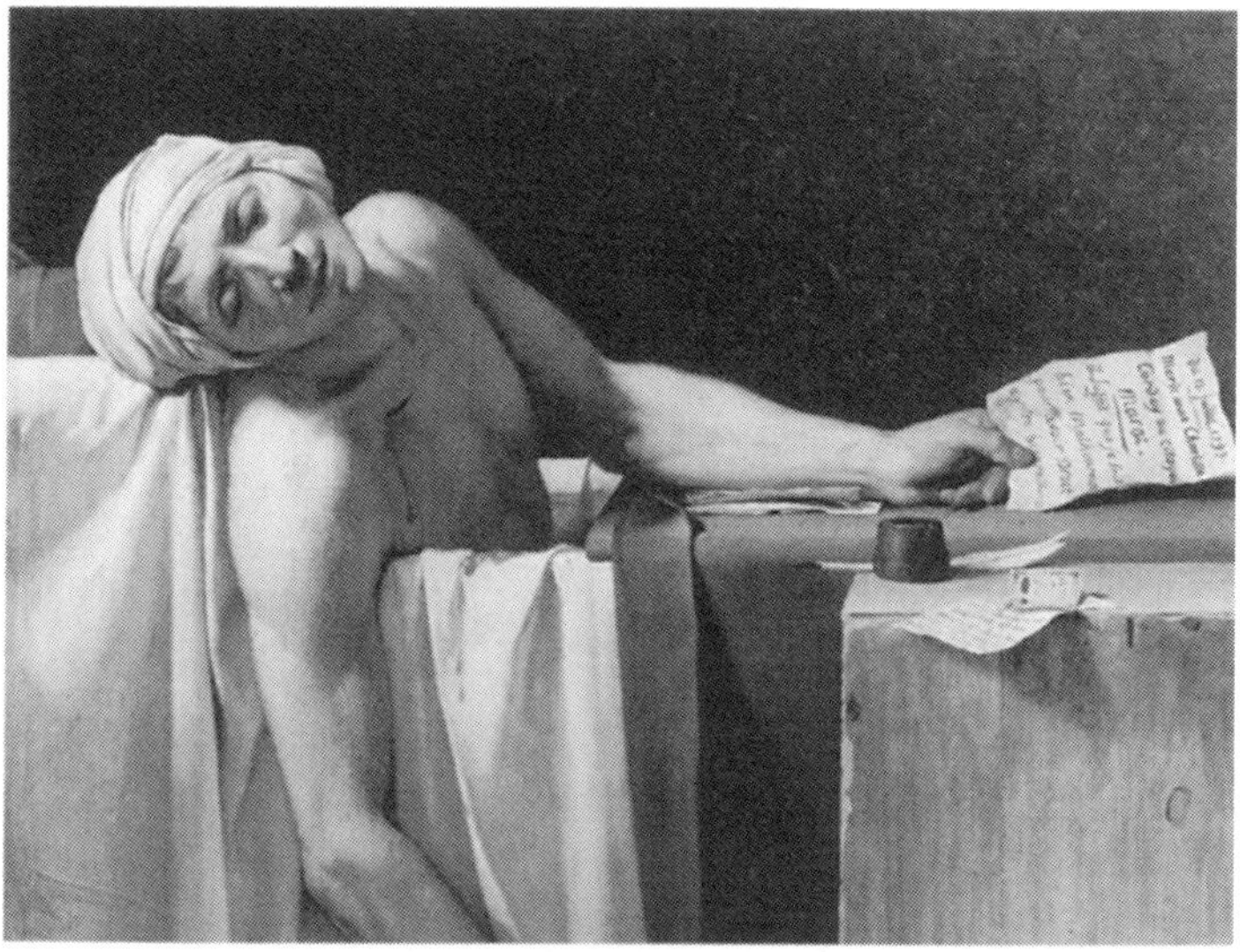

上／図 11　ジャック＝ルイ・ダヴィッド《最後の息を引き取ろうとしているマラー》部分　1793 年頃
下／図 12　ピエール・ルグロ《死の床の聖スタニスワフ・コストカ》 部分　1703 年

手にしているマラーの仕草と大きくは異ならない仕草をして、聖像をぎゅっと握りしめている。どちらの場合も、ほとんど気づかないほどの微笑がまさに命が肉体を捨てつつある瞬間を合図している。「なにかしら優しいと同時に胸を刺すもの」。ダヴィッドの《最後の息を引き取ろうとしているマラー》にかんするボードレールの言葉は、ルグロの彫像にも適用されておかしくなかっただろう。

ダヴィッドが一七七五年から一七七八年までローマに滞在していたあいだにピエール・ルグロほどの第一級のフランスの彫刻家の作品を観ていたというのは、ほとんど言わずもがなのことのようにおもわれる。自己形成の決定的な局面でダヴィッドはカラヴァッジョも、晩期バロックないし初期ロココと定義しうる、もっとあとの諸作品も、全面的に独立した見方に立ったところから観ていたのだった。マラーは死後ただちにほとんど宗教的な信仰の対象に転化した人物であったが、そのマラーは福者に列せられたイエズス会士スタニスワフ・コストカを象った彫像の記憶を再浮上させることになったのだろう。過去と結びついた記憶と現在から生まれた要請とのこの絡まり合いから、ウィルトゥース（virtus）という語のもつ二重の意味――古典的な徳とキリスト教的な徳――におけるエクセンプルム・ウィルトゥーティス（exemplum virtutis）が生まれ出たのだった。

8　ここで提案した解釈は受け入れられるかもしれないし退けられるかもしれない。ともあれ、それが含意しているもののいくつかは、このケースを――それ自体としてきわめて大きな意義をもつものではあるが――超え出ている。ここでわたしはあえてわたしの領分を乗り越えて、ティモシー・

J・クラークがたどってきてわたしとは対立するとはいわないまでも異なった結論に到達した領分に入り込まなければならない。自らの研究によって、クールべから印象派までの十九世紀フランスの絵画像を根底から修正してきたイギリスの研究者である。数年前に出現した著書、『ある観念よ、さらば——モダニズム史からのいくつかのエピソード』(一九九九年)のなかで、クラークは「革命暦二年における絵画」と題された第一章をダヴィッドの《マラー》に献げ、モダニズムを創始した絵画として提示している。

「なぜなら」とクラークは説明している、「絵画制作のこの時点を他の時点から区別しているもの(この時点を創始の時点にしているもの)は、まさしく、偶発性が支配しているという事実であるというのが、わたしの感じているところだからである」と。「偶発性がこの時点を描く過程に入り込んでくる。それがその過程を侵害する。いまではもう絵画が制作されうるそれ以外の実体は存在しない——なんらの所与も、なんらの素材ないし主題も、なんらの形式も、なんらの利用しうる過去も存在しないのだ。あるいは、想定しうる公衆が一致して同意しうるものはもはやなにひとつとして存在しないのである」[29]。

クラークは《最後の息を引き取ろうとしているマラー》について論じた箇所で「偶発性がこの時点を描く過程に入り込んでくる」様態を探査している。ここでは不可避的にマラーが対象となった宗教的ないし半宗教的な信仰にかんするもろもろの証言に出遭う。それらをどう解釈すればよいのだろうか。クラークの回答はつぎのとおりである。

マラー信仰を考察すればするほど、どのような種類の現象を研究しているのか、はっきりしなくなる。それはどんな歴史の一部分なのだろうか。民衆宗教の歴史の一部分なのだろうか、それとも国家形成の歴史の一部分なのだろうか。細民によって即興的に作りあげられたものなのだろうか、それともエリート層によって操作されたものなのだろうか。問いは脱キリスト教化のエピソード全体に及ぶ。そして答えは明らかにその両方なのだ。マラー信仰は短期的な政治的偶発性と長期的な世界の脱魔術化の交差する地点に存在しているのである。(30)

これらの文言のうちに確認される困惑とまではいわないにしても戸惑いの気持ちは『ある観念よ、さらば』を形づくってきた政治的展望から生まれている。この本は「壁の崩壊のあとで書かれた」とクラークは強調している。(31) それはクラークが所属している（そしてわたしもまた所属している）左翼の敗北から生まれた本なのだ。しかし、敗北の感情がわたしをクラークに結びつけているとするなら、わたしの見方は一般的にも特殊的にもクラークの見方とは異なる。まずは一般的な問いから始めて、そのつぎに特殊的な問いに、すなわち、ダヴィッドの《マラー》の解釈と、それをもう一方の一般的な問いに結びつけている連関に移っていくことにしよう。

クラークは自著への序論で「世界の脱魔術化」に立ち止まっている。マックス・ヴェーバーが「近代」、すなわち、わたしたちが生きている世界を定義するためにフリードリヒ・シラーから借用した有名な定式である（ただし、シラー自身は、ソチーニ派のオランダ人バルタザール・ベッカーが十七世紀末に魔術信仰に反対して書いた本のタイトル、『魔法にかけられた世界』をひっくり返して採用していたのだった）[32]。「世界の脱魔術化」の結果は、とクラークは指摘している、「「世俗化」である」と。それは「みごとな専門用語」であって、「専門化と抽象化、統計的大数計算によって規制されていて、各人が高いレヴェルのリスクを受け入れている（あるいは被っている）社会生活、その同じ計算の変数に変化してしまった時間と空間を意味している」。「率直に言うべきであるが、この一群の相貌はひとつの中心的な過程に結びつけられ、それによって推進されているようにわたしにはみえる。資本の蓄積過程と、世界および人間関係の織物のますます広範な部分への資本主義市場の拡大がそれである」[33]。

クラークの、あるいはより正しくはマックス・ヴェーバーの「脱魔術化された世界」には、真に矛盾といえるものは存在しない。ありうる異議を先取りして、クラークは括弧で囲んだ文章のなかで指摘している。「そして、いうまでもなく、ヴェーバーのテーゼに反対して、「わたしたちは宗教の復活の只中にあって生きている」とか、マルクス主義は二十世紀にはおぞましい世俗的メシアニズムになりかわってしまったとか、日常生活はなおも魔術の残滓に充満している、等々と言い立てる根拠はなんら存在しない」と[34]。

「そして、いうまでもなく、……言い立てる根拠はなんら存在しない」。クラークにとっては、これらは周縁的な現象であって、ヴェーバーのテーゼと対立するものではなく、ひいては括弧で囲んで棚上げしておいてかまわないのだった。しかし、これらが周縁的な現象であるかどうかはクラークが言うほど自明のことではない。日常生活における魔術の残滓といわゆる「宗教の復活」とを同じラベルのもとに置くのはむずかしいようにおもわれる（後者は実際にはけっして進行してはいなかったのである）。もし一九九九年ではなくて二〇〇一年九月十一日のあとに本を出版していたなら、クラークはこれほど思い切った定式を採用することはなかったのかもしれない。しかし、彼のテーゼの内容はすでに言ったとおりである。すなわち、世俗化とは近代――いいかえるなら資本主義市場の押しとどめることのできない拡大の特徴をなしている「世界の脱魔術化」の同義語にほかならないということなのだ[35]。

この見方のもとでは、世俗化への障害物はたんに後れたものとしての形状を帯びることとなる。これにたいして、世俗化を対立・矛盾に満ちていて完結したというにはほど遠い過程と見るなら、ダヴィッドの《マラー》は異なった光のもとで、反転したかたちでわたしたちの前に姿を現わすだろう。

9 極端なまでに特殊なコンテクストのなかで制作されたその絵は、ダヴィッドと彼の公衆が言うまでもないことと受け止めていた（今日の公衆にとってはもはやそうではない）偶発的な周囲事情の存在に暗々裡に触れていた。クラークが絵の生産に（そして付言させてもらいたいが受容に）偶発的な諸要素が決定的な仕方で影響をあたえていたことを強調しているのは正しい。しかし、「なんらの所与も、なんらの素材ないし主題も、なんらの形式も、なんらの利用しうる過去も」ダヴィッドの絵の生産にはかかわっていないと彼が主張しているのは、わたしがここで提示し議論してきた視覚的およびコンテクスト的な諸要素に照らしてみて支持しがたいことが明らかになる。ダヴィッドはマラーの暗殺といった偶発的な出来事を、ギリシア＝ローマの古典的伝統とキリスト教的伝統という互いに異なり遠く隔たった伝統が絡まり合っている言語を利用しながら描いたのだった。[36]この選択は二重に意義深いものだった。それというのも、その絵は古典的な意味合いもキリスト教的な意味合いも剝奪されたひとつの暦にもとづいて日付が記された最初の絵の一つ（おそらくは最初の絵）だったからである。クラークによるとモダニズムを創始した絵であったというその絵は、過去との根本的な断絶を画するものとしてのモダニズムという彼の（そして彼だけのものではない）定義と根本的に矛盾する。[37]

しかし、ここで問題になっているのはモダニズムだけではない。賭けられているのは、たんに芸術的なものだけではなく、政治的なものでもある。なぜ、ロベスピエールと、ルソーの「市民的宗教」から着想を得た彼の宗教政策の追従者であるダヴィッドが、共和政の殉教者マラーを描くのにキリスト教的なイコノグラフィーを横取りしたのだろうか。回答をあたえるには、ルソーが市民的宗教のごくわずかな教理――そのなかには「社会契約とその法律の神聖さ」も入っている――について記述している『社会契約論』の頁から出発しなければならないだろう。[38]その二、三頁前でルソーは先駆者としてホッブズの名を挙げていた。

すべてのキリスト教徒の著者のうちで、哲学者のホッブズだけが、〔国家と教会の関係に起因する〕

悪疾と治療法をはっきりと見てとって、鷲の双頭〔宗教権力と世俗権力〕をふたたび一つにし、すべてを政治的統一へ引き戻すことをあえて唱えたのであって、実際にも、この統一がなくては、国家も政府もけっしてうまく構成されることはないだろう。しかし、キリスト教の支配的な精神は彼の体系と相容れないこと、そして僧侶の利害はつねに国家の利害よりも強いだろうことに彼は気づくべきであった。彼の政治論を憎むべきものにしていたのは、そこに含まれている恐るべきものや虚偽のものよりも、正しくて真実なものなのである。(39)

「すべてのキリスト教徒の著者のうちで」という限定に始まって、この頁に書かれているすべてが意味深長である。読者は読み進めるなかで、その市民的宗教の本当の創始者の明かされていない名前を行間に補充するよう促される。実際にはキリスト教徒ではなかった著者、マキャヴェッリである。「マキャヴェッリの『君主論』は共和派の本である」とルソーは『君主論』の二重性と推定されるものを『ローマ史論』の共和主義と和解させる解釈に賛同しながら主張している。(40) マキャヴェッリへのこの敬意の言葉は『社会契約論』の別の頁でも暗々裡にこだましている。「キリスト教共和国」の可能性がことのついでに呼び起こされたのち、ただちに打ち消されている箇所がそれである。

しかし、わたしがキリスト教共和国と言ったのは間違いである。これら二つの言葉は互いに相容れない。キリスト教は隷従と依存しか説かない。その精神は圧政にとても好都合なので、圧政はつねにこれを利用しないではすませない。真のキリスト教徒たちは奴隷になるようにつくられている。そして彼らはそれを知っていながら、心を動かそうともしない。この短い人生は、彼らの目には、あまりにも価値のないものに映じているのである。(41)

ルソーの目には「僧侶の利害はつねに国家の利害よりも強いだろう」と映っていた。これにたいして、ダヴィッドにとっては、革命の勝利は力関係を変え、以前には考えられなかったようなマヌーヴァーの空間を開いたのだった。キリスト教とギリシア゠ローマから着想を得た市民的宗教の妥協はいまや実行可能なものとなった。そして共和主義の殉教者マラーは聖人として描くことができるようになったのだった。神権君主政の打倒から誕生した共和国は、ごく短い歴史のその決定的な瞬間に、それまで歴史的に宗教が独占してきた聖なるものの領域を侵犯して、正当性の補充を図ろうとしたのである。(42)

10　この聖なるものの領域の侵犯はその後も続いた。そして矛盾したかたちでいまもなお続いている。これは世俗化のもうひとつの顔である。この現象はヨーロッパに生まれ、その後世界中に拡がっていったが、いまだに戦いに勝利したというにはほど遠い状態にある。世俗的権力は、可能な場合には、宗教のアウラ（それは武器でもある）を横取りしようとする。このこころみは対話の相手と周りの事情によって、多かれ少なかれ明示的な妥協の提案から原理主義者たちの激しい反撥にいたるまで、じつにさまざまな回答を引き起こしてきた。

ヨーロッパのルーツということが言われてきたし、いまも言われている。これは恣意的で、おそらくはセクト的な単純化に手を貸すことになりかねないメタファーである。過去は——実際にあった過去であれ、推定上の過去であれ——今日のヨーロッパがそうであるような建設途上の政治的現実を正当化するのには役立たないことは明らかである（あるいはそうであってしかるべきだろう）。しかし、ヨーロッパの多様で異質的なルーツを列挙したいとおもっている人は、世俗化にも言及せざるをえないだろう。そこからそれがさまざまな内容と形式を自分のものにしようとする傾向を真似してつかみとってきたキリスト教と並んでである。これはダヴィッドの《マラー》、すなわち、もろもろの宗教のたどってきた時間と比較するとなおも端緒についたばかりの出来事の芸術的に最も高い瞬間によって、範例的な仕方で図解されている傾向である。

後記

この論考を公表したあと、ウィキペディアのおかげで、ダヴィッドの《マラー》とルグロの《聖スタニスワフ・コストカ》の比較がすでに提示されていたことを知った。Marc Vanden Berghe et Ioana Plesca, "Nouvelles perspectives sur la Mort de Marat: entre modèle jésuite et références mythologiques"（Brussels: Marc Vanden Berghe, 2004）を見られたい（未公刊テクストであるが、

ブリュッセルの王立図書館をつうじて参照できる）。

これはフェデリコ・ゼーリ基金によって組織されたフェデリコ・ゼーリの記念日にボローニャで読んだペーパーをわずかに修正したヴァージョンである。コメントしてくれたペリー・アンダーソンとアンナ・オッターニ・カヴィーナに感謝する。

（1）*Jacques-Louis David 1748-1825*, Catalogue de l'exposition présentée au Louvre et à Versailles（26 octobre 1989–12 février 1990）, éd. par Antoine Schnapper et Arlette Sérullaz（Paris: Réunion des Musées Nationaux, 1989）の付録の年表を参照。一九八九年十二月六—十日にルーヴル美術館で開催されたダヴィッドにかんする研究会議で、マラーが「最後の息を引き取ろうとしている」ところを描いたものであることをかねてより強調してきた二人の参加者は伝統的なタイトルを使い続けていた。*David contre David*, actes du colloque organisé au Musée du Louvre par le Service culturel du 6 au 10 décembre 1989, éd. par Regis Michel（Paris: Documentation française, 1993）, vol. I, pp. 383-384（Mathias Bleyl）; pp. 401-403（Jorg Traeger）を見られたい。

（2）Jorg Traeger, "La mort de Marat et la religion civile," in: *David contre David* cit., vol. I, pp. 399-419（とくにp. 413）

（3）Cf. David Lloyd Dowd, *Pageant-Master of the Republic: Jacques-Louis David and the French Revolution*（Freeport, NY: Books for Libraries Press, 1969 [1st Ed.: Lincoln: University of Nebraska Press, 1948]）; Arlette Sérullaz, "Les projets de costumes," in: *Jacques-Louis David 1748-1825* cit., pp. 296 seqq.

（4）Mona Ozouf, "Marat," in: *Dictionnaire critique de la Révolution française*, éd. par François Furet et Mona Ozouf（Paris: Frammarion, 1988）, pp. 278-285〔フランソワ・フュレ、モナ・オズーフ編、河野健二・阪上孝・富永茂樹監訳『フランス革命事典2』（みすず書房、一九九八年）、モナ・オズーフ著「マラー」、一九一—二〇五頁〕。パオロ・ヴィオラによると、多くの要素がマラーが「九月の大虐殺」に責任があったことを示唆しているという。Cf. Paolo Viola, *Il tronco vuoto. La transizione della sovranità nella rivoluzione francese*（Torino: Einaudi, 1989）, pp. 151–152.

（5） *Jacques-Louis David 1748–1825* cit., p. 284を見られたい（一七九三年七月十六日付『モニトゥール』紙を引用している）。少しばかり異なるヴァージョンについては、Étienne-Jean Delécluze, *Louis David. Son école et son temps*, éd. par Jean-Pierre Mouilleseaux（Paris: Macula, 1983）, p. 155（Paris：Didier, 1855のファクシミリ復刻版）を参照。

（6） Delécluze, *Louis David* cit., pp. 153–154.

（7） *Jacques-Louis David. Empire to Exile*, ed. by Philippe Bordes, exhibition catalogue（Williamstone, Mass.: 2005）（New-Haven, CT and Williamstone: Yale University Press and Sterling and Francine Clark Art Institute, 2005）, p. 10.

（8） *Jacques-Louis David 1748–1825* cit., p. 626.

（9） Robert Simon, "Portrait de martyr: Le Peletier de Saint-Fargeau," in: *David contre David* cit., vol. I, pp. 349–377（とくにpp. 354–355）. シモンはJeannine Baticle, "La seconde mort de Le Peletier de Saint-Fargeau. Recherches sur le sort du tableau de David," *Bulletin de la Société de l'histoire de l'art français*, 1988, pp. 131–145を参照するよう求めている。

（10） Simon, "Portrait de martyr" cit., p. 362.

（11） Ibid., p. 360.

（12） ロバート・ローゼンブルムは、ダヴィッドの《ソクラテスの死》について、「細部の直写主義」ということを語っている。Cf. Robert Rosenblum, *Transformations in Late Eighteenth Century Art*（3rd ed.: Princeton, NJ: Princeton University Press, 1970）, p. 75.

（13） Pierra Alexandre Coupin, *Essais sur J. L. David, peintre d'histoire*（Paris: Renouard, 1827）, p. 27（cit. in: Simon, "Portrait de martyr" cit., p. 362）. Delécluze, *Louis David* cit., p. 150, nota 1は、ダヴィッドが描いたのはルペルティエの顔だけで、残りは彼の生徒のジェラールに委せた、と主張している。

（14） Erich Auerbach, *Mimesis. Dargestellte Wirklichkeit in der abendländischen Literatur*（Tübingen: Francke, 1994 [1. Aufl: Bern: Francke, 1946]）, p. 152 et passim.〔E・アウエルバッハ著、篠田一士・川村二郎訳『ミメーシス――ヨーロッパ文学における現実描写』上・下巻（筑摩書房、一九九四年）、上巻一三二―一三三頁ほか〕

（15） Rosenblum, *Transformations* cit., pp. 83–84. Carlo Sala, "Tra pennello e pugnale: Marat, Charlotte, David," *Il*

Corpo, Nuova Serie, I, 1（settembre 1993）, pp. 66–75 も見られたい。フィリップ・ボルデはマラーの書き物机について「サン＝キュロット美学」という言い方をしている。Cf. *Jacques-Louis David. Empire to Exile*, ed. by Philippe Bordes cit., p. 10. これは上述の事柄と両立しうる示唆である（「サン＝キュロット・イエス」というテーマを想い起こしてみるとよい）。

(16) Rosenblum, *Transformations* cit., p. 84. Cf. Albert Soboul, "Sentiments religieux et cultes populaires pendant la Révolution. Saintes patriotes et martyrs de la liberté"（1957）, in: *Paysans, Sans-culottes et Jacobins*（Paris: Librairie Clavreuil, 1966）, pp. 183–202（とくに pp. 190–191）.〔同書には邦訳がある。アルベール・ソブール著、井上幸治監訳、小井高志・武本竹生訳『フランス革命と民衆』（新評論、一九八三年）である。ただし、これは部分訳で、一九五七年の論考は訳出されていない〕

(17) Soboul, "Sentiments religieux et cultes populaires" cit., pp. 190–191.

(18) Frank Paul Bowman, "Le 'Sacré-Coer' de Marat（1793）," in: *Les fêtes de la Révolution: colloque de Clemont-Ferrand (juin 1974)*, actes/recueillis et présentés par Jean Ehrard et Paul Viallaneix（Paris: Société des études robespierristes, 1977）, pp. 155–179（とくに p. 163）. この論考に注意を喚起させてくれたイグナツィオ・ヴェカに感謝する。

(19) Klaus Lankheit, *Jacques-Louis David. Der Tod Marats*（Stuttgart: Reclam, 1962）, fig. 16a. この版画はその後の研究のなかでしばしば複製されてきた。たとえば、Klaus Herding, "Davids Marat als dernier appel à l'unité révolutionnaire," in: *Im Zeichen der Aufklärung. Studien zur Moderne*（Frankfurt am Main: Fischer, 1989）, pp. 71–94（とくに p. 90）を見られたい。

(20) Soboul, "Sentiments religieux et cultes populaires" cit., p. 190.

(21) Rosenblum, *Transformations* cit., p. 83.

(22) Herding, "Davids Marat" cit.

(23) Thomas Crow, *Emulation: Making Artists for Revolutionary France*（New Haven, CT-London: Yale University Press, 1995）, pp. 162–169（とくに p. 166）. ただし、ジロデの《ピエタ》がダヴィッドの《マラー》の源泉であったと主張しているくだりなどは、さほど説得的ではない。

(24) Willibald Sauerländer, "Davids 'Marat à son dernier soupir' oder Malerei und Terreur," *Idea. Jahrbuch der Hamburger Kunsthalle*, 2 (1983), pp. 49-87 (とくに pp. 73-80)

(25) *John Constable d'après les souvenirs recueillis par C. R. Leslie*, traduction de Léon Bazalgette, éd. par Pierre Wat (Paris: École nationale supérieure des Beaux-Arts, 1996), p. 210. 〔C・R・レズリー著、ジョナサン・メイン編、斎藤泰三訳『コンスタブルの手紙』(彩流社、一九八九年、四〇六頁)〕

(26) Charles Baudelaire, "Le Musée classique du Bazar Bonne-Nouvelle," in: *Oeuvres complètes*, éd. par Claude Pichois (Paris: Gallimard, 1954 [1ère éd.: éd. par Y.-G. Le Dantec (Paris: Gallimard, 1931)]), pp. 599-600 〔シャルル・ボードレール著、阿部良雄訳『ボードレール批評I』(筑摩書房、一九九九年」)、「ボンヌ＝ヌーヴェル百貨店の古典派美術展」、六五一六六頁〕

(27) Sauerländer, "Davids 'Marat à son dernier soupir'" cit., p. 84.

(28) Francis Haskell, "Pierre Legros and a Statue of the Blessed Stanislas Kostka," *The Burlington Magazine*, XCVII (1955), pp. 287-291; Michael Conforti, "Pierre Legros and the Role of Sculptors as Designers in Late Baroque Rome," *The Burlington Magazine*, CXIX (August 1977), pp. 557-562; Nicholas Penny, *The Materials of Sculpture* (New-Haven, CT-London: Yale University Press, 1993), pp. 96-98; Gerhard Bissell, *Pierre LeGros 1666-1719* (Reading: Si Vede, 1993), とくに pp. 73-79; Evonne Levy, "Reproduction in the 'Cultic Era' of Art: Pierre Legros's Statue of Stanislas Kostka," *Representations*, 58 (Spring 1997), pp. 88-114; Pascal Julien, "Pierre Legros, sculpteur romain," *Gazette des Beaux-Arts*, CXXXV (2000), 142, pp. 189-213 (とくに p. 198)

(29) T. J. Clark, *Farewell to an Idea: Episodes from a History of Modernism* (New Haven, CT: Yale University Press, 1999), pp. 14-53 (とくに p. 18)

(30) Ibid., pp. 30-31.

(31) Ibid., p. 8.

(32) Baltasar Bekker, *Le monde enchanté, ou Examen des communs sentiments touchant les esprits, leur nature, leur pouvoir...*, 4 voll. (Amsterdam: Pierre Rotterdam, 1694 [オランダ語初版 *De betoverde weereld* (Amsterdam: D. van den Dalen, 1691-1693])

（33）Clark, *Farewell to an Idea* cit., p. 8.
（34）Ibid., p. 7.
（35）Cf. Retort（Ian Boal, T. J. Clark, Joseph Matthews, Michael Watts）, *Afflicted Powers: Capital and Spectacle in a New Age of War*（London: Verso, 2005）, Chapter VI, pp. 175-196（この章は文体から判断してたしかにクラークの書いたものだとみられる。それぞれの章はグループの一人が素案を作成し、他のメンバーたちと討議したうえでできあがっている）。とくにp. 177——「「世界の脱魔術化」というマックス・ヴェーバーがシラーから借用した——陰鬱ではあるが、わたしたちの見るところでは勝ち誇っていて、現にあるがままの世界に迷いから解かれて住むことを約束してくれる——言葉は、なおも近代《モダニティ》のこの面を最もよく要約している」——およびp. 193——「近代《モダニティ》は多くのことがらからなっており、世俗化はそれらのうちの一つである。そしてそれ以外に加速化、技術信仰、世界の脱魔術化、等々がある」——を見られたい。
（36）アンナ・オッターニ・カヴィーナは同様の絡まり合いがダヴィッドが描いたもうひとつの革命の殉教者像のうちにも確認されると知らせてくれた。《バラの死》（一七九四年、アヴィニョン、カルヴェー美術館）がそれであって、ステファノ・マデルノの《サンタ・チェチリア》（cf. Rosenblum, *Transformations* cit., p. 85, ff. 83, 84）とベルリーニによって修復された《眠れるヘルマフロディートス》（パリ、ルーヴル美術館）の影響が結び合わされている。
（37）Clark, *Farewell to an Idea* cit., p. 15.
（38）J.-J. Rousseau, *Du contrat social*（Paris: Garzanti, 1962）, livre IV, chapitre VIII: *De la religion civile*, p. 335〔ルソー著、桑原武夫・前川貞次郎訳『社会契約論』（岩波書店、一九五四年）、一九二頁〕
（39）Ibid., p. 330〔桑原・前川訳、一八三頁〕
（40）Rousseau, *Du contrat social*, livre III, chapitre VI: *De la monarchie*, p. 284〔桑原・前川訳、一〇三頁〕
（41）Rousseau, *Du contrat social*, livre IV, chapitre VIII, p. 333〔桑原・前川訳、一八九頁〕
（42）この点については、本書の第二試論「今日ホッブズを読み返す」を見られたい。

図1　アルフレッド・リート《英国人よ，きみの国軍に加われ！》
英国陸軍の新兵募集ポスター　1914年

／図2　アキッレ・ルチアーノ・モーザン《きみらはみな義務を果たさねばならない》イタリアの調達ポスター　1917年　右上／図3　ユリウス・ウッシー・エンゲルハルト《きみも共和国軍に入べきである》新生ドイツ共和国軍の新兵募集ポスター　1919年　左下／図4　ジェイムズ・モンゴー・フラッグ《合州国軍にはきみが必要だ》アメリカ陸軍の新兵募集ポスター　1917年　右下／図5トリー・ムーア《きみは志願兵に登録したか？》ソヴィエト陸軍の新兵募集ポスター　1920年

第四試論　「祖国はきみを必要としている」

ラファエル・サミュエルは彼の最後の著作『記憶の劇場』（一九九四年）で書いている。

記憶の影――求められていないのに突然生き返って、幽霊のようにわたしたちの思考の見張り番をつとめる、眠れるイメージ――に油断することのなかった歴史叙述は、少なくとも手書きの文書や印刷された文書に払ってきたのと同じだけの注意を絵画にも払ってきたにちがいない。視覚的な要素はわたしたちにもろもろの表象、意識に上ることのない参照点、言外のメッセージを提供してくれる(1)。

ラファエル・サミュエルなら、たぶん、彼に献げられたこの会議のためにわたしが選んだテーマを是認してくれたことだろう。この会議ではイメージについてだけでなく、愛国主義《パトリオティズム》についても語られるだろう。サミュエルが多大な精力を注いで取り組んだもうひとつのテーマである。ことによると、これらのテーマへのわたしの取り組み方にかんしては、彼は同意しなかったかもしれない。ありうるかもしれない不一致点については結論で立ち戻ることにする。

1

「哀れな将軍だこと、でも素晴らしいポスターですわ」――アスキス首相夫人が言ったといわれるこのコメントは、長い間、キッチナー卿の記憶と結びつけられてきた（口絵・図1）[2]。キッチナー卿の長期にわたる軍歴について歴史的評価をすることは、ここでは場違いだろう。ここで議論の対象となるのは、現実ではなく、言葉の文字どおりの意味におけるイメージである。詳しく分析してみなければならない一連の込みいった過程の到達点および触媒としてみられたポスターなのだ。

当時エジプト総督の任に就いていたキッチナー卿は、一九一四年六月二十三日、イングランドに到着した。五日後の六月二十八日、オーストリア大公であったハプスブルク家のフランツ・フェルディナントが、サラエヴォで暗殺された。そして七月二十八日、オーストリア゠ハンガリー二重帝国は最後通牒を却けていたセルビアに宣戦布告する。八月三日、英国が参戦する前夜、『タイムズ』紙は首相のアスキス卿に自らの就いている陸軍大臣の職をたまたま休暇をとってイングランドに帰っていたエジプト総督に譲るよう促す論説を発表する。「［キッチナーは］祖国に帰っている。この名誉ある重要なポストのために彼を選んだなら、その選択は公衆から温かく受け入れられるだろう。……陸軍元帥が戦争中だけでもこのポストを受け入れることが……切に望まれる」。

キッチナー卿は当時六十四歳で、とても人気があった。一八九八年、オムドゥルマンでムハンマド・アフマド師に率いられたマフディー教徒のスーダン軍を壊滅させた人物を何年にもわたって新聞はロマンティックでほとんど伝説的な仕方で描写し、「ゴードンの復讐者」と定義してきた(3)。しかし、ハルツームへの進軍にかんする数本の記事でキッチナーの名を世間に知らしめることになったジャーナリストのG・W・スティーヴンズは、その英雄の非人間的な面も明るみに出してきた。スティーヴンズによると、キッチナーは「自分を機械にしてきた男」なのだった。すなわち、「パリ万国博において、ブリティッシュ・エンジン部門に、モデル第一号、特別展示、スーダン機械として、特許を与えられ、誇りをもって展示されるにふさわしい」人物だというのである(4)。

もっと好意的な伝記作家たちでさえ、キッチナーがよそよそしくて厳しい人物とみられていたことを隠そうとはしてこなかった。実際には想像されていたほど近寄りがたくはなかったと主張しながらもである(5)。多くの政治家はキッチナーにかんして批判的な判断を下してきた。最も批判的だったのは、スーダンでキッチナーの部下だったウィンストン・チャーチルである（「初めて出会う前から嫌いだった」とチャーチルは後日語っている(6)）。スーダン遠征にかんする著書のなかでチャーチルは書いている。

［キッチナーは］敬礼されても一顧だにしなかった兵卒から厳格に統率していた上官にいたるまで、すべての人間を機械のように扱っていた。……指揮官の厳しくて無慈悲な精神は軍隊にも伝染し、河畔の戦争《リヴァー・ウォー》の進展を画することとなったもろもろの会戦には、未開人との抗争に付きものの苛酷

な慣行やダルヴィーシュ〔イスラームの修道僧〕の獰猛で油断のならない性質によってすら正当化されるものではない野蛮行為が伴っていた。(7)

残酷で無慈悲で手のつけられない兵士、そして大英帝国にいたるところで――アフリカでもオーストラリアでもインドでも――奉仕してきた練達の軍事組織者。これが、『タイムズ』紙が一九一四年八月三日、古代ローマ人によって用いられていた意味での独裁官（dictator）、すなわち、危険が迫っている時に自ら進んで祖国に奉仕する用意のある凱旋将軍の役割を担うよう訴えかけた男だったのだ。その日、キッチナーはドーヴァーへ向かおうとしていたのだが、不首尾に終わった。(8) 翌日の八月四日、再度こころみたが、最後の瞬間に首相のメッセージが届き、ロンドンに戻った。一日が経過。大英帝国は陸軍大臣を任命することがないまま参戦する。事は順調には進まなかった。たぶん、アスキス卿は伝来文民に用意されていたポストをキッチナーに提供することに乗り気ではなかったのだろう。そしてキッチナーのほうも外見上は受諾するのをためらっていたようであった。八月五日、『タイムズ』紙は再度キッチナーを任命するよう圧力を加え、キッチナーの最も危険な競争相手である大法官リチャード・ホールデンにたいして資格十分の攻撃に打って出る。スーダン遠征中大佐としてキッチナーの助手役の一人だった『タイムズ』紙の従軍記者、シャルル・ア・クール・レピントンが、ホールデンの親独的イメージにキッチナーの純真無垢な親仏的過去を対置させた長い記事を書いたのである（キッチナーは若いころ普仏戦争に義勇兵として参加したことがあった）。キッチナーには組織者としての能力があり、また彼は国民をたしかに信頼していることを再度強調したのち、レピントンは「キッチナーは政党人ではなく、示唆が前例のないものであることは、われわれもよく承知している。しかし、情勢はまったくのところ例外的なものであり、例外的な方策を要求しているのである。……陸軍省は本当にキッチナー卿を必要としているのであって、彼をもたなければならないのである」と締めくくっている。(9)

わずか数時間のうちにこれらの言葉は現実となる。八月五日の夜遅く、キッチナー卿は陸軍大臣に任命される。指摘されたように、一六六〇年のジョージ・マンク以来英国政府に入閣した最初の軍人であった。(10)『タイムズ』と『デイリー・メイル』の所有者で、強力な参戦論者であったノースクリッフ卿は、キッチナー卿の抵抗も含めて、あらゆる抵抗に打ち勝つことに成功したのだった。(11)しかし『タイムズ』紙はすでに八月五日、ひとつのアピール、動員を呼びかける声明を発していた。

国王と祖国はきみを必要としている
きみは祖国の呼びかけに応えてくれないだろうか。
毎日が重大な脅威で一杯だ
そしてまさにこの瞬間
帝国は世界史上最大の戦争の瀬戸際に立たされている。
この危機にさいして祖国はすべての独身の若者たちに

祖国の旗のもとに結集し
軍隊に応募するよう呼びかける。
もし愛国青年の一人一人が祖国の呼びかけに応えてくれるなら
イングランドと帝国はかつてにもまして
強力になり団結した存在になるだろう。
もしきみが独身で十八歳から三十歳までなら
祖国の呼びかけに応えてくれないだろうか。
応えてくれるなら最寄りの新兵徴募センターに出向いてくれたまえ
――センターの住所はどの役所でも知らせてくれる――
そして軍隊に入隊してくれたまえ。
今日すぐにだ！

戦争プロパガンダの機械はすでに稼働していた。メッセージもいつでも出せるよう用意ができていた。キッチナー卿の名前と顔だけが欠けていたのだった。動員の呼びかけ文は翌日も再掲載された。また八月七日には「国王陛下の正規軍に十万人の兵士が補充されること」を求めるキッチナー卿の要求が掲載された。「キッチナー卿はこのアピールに帝国の安全を心から願っているすべての人々がただちに応えるだろうと確信している」(12)。

執拗に繰り返されたこの私的なアピールの効果は絶大だった。志願兵の波は当日のうちに三万五千人に達した。一九一四年九月からはアピールはキッチナーの顔の入ったポスターによって補強された。当初の新兵徴募ブームは開戦後、義務兵役制度が導入されるまでの十八か月のあいだに沈静化したのだったが、「キッチナーの軍隊」ないし「キッチナーの部隊」（この表現は一部の公式文書のなかでも用いられた）のほうは二百五十万人に到達していた。これだけでもきわめて高い数字であるが、キッチナーが死去したさいの死亡記事のなかでは五百万人にまで吊り上げられている。(13)

この巨大な現象は、ついにはポスターのなかのキッチナー卿と実際の将軍としてのキッチナー卿とのあいだの区別を抹消してしまうまでになった。前者が後者の上に重ね合わされて優位するにいたったのである。いたるところに貼られているポスターからじっと睨みつけているキッチナーの眼は、同時代人に深い印象をあたえた。「それらの眼の色はじつに美しく、最も紺碧の瞬間の海のように深くて明るい青色をしている。そしてそれらは目標をまっすぐに見つめている者の完璧なまっすぐさでもって世界を見据えている」とあるジャーナリストは書いている。(14)

キッチナーの眼は、一九一六年、装甲巡洋艦ハンプシャー号が座礁するなかで起きた悲劇的な死の少しあとに出た三巻本の公式の伝記にも、彼の生涯と性格を要約するかのようにして登場する。「その鋼鉄のような色調についてかくも多くの者たちが書いてきた眼も、若くもなければ光彩を放ってもいなかった。あまりにも多くの砂がそれらを傷みつけていた。そして右目と左目のあいだにはわずかな――ごくわずかな――相違も見られた。しかしそれらはだれであれキッチナー卿が見たいと思った者をまっすぐに見据えていた。……」[15]。

またあるジャーナリストはキッチナーがまだ生存中、この点についていささか軽蔑したような口調で指摘していた。

キッチナーの眼にかんしては、それらが人々の心にあたえる恐怖は年齢とともにひどくなってきた斜視によって増大している、と悪気があってではなく言うことができる。眼は紺碧色をしており、人の心を射抜くようで、鋭い判断力に満ち満ちている。たとえ不正規な格好をしていなかったとしても、それらの眼に正面から向き合うのはむずかしかっただろうが、このように不正規な格好をしていることによってそれらは一部の者たちをまごうかたなき恐怖の麻痺状態に投げこむ。彼のことをとてもよく知っているある人物は、彼に初めて会った人々の上にそれらの眼が及ぼす効果についてわたしに具体的に描写してみせたことがある。「それらはきみを一種の恐怖の万力でもって撃つ。きみはそれらを見て、何かを言おうとして目を逸らし、それからふたたび語ろうとするときには、きみの眼があの恐ろしい眼差しのほうに引き寄せられているのがわかって、またもや口が利けなくなり沈黙してしまう」というのだった[16]。

キッチナーの礼賛者たちにとっては、ポスターのなかでようやく目に見えるものとなったこの軽度の身体的欠陥も、彼の没後の伝説に一役買うこととなるのだった。

彼の眼差しはどこか奇妙だったが、それは疑いもなく、二つの眼球の視軸がわずかに食い違っていることによるものだった。その眼差しに彼と話す者たちのだれ一人として、どれほど大胆な者でも耐え抜くことはできなかった。スフィンクスが同じような眼差しをしていたにちがいない。[17]

2

キッチナーの眼差しについてはもっと先で立ち戻ることにする。まずはポスターの効果を検証してみる必要がある。帝国戦争博物館の文書保管庫に保管されている一枚の写真は、キッチナーの新兵召集の呼びかけに応じたある志願者グループの姿を写し出している。注意深いある読者は、その写真が新兵たちの社会的出自がまちまちであることを強調していると指摘した。「半ダースほどのグループのなかに少なくとも三つの社会階級を識別することができる。それはそれぞれの被っている帽子の違いによって見分けがつく。労働者はベレー帽、紳士は麦わら帽、ビジネスマンないし専門職従事者はフェルト帽を被っている」というのだ。[18]

観察は非の打ちどころがないが、一点、問いが生じる。新兵徴募センターはさまざまな区域に設置されていたことからして、写真のなかで描かれているような社会的混合はおよそありえなかったようにみえるのだ。写真が演出の結果産み出されたものでないかぎりはである。[19] この場合には、観察は――ラファエル・サミュエルの言葉を借りるなら――わざと意識に上らなくされていたメッセージをはっきり表に出してみせたものであることになるだろう。そしてわたしたちはそのメッセージを、すなわち、キッチナー卿の呼びかけへのさまざまな社会集団の積極的な応答を受け取ることになるだろうが、そのメッセージが定式化されるさいの基底にあるコードを見過ごしてしまうことになるだろう。プロパガンダのように一見したところ明々白々にみえるかもしれないメッセージでも、解読される必要があるのである。

戦時中、あるいは戦後すぐの時期に、キッチナーのポスターの多少とも手直しされたヴァージョンがイタリア、ハンガリー、ドイツで制作された[20]。またキッチナーはアメリカ合州国とソヴィエト連邦でも、それぞれ、アンクル・サムとトロツキーの衣装をまとって再登場している（口絵・図2―5）[21]。この一連の模倣とヴァリエーションは（あとで見るように、倒置とパロディと並んで）キッチナー卿のポスターの効力がどれほどまで広範囲に及ぶものであったかを証明している。これはたぶんこの伝達道具の歴史において他に類を見ないものであった。

キッチナーの図像の効果のもとで志願兵として入隊しようと決断した者たちがどれほどいたかはけっして分からないだろう。いくつかの場合には、決断の最終的な動因となったものは当事者自身にも不分明なままにとどまっていたにちがいない[22]。わたしたちのように遠く離れたところから観察している者たちにとってはなおさらそうである。しかし、それらのポスターによって発せられた――「国王と祖国はきみを必要としている」とか「キッチナーはもっと多くの人間を求めている」といったような――命令が多くの観察者に影響を及ぼしたというのはそのとおりだとみてよいとおもう。権威を表象したイメージが権威そのものとして作用したのだった。社会的エネルギーの放電が生じ、ひとつの命令が文字どおりの意味で生きるか死ぬかの決定にほかならなかった決定へと取り入れられ変容させられるのである。

通常、この効力は言わずもがなのこととみなされており、そこに装塡されていた視覚的および言語的な機制《メカニズム》についての立ち入った分析を阻止している。ポスターは作動する。しかし、どのようにしてであるのか。

3　この問いに答えるためには、アビ・ヴァールブルクによって案出された「パトスフォルメル（Pathosformel）」（「情念定型」）という概念に訴えるのが有益だろう。[23] 長いあいだ、ヴァールブルクの遺産相続人（彼の図書館とその図書館に結びついた研究所）は彼の諸著作のもつ重要性を不分明にしてきた。しかし、何十年か前からヴァールブルクによって十九世紀末から二十世紀初頭にかけて定式化された、もろもろのきわめて肥沃な観念が分析され、じつに多種多様な方向で練り上げなおされるようになっている。それらのうちでも最も重要なもののひとつが「パトスフォルメル」という観念であって、これをゲルトルート・ビングはつぎのように解説している。

古典芸術にうかがえるもろもろの身ぶりは、それらの最初の定式化においては、神話の現実が人々の心を深く感動させていた儀礼的な現実であった時期にまでさかのぼる。そしてそれらの身ぶりは、いまでも、それらを伝達してきた顔料とか大理石とかの希薄化された形態においてでは

あるが、それに対応する反応を引き起こすことができる。(24)

「基本的な衝動の表現」が宗教的な理由で禁じられていた中世では、ヴァールブルクが定義するところの「情熱的な身ぶりを表現する原初的な語彙」は忘れ去られてしまった。ヴァールブルクは、定式——情動的な身ぶり——そのものは中立的な力であって、多種多様で、ときには対立する解釈を可能にしてきた、という結論に到達している。こうして、それらの身ぶりを取り戻してきたルネサンス期の芸術家たちは、それらが古典古代にもっていた意味を反転させてきたのだった。(25)

ヴァールブルクの議論は、プリニウスの『博物誌』の、まるごとギリシア＝ローマの芸術家たちに献げられた第三五巻の三つのくだりから出発して発展させることができるのではないかとおもう。(26) 最初のくだりでは、アウグストゥス帝の時代に生存していた画家のファムルス（あるいはファブルスか）に言及している。彼は「重々しくて厳格で同時に生気に満ち満ちていた。……彼のものでは、見る者を——その者がどこから見ていようとも——いつも見ている（spectantem spectans, qualcumque aspiceretur）ミネルウァがあった」とプリニウスは書いている（三五・一二〇）。(27)

第二番目のくだり（三五・九二）では、ギリシアの有名な画家、アペレスに言及している。

彼はまた、アレクサンドロス大王が雷をつかんでいるところを、エペソスのアルテミス神殿で……描いた。指は表面から浮き出していて、雷は画面の外に跳び出しているように見える（digiti eminere videntur et fulmen extra tabulam esse）。読者はこれらがすべて四色で産み出されていたことを想起すべきである。(28)

第三番目のくだり（三五・一二六）は、第二番目のくだりの意味するところを直接明らかにしている。アペレスがアレクサンドロス大王を指を伸ばして雷をつかんでいるゼウスとして描いているのは、遠近法の短縮法にもとづいたものであったというのだった。もうひとりの画家パウシアスによって完成された技術的な方便である。パウシアスについてプリニウスはこう書いている。

しかしパウシアスもまた、かつてポンペイの正面玄関に飾られていた牡牛の生け贄のような大きな絵を制作した。彼はその後多くの人々が模倣しようとこころみてきたが肩を並べることができた者は一人もいなかった絵画の方式を初めて案出した。彼はなによりも、牡牛の胴体の長さが目立つようにしたいとおもって、牡牛を〔絵を見る者の〕脇に立っているようにではなく、正面から向き合っているように描いた。それにもかかわらず、その大きさは十分に分かるのだった（adversum eum pinxit, non traversum, et abunde intellegitur amplitudo）。(29)

4

キッチナー卿のポスターを可能にしたのは、これらのくだりを連結して読むことによって装塡された長い連鎖反応なのだった。第一次世界大戦中キッチナー卿のポスターがいたるところに貼られていたという証言は数多くある。そのうちの三つの証言を聞いてみよう。第一は『タイムズ』紙のジャーナリスト、マイケル・マックドナーの証言であって、彼は一九一五年一月にこう書いている。

新兵を募集するポスターは、どの掲示板にも、多くの店の陳列窓にも、乗り合いバス、路面電車、商業用の有蓋トラックにも貼られている。〔ダブリンにある〕ネルソン記念柱の大きな土台はそれらで覆われている。それらのポスターの数と色とりどりなさまは印象的である。いたるところでキッチナー卿は怪物のように巨大な指をいかめしく突き出して、「わたしはきみを欲している（I Want You）」と叫んでいる。(30)

二番目の証言は、第一次世界大戦中オックスフォードシャー州エンストーンの若い農夫だったモント・アボットの証言である。彼は回想記のなかでつぎのように書いている。

しばらく前からキッチナーの幽霊が郵便局の外の洗いざらしになったポスターの上でわたしを指さして「きみの国王と祖国は**きみを必要としている**」と呼びかけていた姿が消えてなくなっていた。それまでの二、三年間、わたしは「ロージーの尻」にまたがって見張りをしなければならない、孤独な去勢牛や狂った去勢されていない牛、そして腹をすかせた馬など、フルウェルあたりからやってきた家畜の群れをもっていた。そのため、キッチナーの呼びかけに応募する時間がなかったのである。ところが一九一八年、古い幽霊がふたたび立ち現われ、納屋の扉と木の幹からわたしを指さして呼びかけるのだった。「きみの国王と祖国は**きみを必要としている**」と。ドイツ軍はいまだにふたたびわたしたちの第五軍のへとへとになった若者たちを激しく痛めつけていた。九万人の兵士と千三百台の大砲をリヨンでわが軍から奪っていたのだった。わたしは七月には十六歳になる。わたしが駆けつけるまで若者たちがなんとか持ちこたえてくれるのを願うばかりだった。――そして若者たちは持ちこたえてくれた。(31)

三番目の証言は、キッチナーの死後フランスで出版され、ただちに英訳された伝記の著者、H＝D・ダヴレの証言である。一九一六年六月、ノースクリッフ卿の新聞がキッチナー卿をフランス戦線に必要な量の爆弾を送らなかったと言って攻撃しだしたとき、「新兵徴募中央委員会はロンドンの壁という壁に、そして大ブリテン全体に、キッチナー卿の顔付きの巨大なポスターを貼り付けた」とダヴレは書いている。

どの角度から見られた場合でも、眼はポスターを見ている者の眼と出会って、もはや離すことがなかった。ポスターの片側には、キッチナーはもっと多くの人間を欲している！　という簡潔なアピールが大文字で記されていた。(32)

モント・アボットは一度として大プリニウスのことを耳にしたことがなかった。マックドナーとダヴレも、キッチナーのポスターについてコメントしたとき、たしかにプリニウスのことを考えてはいなかった。しかし、「どの角度から見られた場合でも、眼はポスターを見ている者の眼と出会って、もはや離すことがなかった」という文言を眼にするとき、おのずと問わざるをえなくなる。どちらの像のことを言っているのだろうか、ミネルウァの像のことなのか、それともキッチナー卿の像のことなのか、と。巨大な指を突き出しているのはだれなのか、キッチナー卿なのか、それともアレクサンドロス大王なのか、と。これらの反響はこれから概略を示そうとおもうひとつの歴史的飛跡を要約している。

5 この横道に逸れた叙述は、偉大な哲学者、クースのニコラス、通称クザーヌスが一四五三年に書いた論考『神を観ることについて、もしくはイコンについて』への序論の有名な一節から出発するだろう。(33) 自分の読者たちに神と世界の関係についての観念をあたえようとして、クザーヌスは書いている。彼らが描くことのできる最もふさわしい像はだれかすべてを見ている者の顔であろう、と。そして続けている。これらの像については驚嘆すべき仕方で描かれた多くの作品がある、と。ニュルンベルクの市場のある広場での射手の顔、ブリュッセルの市庁舎の広間に展示されている貴重な絵のなかの偉大な画家ロヒールによって描かれた顔、コブレンツのわたし自身の礼拝堂にある聖ヴェロニカの顔、ブリクセンの教会の紋章を担っている天使の顔、などである。(34) クザーヌスは自分の論考の手稿

図 8　アントネッロ・ダ・メッシーナ《祝福するキリスト》
板に油彩　1475 年頃　ナショナル・ギャラリー，ロンドン

画家不詳《宇宙の支配者キリスト》
板に蠟画　6 世紀
聖カテリーナ修道院，シナイ山

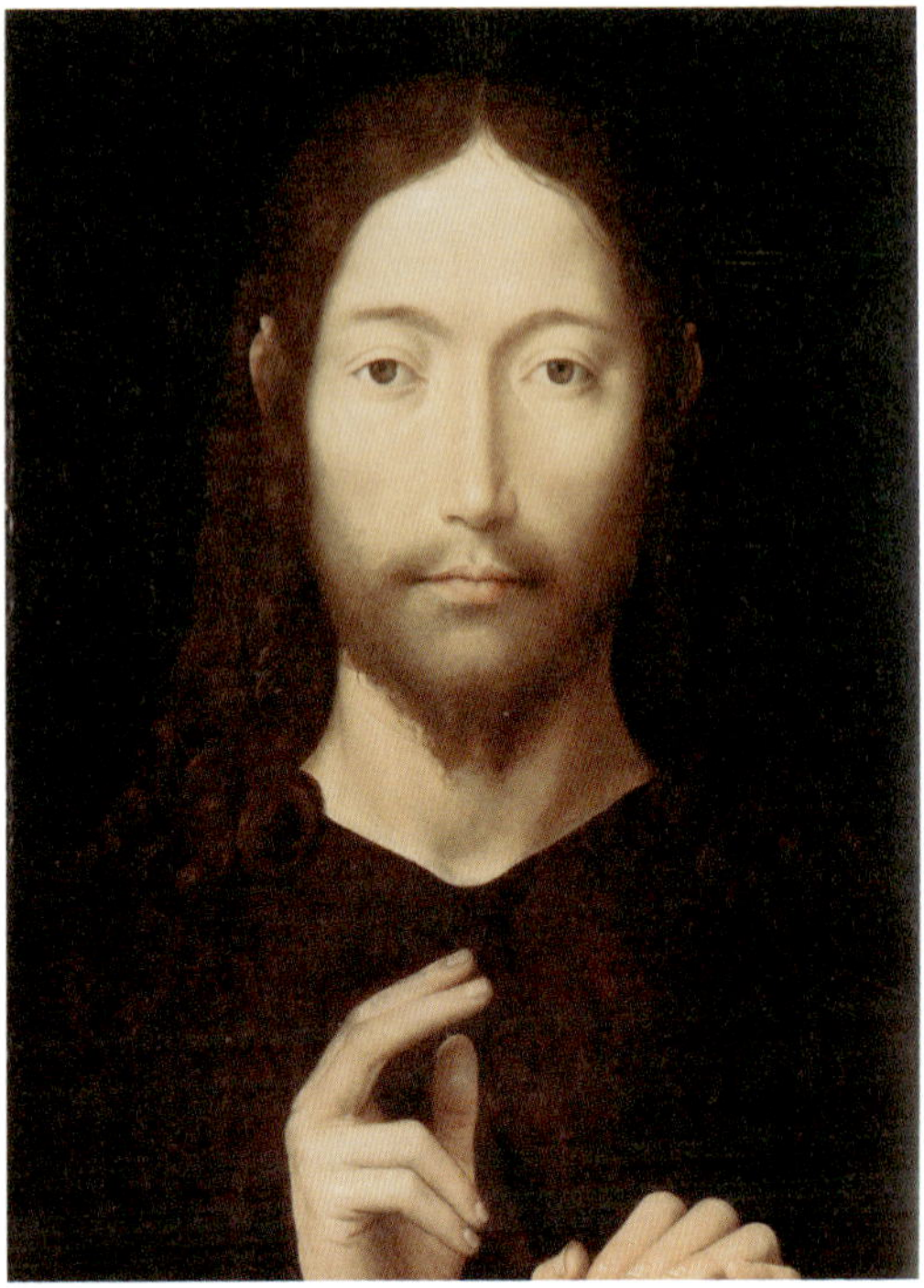

図 10　ハンス・メムリンク《祝福するキリスト》
オーク材の板に油彩　1478 年
ノートン・サイモン美術館，パサデナ

上／図 11　ミケランジェロ・ブオナローティ《太陽と月の創造》
フレスコ　1508-12 年　システィーナ礼拝堂，ヴァティカン市
下／図 13　カラヴァッジョ《聖マタイの召命》　キャンヴァスに油彩　1598-1601 年
サン・ルイージ・デイ・フランチェージ教会，ローマ

図 15　ラリー・ダンスト
《わたしは抜け出したい》
ヴェトナム戦争に反対するポスター　1970 年

図 17　《ヴィーンヌィツャ》
ドイツがウクライナ占領中に作成したポスター　1944 年

にヴェロニカのヴェールの上に刻印されていたイエスの像を示す小さな絵を同封していた。そして説明していた。もしあなたがたがそれを壁の上に吊したなら、あなたがたのうちのだれがどの角度からそれを注視しても、自分だけがその人物像によって見つめられているという印象をもつことになることが分かるだろう、と。[35]

クザーヌスがこのくだりで言及している絵はいまでは失われてしまったが、その相貌を復元することはできる。キリストの真正なる像（vera icona――そこからヴェロニカはやってくる）のように、そのうちのいくつかはよく知られた類型に属している（図6）。

ヴェロニカを見ている者たちの経験を表現するにあたって、クザーヌスはプリニウスが「見る者を――その者がどこから見ていようとも――いつも見ている（spectantem spectans, qualcumque aspiceretur）ミネルウァ」に触れている箇所を取りあげ直して修正をほどこしたにちがいないのである。視覚芸術に（さきに引用したくだりから分かるように）強い関心を示していた教養ある読者なら、プリニウスの例の一節のことを知っていた、というのはありうることだとおもわれる。[36] クザーヌスがすべてを見ている射手――これもまた広く流布していたもうひとつの類型である（図7）――に触れているのも、ことによると雷をつかんでいるアレクサンドロス大王の絵にかんするプリニウスの一節への暗々裡の言及を含意していたのかもしれない。[37] もちろん、ニュルンベルクの射手とプリニウスの一節との結びつきははるかに蓋然性が少なかったことだろう。しかし、その種の連関はわたしたちのもとにまで届いている一枚の有名な絵の場合には想定してみることができるのである。アントネッ

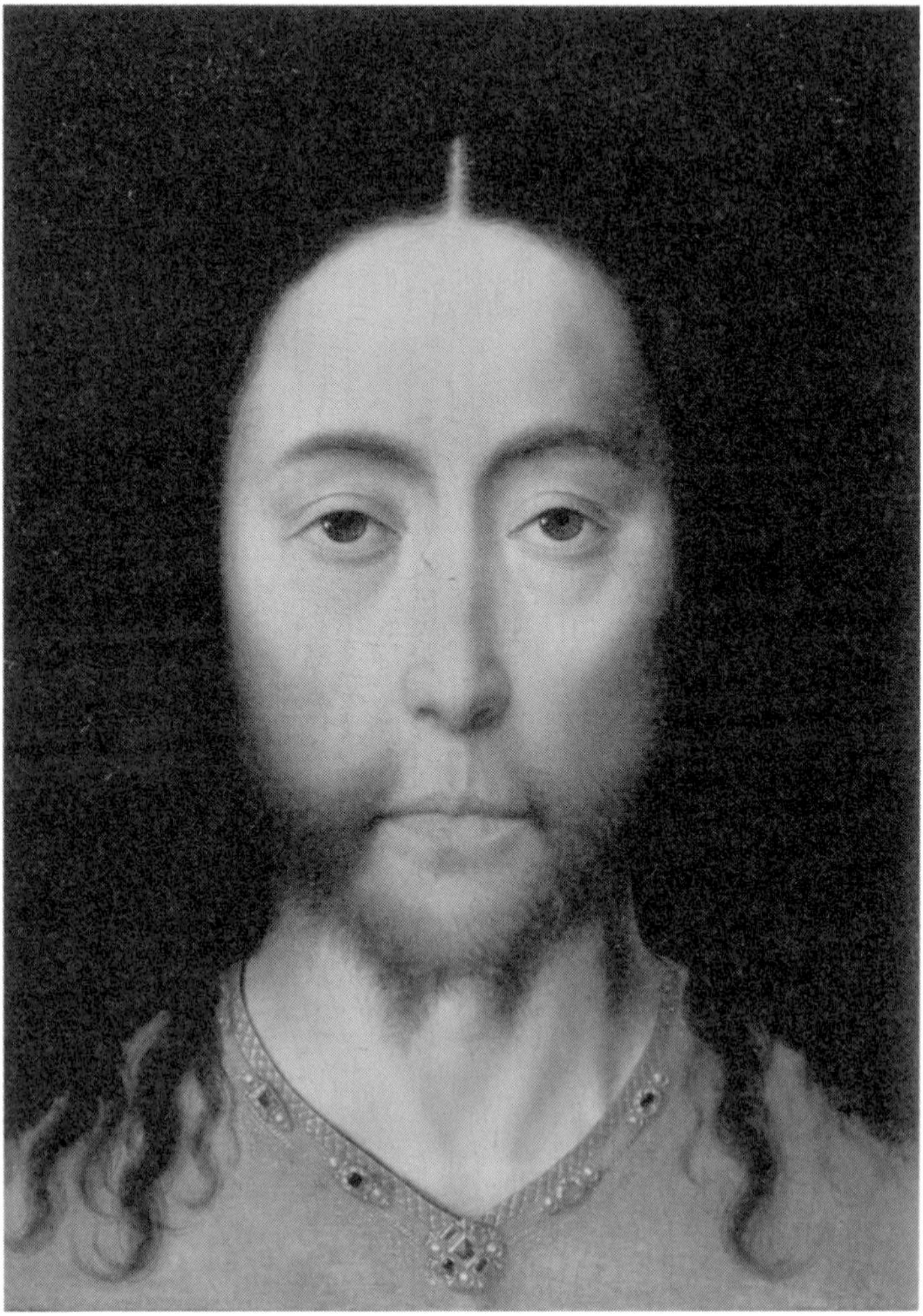

図6　ディルク・ボウツ《救世主キリスト》 パネル板に油彩　1475年頃
ボイマンス・ファン・ベーニンゲン美術館，ロッテルダム

図 7　画家不詳《射手》 灰茶色の淡彩にペンとウォッシュ　1430 年頃
エアランゲン＝ニュルンベルク大学図書館

ロ・ダ・メッシーナの《祝福するキリスト》がそれである。アントネッロは、ひとつの神々しいイコノグラフィー上の類型、いわゆるサルウァートル・ムンディ（Salvator Mundi）〔救世主〕、すなわち、「見る者を——その者がどこから見ていようとも——いつも見ている」人物から出発する。そして無数のイコンによって表象された祝福の仕草を提示してみせるのである（口絵・図8、図9）。

ペトルス・クリストゥスやハンス・メムリンク（口絵・図10）などの同時代のフランドル派の画家たちの作品に深い関心を寄せていたアントネッロは、最初のころは伝統的なイコノグラフィーに従っていた。しかし、のちには大胆で独創的な短縮法を導入して、キリストの祝福する手に修正をほどこす。このドラマティックなペンティメント〔変更〕については多くのことが書かれてきた。わたしは、アントネッロはゼウスとして描かれたアレクサンドロス大王にかんするプリニウスの一節——「指は表面から浮き出していて、雷は画面の外に跳び出しているように見える（digiti eminere videntur et fulmen extra tabulam esse）」——から着想を得たのではないか、と考えている。プリニウスの『博物誌』は一四六九年にラテン語で出版されている。イタリア語訳は一四七六年、ヴェネツィアで、フランス人印刷業者ニコラス・ジャンソンの手によって出た[38]。この異例の編集企画は——どの版本もフォリオ判でほぼ千頁にのぼる——疑いもなく長期にわたる準備を要したことだろう。クリストーフォロ・ランディーノのイタリア語訳には、シチリアからヴェネツィアに着いたばかりのアントネッロが彼の絵に手直しをほどこして署名した一四七五年には、まだ目を通していなかったとみてまず間違いはないだろう[39]。

「指は表面から浮き出していて、雷は画面の外に跳び出しているように見える」。この決定的な文言は――たとえばルドヴィーコ・ドルチェの絵画にかんする対話（一五五七年）のなかで――短縮法にかんするロクス・クラッシクス（locus classicus）、最も権威あるテクストとみなされるにいたった。[40] プリニウスは、どのようにすればかくも印象的な効果を獲得することができるのかについて、もろもろの具体的な示唆をあたえてはいなかった。こうして彼の簡潔な記述は、失われた伝統のひとつの断片を再創造することによって（あるいは新たに発明することによって）絵画的な錯覚をつくり出そうと苦心していた者たちにとって、ひとつの挑戦を構成することとなった。ここに短縮法が人気を博するようになった原因がある。[41] この分野において決定的な影響力を行使したのは、いうまでもなくミケランジェロだった。《太陽と月の創造》（口絵・図11）やシスティーナ礼拝堂のそれ以外のフレスコ画で、突き出した指、ジェスチャーたっぷりの手、そして大胆な短縮法は、その天井図に描かれている天地創造にまつわるもろもろの空間的ならびに物語的な関係を強調している。[42] 神の尊大な仕草の背後に画家の仕草が垣間見られる。これは、芸術は神的な創造行為であるとする新プラトン主義的観念によって鼓舞された、ほとんど見え見えのアナロジーである。[43]

今日大英博物館に保管されている素晴らしい素描画で、偉大なマニエリズム画家のポントルモは、ミケランジェロの観念を非物語的なコンテクストに移し換えて表現した（図12）。ここでは、突き出した腕は、鏡に映った自分を描く画家の図像とそれを見る者とのあいだに親密感を作り出している。[44] ほぼ一世紀後、カラヴァッジョは、ミケランジェロの神がアダムに生命をあたえるさいにおこなった仕

図 12　ヤコポ・ダ・ポントルモ《男の習作》
紙に赤チョーク　1522-1525 年　大英博物館，ロンドン

草を使って、まったく別の出来事を表現しようとした。神の子による聖マタイの召命がそれである[45]（口絵・図13）。

キッチナーの突き出た指は、カラヴァッジョの絵に描かれているイエスの水平方向の手の仕草の世俗化された短縮版と解釈することはできるのだろうか。どのつまり、どちらの場合にも、問題になっているのは呼びかけである。入隊への呼びかけと宗教的な呼びかけなのだ。しかし、二つの図像は形式的構造の観点からは大きく異なっており、連結するためにはさまざまの（おそらくは多数の）中間的な鎖を仮設する必要がある。いままでのところ、わたしはそれらの鎖を見つけ出すことに成功していない。暫定的な結論はつぎのようなものであるかもしれない。すなわち、キッチナー卿のポスターは、互いに異なるとともに絡まり合った二つの絵画的伝統——すべてを見ている正面から向き合った人物に立脚した伝統と、短縮されたかたちで指を突き出している人物に立脚した伝統——の所産であったというものである。

しかし、これらの絵画的装置は、それだけでは十分ではなかっただろう。キッチナー卿のポスターの生誕場所は、まったく新しい社会的および視覚的空間のうちに探し求められなければならない。日常的な広告言語の空間がそれである[46]。

6　ゴドフレイ・フィリップス・アンド・サンズ巻きたばこ会社のためのポスター（図14）は、『フィナンシャル・タイムズ』紙広告部門の責任者、ハワード・ブリッジウォーターの、一九一〇年に出版された『広告あるいは広く周知させる術――広告の諸原則についての簡単な解説』と題された小冊子のなかで、翻刻され称賛されている(47)。

「商業戦争は古代の戦争の最も高度の一形態にほかならないという確信にわたしは到達した」とブリッジウォーターはその小冊子のなかで書いている。「現代の戦争――すなわち商業――において競争に勝って成功を収めるためには、過去の人間たちを勝利へと導いていったのと同じ資質をもっている必要がある。すなわち、勇気、忍耐、苦境を切り抜ける術、そして最後に（しかし価値が最小という意味ではない）機知に富んでいることである」というのだ(48)。

技術的な装置も同様に重要であった。「遠近法を正しく評価し使用することによって、芸術家は実際には広大な区域に（おそらくは数千平方マイルに）またがって拡がっている風景をわずか二、三平方インチで描くことができる」とブリッジウォーターは書いている(49)。

短縮された指は遠近法のもつ価値を証明することもできたのだった。同じく攻撃的な「きみを（YOU）」もメッセージを強化することができた。「最近「きみを」に立脚した広告スタイルが多くの注目を集めてきた」とサミュエル・ローランド・ホールは『広告文を書く』（一九一五年）で書いている。「何人かの作者は、「きみ」という代名詞が自由に使われる手紙のようなかたちで読み手に宛てられた力強いコピーのスタイルをとることによって、注目を集め、良い成果を獲得することができた。「読者君、きみは」とか「きみはこれを必要としている」等々といったスタイルがそれである(50)」。

一九一四年九月五日号の『ロンドン・オピニオン』紙の第一頁には、アルフレッド・リートによっ

図 14　ゴドフレイ・フィリップス・アンド・サンズ巻きたばこ会社の宣伝ポスター　1910 年

て描かれたキッチナー卿の肖像画が「本紙はきみに一〇〇〇ポンドの保険をかける」および「きみの五十枚の写真が一シリングで得られる」という二つのメッセージに囲まれて掲載されていた。（商業的な意味での）的を射当てるために用いられたのと同じ技術が戦争を売るために用いられるようになったのだった。一九七一年、ヴェトナム戦争さなかの時期に設立された「戦争が間違っていないと信じないよう人々に説得するのを支援するための委員会（Commitee to Help Unsell the War）」が、図像と説明文のなかでキッチナー卿のメッセージを反転させて、「わたしは抜け出したい（I WANT OUT）」と記されている、たった一枚だけのポスター（口絵・図15）を印刷したことは想い起こすだけの価値がある。[51]

7　『ロンドン・オピニオン』紙に毎週出ていたアルフレッド・リートの素描画は、政治的問題に言及する場合でも、いつもユーモラスな性格を有していた。[52] そうしたなかで、キッチナーの肖像の重々しい調子は例外的なものだった。一九一四年十一月十四日には、リートは志願兵として入隊するのではなく『フットボール・スペシャル』紙を読んでいる若者にキッチナー卿が摑みかかっているところを描いた自分のポスターをおどけた調子で引用している。十二月二十六日には、ジョン・ハッサルのポスター「スケグネスはとても元気づけてくれる」（一九〇八年）を「かの有名なポスターに感謝を込めて」と添え書きして面白おかしく改作しながら、新兵募集キャンペーンに新たな貢献をしている。[53]

しかしその間、議会の新兵徴募委員会はアルフレッド・リートに『ロンドン・オピニオン』紙の表紙を有名にすることになった例のポスターに変更するよう要請していた[54]。この決定の理由については多くのことが書かれてきた。最近も、キッチナー卿のアメリカの片割れであるアンクル・サムが「見る者が一体になれる力強い権威を表象した人物」であったと主張する論者が登場している[55]。しかし、キッチナー卿のような権威ある人物と一体になるというようなことがそもそもありえただろうか。厳めしい眼差し、突き出した指、あたかも下から仰ぎ見ているような感覚にさせる遠近画法は、通常なら崇敬、位階的な距離、服従の感情を引き起こすことになったにちがいない。キッチナーについての回想記を少しばかりアイロニカルな調子で書き始めたオズバート・シットウェルのような批判的な観察者でさえも、最後にはほとんど宗教的な態度に横滑りしてしまっている。いってみれば、ポスターの古い原型に自ら順応してしまっているのである。

四角ばった堅固さでもって、［キッチナーは］まるで自分が神であるかのように、おそらくは少しばかり盛りを過ぎた風采で、しかしながら彼の地上での支配が明らかになるのを自信をもって期待しながら、そこに鎮座していた。……少しピントが外れた彼の眼差しはじっと前を見据えており、万事を見通す予知能力を所有しているかのようだった。……そして彼の像が、彼が創造し支えるのに貢献してきた帝国のさまざまな区域にもともと住んでいた人々によって樹立され、過去にローマの皇帝たちが崇拝されていたように崇拝されているイギリスの神の像のようであるのを、諸君は心の眼で見ることができるのだった。ほんの二、三か月のうちに、四方八方いたるところの掲示板に貼られた広大なポスターから、キッチナー卿が将来の展望を――ピントの合わせ方こそ不確実であったが――しっかりと認知できるだけのスペースをとって指さしており、下に「彼はきみを欲している！」というキャプションが付いているのを見て、わたしはしばしばあの四角ばった人物のことを想ったものだった。(56)

この帝国神秘主義はオズバート・シットウェルほどスノッブ的でない観察者たちによっても分かちもたれていた。そしてポスターの力は階級的区別には知らんふりを決めこんでいた。――これはヨーロッパの労働者たちが大敗北を喫するなかでのちっぽけな細部《ディテール》である。(57)

8　しかし、リートの選択した視覚装置はまったく別の方向に発展させることもできた。再度、アペレスによって描かれたアレクサンドロス大王にかんするプリニウスのくだり（三五・九二）――「指は表面から浮き出していて、雷は画面の外に跳び出しているように見える」――に立ち戻ろう。

これまでは浮き出しているように見える指だけを立ち止まって考察してきた。そして見る者に矢を放っているように見えるクザーヌスの論じた射手がプリニウスへの応答であったのかどうかを決定することはできないできた。アペレスはアレクサンドロス大王をゼウスとして描いた。雷は権力の属性であった。二十世紀の初頭には雷は弓の現代版であるひとつの武器、すなわち拳銃になった（図16）。

図 16　ポリュフォーン・ムージクヴェルケ社製タイプライターの宣伝ポスター
1908 年

「止まれ！　ポリュグラーフ社製のタイプライターは第一級のドイツ製品であると書いてある文章を読んでしまうまでは前に進んではならぬ」。こう叫んでいるのは、一九〇八年ごろライプツィヒのポリュフォーン・ムージクヴェルケ社によって製造されたタイプライターのための広告のなかでのモンテネグロの山賊である[58]。

ポスターの狙いは見る者の注意をかっさらって立ち止まらせることであった。ここでは、いうまでもなく、一体化のメカニズムは作動していない。モンテネグロの山賊が体現しているのは、権威ではなくて、ふざけてではあるが脅しである。『フィナンシャル・タイムズ』紙の広告部門の責任者が効果的なイラストレーションによって獲得される読者をつかまえる力の手本として称賛していたゴドフレイ・フィリップス・アンド・サンズ巻きたばこ会社のポスターは、もっと抑制されたメッセージを送りながら目標を達成していた[59]。しかし、二つのポスターはいずれも、それらが見られることになる、人々が群がっていて緊張し熱狂した都会の場面に見合った、視覚的に攻撃的な要素を体現していた。これに似た視覚的出来事が、ほとんど形而上学的な次元の上に投射されたものではありながらも、アビ・ヴァールブルクが一八九〇年八月二十七日にノートに書きつけた「芸術作品は見る者に向かって運動する敵意を含んだ何ものかと関係があるのではないかという仮説[60]」に示唆をあたえたということがなかったかどうか、問うてみてもよいだろう。五年後、リュミエール兄弟はフィルム『ラ・シオタ駅への列車の到着』を上映して観客を恐怖に落とし入れている。創成期の映画では、観客のほうに向かって走り寄ってくる登場人物たちの姿がしばしば出てくる[61]。キッチナー卿のポスターは同じ視覚装置を使って、D・W・グリフィスのクローズアップのような映画とその言語に慣れ親しんできた公衆に宛てて貼り出されたものだった。ヘレニズム時代の画家たちによって案出された視覚装置が二十世紀の生とその要請に適用されて成功を収めることとなったのである。しかし、ヴァールブルクがイタリア・ルネサンス期の芸術を分析するなかで理解するにいたったように、いくつかの場合には、古代の定型が伝達される過程でその意味を反転させることもありえたのだった。

このシンボル的転倒の不吉な一例は、一九四四年、ウクライナ占領中に制作されたドイツのポスター（口絵・図17）によって提供される。(62) このナチス・プロパガンダの戦慄すべき見本は、スターリンによる追放の犠牲者たちで一杯になっていた共同墓地が発掘された事件をユダヤ人とボリシェヴィキを絶滅するための煽動に変容させたものである。わたしたちが分析してきた視覚装置をつうじて、見る者はユダヤ人コミッサールの象徴的な脅威に直面させられ、ひいては文字どおり伝統的なやり方で——ポグロムによって復讐するよう促される。アレクサンドロス大王を描いたアペレスの失われた絵が制作されたさいに土台になった定式が、はるか遠方に——しかし反転したかたちで——垣間見られる。権威および正当な権力の擬人化は憎悪の標的に変容させられてしまっているのである。

9　この転倒はわたしたちをふたたび新兵募集のためのポスターによって引き起こされたさまざまな反応に連れ戻す。「国全体が」とあるキッチナーの伝記作家は書いている、「陸軍元帥の帽子を被り、催眠術にかけるような眼をして、口髭を逆立て、指を突き出した、〈ビッグ・ブラザー〉の役を演じるキッチナーを描き、「祖国は**きみ**を必要としている」というキャプションの付いたポスターで沈没しそうになっていた」と。(63)

「ビッグ・ブラザーの役を演じる」。このジョージ・オーウェルへの束の間の言及はもっと立ち入って検証してみる値打ちがある。『一九八四年』(一九四九年)の冒頭で読者は「屋内に展示するには大きすぎる色刷りのポスター」についての描写に出会う。「描かれているのは横幅が一メートル以上もあろうかという巨大な顔だけ。四十五歳ぐらいの男の顔で、豊かな黒い口髭をたくわえ、いかついが整った目鼻立ちをしている。……こちらがどう動いてもずっと眼が追いかけてくるように撮られた写真の一つだった。「**ビッグ・ブラザーがきみを見ている**」とポスターの下のキャプションにはあった」。(64)

のちにジョージ・オーウェルというペンネームを使うようになったエリック・ブレアーは、一九〇三年にインドで生まれた。そして一九〇七年に家族とともにイングランドに移住している。わたしたちがいま引いたくだりは、疑いもなく、一九一四年の秋にイングランド中に貼られたキッチナーのポスターについての幼少時代の記憶にもとづいている。一九一四年十月二日、十一歳のエリック・ブレアーは、自分の住んでいる土地の新聞に最初の作品を発表している。キッチナーのアピールをオウム返しに繰り返して終わっている愛国主義的な詩である。

目覚めよ、イングランドの若者たち、
なぜなら、きみたちの祖国が必要としているときに、

きみたちが何千となく入隊しないとしたなら、
きみたちは本当に臆病者だからだ。

二年後、ブレアーは、陸軍元帥の死を悼んだ「キッチナー」と題されたもう一篇の詩を発表している。[65]

『一九八四年』において〈ビッグ・ブラザー〉の像がポスターとしてもテレスクリーンとしても重要な役割を演じていることはあえて想い起こすまでもない。[66]ここまで述べてきたことに照らしてみるなら、さきほど引用した『一九八四年』の頁のうちに「見る者を――その者がどこから見ていようとも――いつも見ている」ミネルウァの像にかんするプリニウスの一節の遠く離れた（しかしはっきりした）反響を聴きとらないでいるわけにはいかない。直接的な反響だろうか、それとも間接的な反響だろうか。この問いに答えるためには、『一九八四年』のもうひとつのくだりを考慮に入れる必要がある。

新しいポスターが突然、ロンドン中に出現していた。なんのキャプションもなく、ただ一人のユーラシア兵の怪物じみた姿が描かれているだけだった。高さは三、四メートルもあり、無表情なモンゴル人種らしい顔をしていて、巨大な靴をはき、腰から小型軽機関銃をのぞかせて、大股でこちらに向かってくる。このポスターをどこから見ても、短縮画法によって拡大された銃口がまっすぐその人を狙っているようにみえた。これが壁という壁の空きスペースすべてに貼られていて、数の上では〈ビッグ・ブラザー〉の肖像画にも勝るほどだった。(67)

ここに登場するユーラシア兵は、疑いもなく、「アレクサンドロス大王が雷をつかんでいるところを」描いたアペレスの絵に由来する一連の像に付け加えられてしかるべきひとつの環である。オーウェルはプリニウスの一節を読んでいたのかもしれない。しかし、もっと興味深いもうひとつの可能性がある。すなわち、オーウェルは、〈ビッグ・ブラザー〉とユーラシア兵、すべてを見ている権威の像と脅威の攻撃的な像を並置することによって、もともとの人物、見ている者を見ている人物の強力な像のうちに存在していた、隠れた両極性を明るみに出したのではないか、という可能性がそれである。しかし、『一九八四年』の読者なら憶えているとおもうが、対ユーラシア戦争というのは演出された出来事である。キッチナーのポスターが実際の将軍の姿を消し去ってしまっていたように、テレビで見る戦争は本当の戦争よりもリアルである。〈ビッグ・ブラザー〉はたぶん実際には存在しない。それは名前であり、顔であり、スローガンであって、商標宣伝のポスターに似ている。『一九八四年』が執筆された年である一九四八年には、それは冷戦と結びついた本として読まれた。スターリンの恐怖政治に言及した箇所が諸処に出てくるのも自明のことと受け取られたのだった。それから半世紀以上経った現在、電子情報と心理的統制に立脚した独裁の記述は、なんの困難もなく、異なった、まったくありえないことではない現実に言及したものとして読むことができる。

10　キッチナー卿のポスターの痕跡をたどるなかで、わたしたちはエリック・ブレアーの幼少時代の記憶に到り着いた。ラファエル・サミュエルが消しがたい刻印を残した研究分野である記憶のもつ歴史的重要性についてはあえて力説するまでもない。記憶については、歴史はそれなしにはやっていけない。とりわけ、職業歴史家たちの仕事を人民の生活に接近させることを目標としている『ヒストリー・ワークショップ』のような雑誌にとってはそうである。この目標とわたしがめざしている目標は完全に一致する。しかし、歴史は――歴史を書くことは――記憶と一致するだろうか。サミュエルがこのテーゼを雄弁に主張してきたにもかかわらず、わたしはモーリス・アルブヴァクスの先蹤にならって記憶と歴史の相違を強調することにこだわってきた者たちにより近いと感じている。[68]ここで検討してきたケースは、この相違に光を投げかけるのに寄与することができる。キッチナー卿のポスターによって伝達されたもろもろの意識には上らないメッセージを解読するためには、わたしたちは批判的距離をとることを可能にしてくれる、遠く離れたところからの眼差しに訴えなければならなかった。疑いもなく、この態度は記憶から養分を摂取している。しかし、記憶とは別の方向に向かうのである。

わたしの解釈について批評したものとして、Simona Cerutti, “Microhistory: Social Relations versus Cultural Models?” in: *Between Sociology and History: Essays on Microhistory, Collective Action, and Nation-Bilding*, edited by Anna Maija Castrén, Markku Lonkila, Matti Peltonen（Helsinki: SKS, 2004）, pp. 17-40を見られたい。

アントニオ・ジベッリ（Antonio Gibelli）は“Un uomo col dito puntato. Una fonte iconografica,” in: *Prima lezione di metodo storico*, a cura di Sergio Luzzatto（Bari: Laterza, 2010）, pp. 123-141で、数か所の引用に加えて、「いくつかの解釈上の示唆と二枚〔正確には五枚〕の図像」にかんしてわたしの論考に負っている、と断言している。アカデミズムにおける悪習の歴史に関心のある者たちはこの負債の実体について自分たちで検証してみてもよいだろう。

キッチナーのポスターにもとづいて制作されたいくつかのポスターにかんしては、W. J. T. Mitchell, “Che cosa vogliamo le immagini?”（2005）in: *Teorie dell'immagine. Il dibattito contemporaneo*, a cura di Andrea Pinotti e Antonio Somaini（Milano: Cortina, 2009）, pp. 99-133〔W. J. T. Mitchell, “What Do Pictures Want?” in: *What Do Pictures Want?: The Lives and Loves of Images*（Chicago: University of Chicago Press, 2005）, pp. 28-56〕を見られたい。同論考はわたしの論考でとられているのとは歴然と異なる観点から書かれている（たぶん著者はわたしの論考のことを知らなかったのだろう）。

〔Antonio Susini e Walter Gasparini, "I WANT YOU. Storia e apiteosi del dito indice 'puntato contro'," *Charta. Antiquariato-Collezionismo-Mercato*, n. 24 (luglio-agosto 2015), pp. 48–52 も参照のこと〕。

これは二〇〇〇年十月ロンドンでおこなわれたラファエル・サミュエル記念講義の改訂版である。言語上の助言をしてくださったことにたいしてサミュエル・ギルバートに感謝する。

（1）Raphael Samuel, *Theatres of Memory, Volume 1: Past and Present Contemporary Culture* (London: Verso, 1994), p. 27.

（2）*Alfred Leete: A Woodspring Museum Publication*, exhibition catalogue (Weston-super-Mare: Woodspring Museum, 1985), p. 11. しかし、Edwin Sharpe Grew, *Field-Marshal Lord Kitchener: His Life and Work for the Empire*, 3 vols (London: Gresham, 1916)、とくに Vol. 3, pp. 209–221 の George Turnbull, "Chapter 9: Kitchener as a Parliamentarian" も見られたい。p. 221 には「キッチナーは人間ではなくポスターだった」とある。また、いまは亡きサー・アーサー・マーカムを記念して公正を期しておくならば、彼も同じことを言っていて「彼〔キッチナー〕は最良のポスターだった」と付け加えていたことを想起する必要がある。

（3）『タイムズ』紙一九一四年八月三日号のシャルル・ア・クール・レピントンの記事を参照。チャールズ・ゴードン将軍はハルツームの攻囲戦でマフディー教徒の軍勢によって虐殺されていた（一八八五年）。

（4）George Warrington Steevens, *With Kitchener to Khartum* (New York: Dodd, Mead & Co., 1898), cit. in: Harold Begbie, *Kitchener: Organizer of Victory* (Boston, MA: Houghton Mifflin, 1915), p. 45.

（5）Henry D. Davray, *Lord Kitchener: His Works and Prestige* (London: T. Fisher Unwin, 1917), pp. 34 ff. 〔同書は *L'oeuvre et le prestige de lord Kitchener* (Paris: Plon-Nouritt, 1917) の英訳である〕。

（6）Alfred Gollin, *The Impact of Air Power on the British People and their Government, 1909–14* (Stanford, CA:

Stanford University Press, 1989), p. 301.

（7） Davray, *Lord Kitchener* cit., p. 41 に引用されている。

（8） Philip Magnus, *Kitchener: Portrait of an Imperialist* (London: John Murray, 1958), p. 277.

（9） "Lord Haldane or Lord Kitchener?" *Times*, 5 August 1914. Dudley Sommer, *Haldane of Cloan: His Life and Times, 1856-1928* (London: Allen and Unwin, 1960), pp. 307-310 も見られたい。

（10） キッチナーは、正式に任命される前に、八月五日午後の参謀会議に出席していた。Victor Wallace Germains ("A Rifleman"), *The Truth about Kitchener* (London: John Lane The Bodely Head, 1925), p. 43.

（11） J. Lee Thompson, *Northcliffe: Press Bacon in Politics, 1865-1922* (London: John Murray, 2000), p. 224 ——「一部の筋ではノースクリッフの新聞の勝利と見られた決定」。Magnus, *Kitchener* cit., p. 277 ——「彼は陸軍大臣として入閣するよう召喚されるのを回避しようとして必死になっていた」。

（12） *Times*, 7 August 1914. 八月五日に出されたアピールを書いたのは自分だと主張しているエリック・フィールドは、キッチナーは彼の草稿を手直しし、最後に「キッチナー卿はきみを必要としている」という文章と「神は国王を救い給う」という文章を挿入したと述べている。Eric Field, *Advertising: The Forgotten Years* (London: Ernest Benn, 1959), pp. 28-29; illus. pp. 134-136. フィールドは八月十一日に出たアピールには言及しているが、その中間の八月七日に現われたヴァージョンについては述べていない。

（13） *5,000,000 Men*（アーサー・コナン・ドイルの署名入りのテクストが付いている）(England: Published Solely for the Benefit of the Lord Kitchener National Memorial Fund and the British Red Cross Fund, 1916)「キッチナーの部隊」については、Sir George Arthur, *Kitchener et la guerre (1914-1916)* (Paris: Payot & cie, 1921), p. 43 を見られたい。十分な資料的裏づけのある計算については、Peter Simkins, *Kitchener's Army: The Raising of the New Armies, 1914-1916* (Manchester: Manchester University Press, 1988), pp. 75, 169 et passim. を見られたい。

（14） Horace G. Groser, *Lord Kitchener: The Story of His Life*, revised ed.（T. P. O'Connor preface）(London: C. Arthur Pearson Ltd, 1914 [1901]), p. 145.

（15） Grew, *Field-Marshal Lord Kitchener* cit., Vol. 1, p. 11.

（16） Begbie, *Kitchener* cit., p. 99.

(17) Davray, *Lord Kitchener* cit., p. 34.

(18) Malcolm Brown, *The Imperial War Museum Book of the First World War: A Great Conflict Recalled in Previously Unpublished Letters, Diaries, Documents and Memoirs* (London: Sidgwick & Jackson, 1991), p. 42.

(19) これとは異なる見解については、Simkins, *Kitchener's Army* cit., pp. 79 ff. を見られたい。

(20) イタリアのポスター（一九一七年、アキッレ・ルチアーノ・モーザンによって制作された）と新生共和国軍のためのドイツのポスター（一九一九年、ユリウス・ウッシー・エンゲルハルトによって制作された）にかんしては、Peter Paret, Beth Irwin Lewis and Paul Paret, *Persuasive Images: Posters of War and Revolution from Hoover Archives* (Princeton, NJ: Princeton University Press, 1992), illus. 54 et 155 を見られたい。

(21) Margaret Timmers (ed.), *The Power of the Poster* (London: Victoria & Albert Museum, 1998), pp. 160 ff. ソヴィエト連邦のポスター（一九二〇年にドミトリー・ムーアによって制作され、一九四一年に同じ画家によって作り直された）にかんしては、Frank Kämpfer, "*Der rote Keil*". *Das politische Plakat, Theorie und Geschchte* (Berlin: Gerb. Mann, 1985), pp. 94-95 を見られたい。

(22) Simkins, *Kitchener's Army* cit., pp. 165 ff. に提示されている豊富な証拠を見られたい。

(23) Cf. Aby Warburg, *La rinascita del paganesimo antico. Contributi alla storia della cultura*, a cura di Gertrud Bing, traduzione italiana di Emma Cantimori (Firenze: Sansoni, 1966).

(24) Gertrud Bing, Introduzione a: Warburg, op. cit., pp. XXVI-XXVII〔Id., "A. M. Warburg," *Journal of the Warburg and Courtauld Institute*, 28 (1965), p. 310〕

(25) Ernst H. Gombrich, *Aby Warburg. An Intellectual Biography* (London: Warburg Institute, 1970), pp. 320-321〔E・H・ゴンブリッチ著、鈴木杜幾子訳『アビ・ヴァールブルク伝——ある知的生涯』（晶文社、一九八六年）、二七二—二七四頁〕

(26) Kurt Rathe, *Die Ausdrucksfunktion extrem verkürzter Figuren* (London: The Warburg Institute, 1938), p. 52. ラーテは Ludwig Volkmann, *Das Bewegungsproblem in der bildenden Kunst* (Esslingen: Neff, 1911), pp. 21 ff. から引用している（プリニウスへの言及はわたしが参照することができた第一版［ibid., 1908, p. 14］には見当たらない）。

(27) Plinio il Vecchio, *Storia delle arti antiche*, traduzione italiana di Silvio Ferri (Milano: Rizzoli, 2001), pp. 228-229

〔中野定雄・中野里美・中野美代訳『プリニウスの博物誌〔縮刷版第Ⅵ巻〕』（雄山閣、二〇一二年）、一四三二頁〕。Ranuccio Bianchi Bandinelli, "Fabullus," *Enciclopedia dell'arte antica*, vol. 3（1960）, pp. 566–567 も見られたい。

（28）Plinio il Vecchio, op. cit., pp. 206–209〔中野訳、一四二六頁〕

（29）Ibid., pp. 232–233〔中野訳、一四三三頁〕

（30）Cate Haste, *Keep the Home Fires Burning: Propaganda in the First World War*（London: Allen Lane, 1977）, p. 55 に引用されている。

（31）Sheila Stewart, *Lifting the Latch: A Life on the Land, Based on the life of Mont Abott of Enstone Oxforddshire*（Oxford: Oxford University Press, 1987）, pp. 73–74（この証言の所在を知らせてくださったアルン・ホーキンスに感謝する）。Simkins, *Kitchener's Army* cit., p. 72 に引用されている F. L. Goldthorpe の未公刊の回想記も見られたい——「貼られているビラを見るたびにキッチナーの責め立てるような指がぼくを突き刺した。そしてドイツ軍がいかに暴虐非道でベルギーが痛めつけられているかという話が毎日ぼくの耳に入り込んできた。これらの多くのせき立てる声が組み合わさって、ぼくを十一月十五日、ぼくの住んでいる区域の教練場のホールに送り込んだのではなかったかとおもっている。ぼくはそのとき十七歳と半年だった」。

（32）Davray, *Lord Kitchener* cit., p. 55. Ernst H. Gombrich, *Art and Illusion: A Study in the Psychology of Pictorial Representation*（London: Phaidon, 1960）, pp. 96–97〔E・H・ゴンブリッチ著、瀬戸慶久訳『芸術と幻影——絵画的表現の心理学的研究』（岩崎美術社、一九七九年）、一六七—一六八頁〕も見られたい。

（33）Nicolaus Cusanus, *Opera*, vol. 1（Paris: 1514; Frankfurt am Main: Minerva, 1962 [facsimile reprint]）, fol. XCIX〔クザーヌス著、八巻和彦訳『神を観ることについて他二篇』（岩波書店、二〇〇一年）、一一—一五四頁〕。Erwin Panofsky, "Facies illa Rogeri maximi pictoris," in: Kurt Weitzmann（ed.）, *Late Classical and Mediaeval Studies in Honor of Albert Matthias Friend*（Princeton, NJ: Princeton University Press, 1955）, pp. 392–400 も見られたい。

（34）ここでは Panofsky, "Facies illa Rogeri" cit. の解釈に従う。Hans Kauffmann, "Ein Selbstporträt Rogers van der Weyden auf den Berner Trajansteppichen," *Repertrium für Kunstwissenschaft*, XXXIX（1916）, pp. 15–30; Hermann Beenken, "Figura cuncta videns," *Kunstchronik*, IV（1951）, pp. 266–269; Alfred Neumeyer, *Der Blick aus dem Bilde*（Berlin: Gebr. Mann, 1964）, pp. 40 ff. も参照のこと。

(35) Nicolaus Cusanus, *Opera*, vol. 1, fol. XCIXr ── "et quisque vestrum experientur ex quocunque loco eandem inspexerit, se quasi solum per eam videri"〔八巻訳、一四頁〕

(36) Maurizio Bettini, "Tra Plinio e Sant'Agostino: Petrarca e le arti figurative," in: *Memoria dell'antico nell'arte italiana*, vol. 2, a cura di Salvatore Settis (Torino: Einaudi, 1984), pp. 221–267.

(37) アンドレーア・デ・マルキは親切にも、矢を見る者に向けている射手を描いた、サイベーネ・コレクションにあった絵（たぶん十七―十八世紀にヴェネツィアで制作されたとおもわれる）の写真をわたしに見せてくれた。

(38) Plinio, *Historia naturale*, tradotto in Italiano da Cristoforo Landino (Venezia: Nicolas Jenson, 1476) ── "Pare che le dita sieno rilevate et el fulgore sia fuori della tavola....."

(39) キリストの手に手直しがほどこされたあとに制作されていることがレントゲン写真からわかる、だまし絵ふうに描かれたカードには、"millesimo quatricentessimo sextage / simo quinto VXXXa indi Antonellus / Messaneus me pinxit"（一四六五年、インディクティオ第八年、アントネッロ・ダ・メッシーナがわたしを描いた）とある。イエスの誕生年にもとづく日付――一四六五年――は、インディクティオ（エジプトで考案された十五年紀）にもとづく日付と符合しない。この場合には一四六〇年ないし一四七五年になるはずである。研究者たちはこの矛盾をさまざまな仕方で解決しようとしてきた。ジョヴァンニ・プレヴィターリは、説得力のある論拠を挙げて、一四七五年がアントネッロの画風の展開によりよく対応していると主張している。Cf. Giovanni Previtali, "Da Antonello da Messina a Jacopo di Antonello. 1. La data del 'Cristo benedicente' della National Gallery di Londra," *Prospettiva*, 20 (1980), pp. 27–34. Fiorella Sricchia Santoro, *Antonello e l'Europa* (Milano: Jaca Books, 1986), pp. 106, 162 も見られたい。

(40) Lodovico Dolce, *Dialogo della pittura...intitolato l'Aretino* (Venezia: Giolito, 1557), c. 37r（ランディーのイタリア語訳を引用している）。プリニウスのくだりは Ernst H. Gombrich, *The Heritage of Apelles: Studies in the Art of the Renaissance* (Oxford: Phaidon, 1976), p. 16 において異なった観点のもとで言及されている。

(41) Ernst H. Gombrich, "Te Leaven of Criticism in Renaissance Art," in: Charles Southward Singleton (ed.), *Art, Science and Literature in the Renaissance* (Baltimore, MD: Johns Hopkins Press), pp. 3–42 (reprinted in *The Heritage of Apelles* cit., pp. 111–131).

(42) ミケランジェロの《太陽と月の創造》は J. J. Tikkanen, *Studien über den Ausdruck in der Kunst, I: Zwei Gebärden*

mit dem Zeigefinger (Helnsigfors: Druckerei der Finnischen Literaturgesellschaft, 1913), p. 77, illus. 108 において複写されている。「芸術的表現のモティーフとしての指し示すこと」と見出しされた章（pp. 44-98）は予備的ではあるが今日でも貴重なサーヴェイを提供している。

(43) システィーナ礼拝堂の天井画についてのミケランジェロのソネットにかんしては、Irving Lavin, "Bernini and the Art of Social Satire," in: *Drawings by Gian Lorenzo Bernini, from the Museum Der Bildenkunste, Leipzig, German Democratic Republic: Exhibition and Catalogue* (Princeton, NJ: Art Museum, Princeton University, 1981), pp. 26-64、とくに p. 34 を見られたい（しかしわたしの結論はラヴィンのとは異なる）。

(44) Janet Cox-Rearick, *The Drawings of Pontormo*, vol. 1 (Cambridge, MA: Harvard University Press, 1964), p. 247; Id., *The Drawings of Pontormo: A Catalogue Raisonné with Notes on the Paintings*, vol. 2 (New York: Hacker Art Books, 1981), illus. 241（一五二五年ごろ。様式的には《エマオの晩餐》に近い）.

(45) Irving Lavin, "Caravaggio's Calling of Saint Matthew: The Identity of the Protagonist," in: *Past-Present: Essays on Historicism in Art from Donatello to Picasso* (Berkeley: University of California Press, 1993), pp. 84—99（とくに p. 95）.

(46) Tikkanen, *Studien* cit., p. 44 は広告に突き出す指が登場することに（それ以上の指摘をすることがないままに）言及している。André Chastel, "L'art du geste à la Renaissance," in: *L'geste dans l'art* (Paris: Liana Levi, 2001), p. 39 は、十六世紀初頭の絵画において見る者を背後から見つめながら場面を指さしている人物と、見る者を直接見つめている現代のポスターを比較している。しかし、両者の仕草のあいだの相違は無視されてはならない。

(47) Howard Bridgewater, *Advertising: Or, the Art of Making known; a Simple Exposition of the Principles of Advertising* (London: I. Pitman & Sons, 1910), p. 15.

(48) Ibid., pp. 1-2.

(49) Ibid., p. 30.

(50) Samuel Roland Hall, *Writing an Advertisement: An Analysis of the Methods and the Mental Processes that Play a Part in the Writing of Successful Advertising* (Boston, MA: Houghton Mifflin, 1915), pp. 114-115.

(51) *The Power of the Poster* cit., pp. 160 ff.

(52) Alfred Leete, *Schmidt the Spy and His Message to Berlin* (London: Duckworth & Co., 1916); Id., *The Work of a Pictorial Comedian* (London: Press Art School, 1936)（未見。大英図書館にあったコピーは戦争中に破壊されてしまった）。*Alfred Leete. A Woodspring Museum Publication*, exhibition catalogue を参照のこと。

(53) スケグニスは大西洋岸にある避暑地である。ハッサルのポスターは *The Power of the Poster* cit., p. 181 に複写されている。ユーモラスなポスターにかんしては、W. S. Rogers, "The Modern Poster: Its Essentials and Significance," *London Journal of the Royal Society of Arts*, 62 (3192) (23 January 1914), pp. 186-195 も見られたい――「「とても元気づけてくれる」という表題をもつハッサルのスケグニス・ポスターはなかでも代表的なものであって、一度見たらけっして忘れられない」(p. 189)。この記事は *L'affiche anglaise: les années 90* (Paris: Musée des Arts Décoratifs, 1972) に収録されている。

(54) ポスターの原寸は75×50㎝。

(55) Ruth Walton, "Four in Focus," in: *The Power of the Poster* cit., p. 164.

(56) Osbert Sitwell, *Left Hand, Right Hand!* vol. 3: *Great Morning* (London: Macmilllan, 1948), p. 264 (Magnus, *Kitchener* cit., pp. 276-277 に引用されている)。

(57) 社会主義者のプロパガンダ文書は折あるごとに陰に陽にキッチナーのポスターに言及していた。J. M. Winter, *Socialism and the Challenge of War: Ideas and Politics in Britain 1912-1918* (London: Routledge & Kegan Paul, 1974), tav. 9 (pp. 119-129) に再録されている『ヘラルド』紙一九一五年二月二十日号の時事漫画を見られたい（「国王と祖国はきみを必要としている！　思いとどまれ！」）。もうひとつの見本を親切にもアンドレ・デロールがわたしに見せてくれた。それはフランス社会党が一九三六年の選挙で利用したニヴェールによって制作されたポスターで、一人の労働者が脅すように指さして「すぐに恨みを晴らしてやる」と言っているところが描かれていた。

(58) Rathe, *Ausdrucksfunktion* cit, p. 55, nota 39も、Frank Kämpfer, *Propaganda: Politische Bilder im 20. Jahrhundert* (Hamburg: Kämpfer, 1997), pp. 78-80 も、ポリュフォーン・ムージクヴェルケ社のポスターをヴィーンヌイツャ・ポスター（**口絵・図17**）の先駆けであるとしている。

(59) Bridgewater, *Advertising* cit., p. 15.

(60) Gombrich, *Aby Warburg* cit., p. 80〔鈴木訳、九八頁〕。ヴァールブルクは、ゴンブリッチが指摘しているように、彼に大きなインパクトをあたえた一冊の本、Tito Vignoli, *Mito e scienza*（Milano: Dumolard, 1879）のうちに見いだした観念を錬成しなおしている。

（61） Jonathan Auerbach, "Chasing Film Narative: Repetition, Recursion, and the Body in Early Cinema," *Critical Inquiry*, XXVI, 4（Summer 2000）, pp. 798-820.

（62） F. Kämpferは、前掲*Propaganda*のなかで、*The Tragedy of Vinnytsia: Materials on Stalin's Policy of Extermination in Ukraine During the Great Purge (1936-1938)*, edited by Ihor Kamenetsky（Tronto: Ukrainian Histiorical Association in cooperation with Bahriany Foundation and Ukranian Research and Documentation Center, 1989）に言及している。

（63） Magnus, *Kitchener* cit., p. 288.

（64） George Orwell, *Nineteen Eighty-Four*（Harmondsworth: Penguin, 2000）, p. 3〔ジョージ・オーウェル著、高橋和久訳『一九八四年［新訳版］』（早川書房、二〇〇九年）、七一八頁〕

（65） George Orwell, *The Complete Works of George Orwell*, vol. 10: *A Kind of Compulsion, 1903-1936*, edited by Peter Hobley Davidson（London: Secker & Warburg, 1998）, p. 20. Jeffrey Myers, *Orwell: Wintry Conscience of a Generation*（New York: W. W. Norton, 2000）, p. 23 は、最初の詩をキッチナーのポスターに結びつけている（しかし『一九八四年』にではない）。

（66） *The Power of the Poster* cit., p. 240――「一九四〇年六月十四日、オーウェルはスペインで内戦中に見られたポスターに比肩しうる「ファシズムにたいする闘争を扱った一般的な種類のなんらのポスターも存在しないこと」について不満を述べた」。

（67） Orwell, *Nineteen Eighty-Four* cit., p. 156〔高橋訳、二三〇頁〕

（68） Samuel, *Theatres of Memory* cit., pp. ix-x; Maurice Halbwachs, *Les cadres sociaux de la mémoir*（Paris: Presses Universitaires de France, 1952［1925］）〔モーリス・アルブヴァクス著、鈴木智之訳『記憶の社会的枠組み』（青弓社、二〇一八年）〕

第五試論　剣と電球――《ゲルニカ》読解のために

1　ある日、ハンガリー出身の写真家ブラッシャイがパブロ・ピカソに、どうして自分の作品に執拗に日付をつけるのか、と尋ねた。するとピカソはつぎのように答えた。

どうしてぼくはなんにでも日付をつけるのだとおもう。それは芸術家の作品を知るだけでは十分ではないからだよ。いつ、なぜ、どのように、どんな環境の下で制作したのかを知ることも必要なんだ。……いつの日か、創造活動にたずさわる者の研究をつうじて人間一般についてもっと多くを学ぼうとする科学が疑いもなく存在するようになるだろう。それは人間の科学と呼んでもよいのかもしれない。ぼくはしばしばそのような科学のことを考えている。そして後代のためにできるだけ完璧な記録資料を残しておきたいとおもっている。これがぼくがなんにでも日付をつける理由なのだ……。(1)

この会話がおこなわれたのは、ブラッシャイによると、一九四三年十二月六日だったという。ピカソが《ゲルニカ》（図1）を描きあげてから六年以上もあとのことである。ピカソの作品のうちでだけでなく、おそらくは西洋美術史全体のなかでも、制作の時期と過程が最もよく実証されている絵である。(2)

その起源と進展にかんする日付のついた証拠の異例の量からして、《ゲルニカ》はピカソが提起していた「いつ、なぜ、どのように、どんな環境の下で」この作品が制作されたのかという問題に答えようとするにあたっての理想的なケースをなしている。(3) 民間人への大量爆撃――現代の戦争によって導入されたこの新しい出来事――についての最初の表象のひとつにどのようにして到達したのかがわかれば、ピカソの驚くべき指摘、すなわち、「創造活動にたずさわる者」にかんする研究は「人間一般」をよりよく理解する助けになりうるという指摘に光を投げかけてくれるだろう。(4)

2

政治的な環境から始めよう。《ゲルニカ》は最初、一九三七年、パリの「現代生活に応用された美術ならびに技術の万国博覧会」に出展された。(5) 万国博覧会の場面はドイツ館とソ連館によって支配されていた。セーヌ川左岸〔西岸〕に互いに向き合いながらシャイヨー宮殿からエッフェル塔にいたる軸線に沿って建設された二つの巨大な建築物である。(6) ドイツ政府によって出版された公式の冊子は、両館を「二つの世界観（zwei Weltanschauungen）」と定義していた（図2）。(7)

しかし、一九三七年には、二つの体制間のイデオロギー的競争は政治的・軍事的な衝突に変容して

図2　ハインリヒ・ホフマン《二つの建造物、二つの世界観》 写真　1937年
バイエルン州立図書館，ミュンヘン

いた。ほぼ一年間、ソヴィエト連邦と国際義勇軍そして間接的にはフランス政府とメキシコ政府に支援されたスペイン共和国政府は、ナチス・ドイツとファシスト・イタリアの支援を受けたフランシスコ・フランコの率いる反乱軍と戦ってきた。スペイン館に展示されたピカソの壁画は、内戦のあるひとつの流血の惨事を追悼したものだった。一九三七年四月二十六日に起きた、ドイツの空爆部隊――有名なコンドル軍団――と一部のイタリア空軍による、バスク地方の小さな町ゲルニカの空爆である。町は破壊されつくし、犠牲者の数はほぼ二千人に上った。

3　ピカソの壁画は二十世紀の想像力に深い刻印を残してきた。《ゲルニカ》は広く一般にはひとつの反ファシズム宣言であるとみ

図 1　パブロ・ピカソ《ゲルニカ》 キャンヴァスに油彩　1937 年
ソフィア王妃芸術センター，マドリード

なされている。政治的なメッセージを伝達することに成功した偉大な芸術作品のまれな見本であるというわけである。しかし、《ゲルニカ》のメッセージは本当にそれほど明白なものなのだろうか。

美術史家のオットー・K・ヴェルクマイスターは、「一九三七年パリ万国博覧会における美術の政治的対決」と題された論考〔一九八四年〕において、モダニズム――自由民主主義諸国の美術――をナチス・ドイツやソヴィエト連邦のような全体主義体制によって好まれている冷たい古典主義に対置している。ヴェルクマイスターによると、「ピカソの壁画が展示されているスペイン館」もこの対立図式のうちに組み込むことができるという。「ひとつの熟慮したうえでのアンチテーゼ、それぞれの国（countries）で現代美術を迫害してきた体制（regimes）への現代美術をとおしての挑戦というかたちによって表現された政治的自由の主張」であるというのだ。「体制」も「国」も複数形であることに注意すべきだろう。ヴェルクマイスターは《ゲルニカ》のうちに現代世界における現代美術の権利主張を見てとっているのである。自分の作品によってピカソはファシズムだけでなく、全体主義一般を、すなわち、直接・間接にスペインで衝突していたドイツとソヴィエト連邦の双方を攻撃しようと意図していた。そしてピカソの反対は、自由民主主義、すなわち、現代美術にたいして公然とは敵対的でなかった唯一の政治体制の名においてなされた。「ピカソの壁画は、いかなる政府当局による指導もなしに、また大衆に理解されるかどうかということへのいかなる外見上の関心もなしになされた、自由で個人的な言明としての現代美術の見本である」。論考の最後でヴェルクマイスターはこのコメントをふたたび繰り返して、ピカソのエリート主義的態度と称される面を強調している。

《ゲルニカ》は現代美術が自由と民主主義に本質的に関与していることの証人としての役割を演じるにいたった。これは現代美術が自由な意見の曖昧な伝達手段として推進され始めた瞬間であった。(8)

ヴェルクマイスターのコメントは、異なった見方のもとにおいてではあるが、アンソニー・ブラントが半世紀前、『スペクテイター』紙一九三七年八月六日号に載った国際万国博覧会にかんする記事のなかで下していた判断を引き取ったものだった。「ピカソがゲルニカを追悼してスペイン人民に献げた、スペイン館に展示されている大きな壁画」に言及したのち、ブラントは書いている。

身ぶりはみごとであり、有益でもある。著名なスペインの知識人が彼の政府の大義に賛同していることを示しているからである。しかし絵には失望させられる。基本的に、それはピカソの闘牛シーンに似た絵である。ここに見られるのは、公的な喪の行為ではなく、私的な精神錯乱の表現であって、ピカソがゲルニカの政治的意義を認識していたといういかなる証拠もあたえてはくれない。スペイン人民はピカソの支持に感謝するだろうが、絵によって慰められることはないだろう。(9)

《ゲルニカ》のその後の受容のされ方に照らしてみた場合には、この若い非妥協的なマルクス主義美術史家によってなされた、その絵が政治的重要性をもつことの却下は、ほとんどばかげて見える（後年ブラントは絵の芸術的および政治的価値についての彼の考えを全面的に変更した）[10]。しかし、《ゲルニカ》の成功は、絵をイコンに変えてしまうことによって、その意味を不分明にしてきた、と異議を唱える者がいるのではないだろうか。今日では《ゲルニカ》によって引き起こされたショックは部分的に解消されている。ブラントの辛辣な判断――「ここに見られるのは、公的な喪の行為ではなく、私的な精神錯乱の表現である」――と、壁画のうちに「大衆に理解されるかどうかということへのいかなる外見上の関心もなしになされた、自由で個人的な言明」を見るヴェルクマイスターの距離を置いた特徴づけとの対照がそのことを証明している。絵の引き起こした当初のショックを再構築するためには、《ゲルニカ》が最初に展示されたさいのコンテクストを検討してみる必要がある。

4

『スペクテイター』紙に出た記事のなかで、ブラントは万国博覧会が始まった日も用意のできていた唯一の館は全体主義国家――イタリア、ドイツ、ソヴィエト連邦――の館であったと記していた[11]。三つの館はすべて古典主義的な建築言語を使用していた[12]。しかし、その言語使用にはさまざまな選択の余地があり、相異なるイデオロギー的含意が込められていた。ドイツ館の場合には、相対的に静態的で、キュビスム的で、かぎ十字章を鉤爪で摑んでいる大きな鷲の彫刻を頂上に戴いていて、「第二のシンケル〔十八世紀ドイツの新古典主義建築を代表する建築家〕になる」ことを夢見ていたアルベルト・シュペーアは、ミュンヘンの永遠の衛兵《エーヴィゲ・ヴァッヘ》神殿群の語彙に似た、そしてヒトラーの愛好するドーリア様式から着想を得た、厳粛で威風堂々とした語彙を使った（図3、4）[13]。広範囲に及ぶ教養層にとっては、ドーリア社会はずっと以前から規律と位階と戦争にもとづく社会のエンブレムであった。ゴットフリード・ベンは、一九三四年、有名な論考のなかで、ドーリア様式をナチス体制のための冷え冷えとしたアレゴリー〔寓喩〕（およびアポロジー〔弁護〕）として使っていた[14]。

　これとは異なり正反対ですらある特徴が、ボリス・イオファンが最小限にまで還元された古典主義的言語を用いて定式化された動態的で上昇していく構造にしたがって建設したソ連館には見てとられた。それはヴェラ・ムーヒナの高さ二五メートルほどもある彫刻《労働者とコルホーズの女性》（図5）において頂点に達する。古代アテナイで崇拝されていた、僭主を暗殺した二人の英雄ハルモディオスとアリストゲイトンの影像（図6）のしぐさを真似した姿は、労働者と農民の同盟に基礎を置いたソヴィエト体制は階級とジェンダーの差別を克服してギリシア民主主義の伝統を完成にまで導いていったことを示唆していた[15]。

　ドイツ館に向かい合うかたちでセーヌ川の右岸に建設された、マルチェッロ・ピアチェンティーニの設計になるイタリア館は、ラテン語に力点を置いた古典主義の言語を語っており、古代ローマとルネサンスとモダニズム運動を同時に反響させた要素を混ぜ合わせていた。入り口の左に置かれた台座の上にはジョルジョ・ゴーリの制作した《ファシズモの天才》と題された高さ八メートルの影像がそびえ立っていた。これは、ドナテッロがマルクス・アウレリウスの騎馬像（紀元二世紀）から着想を

図3　ハインリヒ・ホフマン
《永遠の衛兵》
写真　1935年
バイエルン州立図書館，
ミュンヘン

図4　同《ドイツ館の模型を前にしたアドルフ・ヒトラーとアルベルト・シュペーア》
写真　1937年　同

左／図5　ヴェラ・ムーヒナ《労働者とコルホーズの女性》 ステンレス鋼　1937年
右／図6　《ハルモディオスとアリストゲイトン》
ギリシア時代の青銅像（紀元前480-470年頃）からのローマ時代の模像（紀元2世紀前半）
大理石　ナポリ国立博物館

得てパドヴァのサント広場のために制作したブロンズの騎馬像、《ガッタメラータ騎馬像》（一四四七年）の、迫力に欠ける模倣である。[16]

いま述べた三つの館は一九三七年五月二十四日までに完成していた。スペイン館――機能主義建築の優雅で控え目な見本――は七月十二日に落成式を執りおこなっている。[17] 当初、館の装飾へのピカソの貢献はどちらかといえばさほど高いものとは考えられていなかったにちがいない。かなり以前に用意されたのではないかと推測される万国博覧会の公式カタログのスペイン館に割かれた記事は、ピカソの名をホアン・ミロとアルベルト・サンチェス・ペレスと並んで「芸術家の協力者」として挙げているが、ただし、それは「外部に設置される彫刻」のための協力者としてでしかなかった。じじつ、ピカソの二つの作品は館の外部に展示されていた。《シニョンを付けた女性の頭部》（石膏像、一九三二年　アンティーブ、ピカソ美術館）は正面の左側、西方に設置されており、《瓶を持った女性》（石膏像、一九三三年　アンティーブ、ピカソ美術館）は南方、ポーランド館の脇に設置されていた。またスペイン館の三階には別の二つの頭部の石膏像とブロンズ製の小さな裸体像が配置されていた。[18]

しかし、スペイン当局はもっと目立つ参加を求めていた。一九三七年初め、ピカソは館内に飾られる予定の壁画を描くことを受諾し、十五万フランという法外な額の金を受け取る（この件は彼の死後になってはじめて知られるところとなった）[19]。スペイン館の主要な設計者であった建築家のホセ・ルイ・セルトは、こう回想している。

ある日、絵を描く予定の壁の寸法がわたしたちにあたえられ、この件についてピカソと話し合った。壁画が館の幅全体を覆い尽くすことはないだろう、とピカソは言った。天井までの高さは低く、絵には一定の釣り合いを維持する必要があるというのだった。彼は完成させると約束したが、約束を守ってくれるかどうか、最後の瞬間までわからなかった。ピカソは、彼の絵を秘密にしていたように、自分の計画もいつも秘密にしておきたいとおもっていたのだった。[20]

セルトは、ここで言及されている「絵」はいうまでもなく《ゲルニカ》であった、と考えている。しかし、当時彼が描いた十二枚のデッサンは、壁画のテーマがもともとは別のもの、すなわち画家とモデルの予定であったことを示している（図7）。デッサンが長方形をしていて、縦と横の釣り合いが《ゲルニカ》のそれに近いのは、疑いもなく、セルトの説明と両立する。

画家とモデルは「政治とはまったく無縁なテーマ」だと言った研究者がいる。[21]しかし実際には、過去には画家のアトリエは外部の世界、ひいては政治の世界にも開かれた、象徴的な空間だった。ギュスターヴ・クールベの有名であると同時に外部から隠されてもいる大きな《画家のアトリエ》（一八五五年　パリ、オルセー美術館）のことを考えてみれば十分である。[22]ピカソは、やろうと思えば、画家とモデルというテーマをそのような外部に開かれた方向に発展させることもできたのかもしれない。それとも、アトリエの自己省察的な閉じた次元を強調することもできたのかもしれない。こちらのほうは万国博覧会の最も重要な館の大言壮語への一種の沈黙の挑戦である。どちらであったのかはけっ

図7　パブロ・ピカソ《アトリエ——画家とモデル》（XI）
　　青い紙に鉛筆　1937年4月10日　ピカソ美術館，パリ
図8　同《ゲルニカの習作》（I）
　　青い紙に鉛筆　1937年5月1日　ソフィア王妃芸術センター，マドリード

してわからないだろう。四月二十八日、パリの新聞は二日前に起きたゲルニカの空爆についてのニュースを報じていた。五月一日、ピカソは《ゲルニカ》の最初のアイデアを一枚の紙の上に走り書きする（図8）。

5　《習作——画家とモデル》

《習作——画家とモデル》をテーマにしたデッサンと《ゲルニカ》のためのデッサンとの関係については何度となく議論されてきたが、それらは総じて内容に関心を集中した議論であった。[23]しかし、形式面の関係のほうがはるかに啓発的である。モデルを見ている画家のしぐさ（図7）は、明らかに、《ゲルニカ》のなかでランプを手にしている女性のしぐさ（図9）によって模写されており、一方、後者のしぐさは〔ピカソの恋人の写真家ドラ・マールが撮った〕仕事をしている画家〔ピカソ〕の姿（図10）を模写したものである。[24]

これらの比較対照は、古典考古学者オットー・J・ブレンデルによって、《ゲルニカ》についてこれまで書かれてきたもののうちでおそらく最良のものである論考のなかでなされているいくつかの考察によって、間接的に確認されている。ランプを手にしている女性は「作品全体を産出する観念のひとつ」であるとブレンデルは書いたうえで、それをカール・アインシュタインとともにピカソの「私的な神話学」と定義しうるものの、もっと古い他のいくつかの見本に結びつけている。[25]しかし、ランプを手にしている女性は、ブレンデルの引いている傍観者の女性（たとえば図11を参照）と比較してみるなら、さほど私的ではない領域に属するようにみえる。そしてこのことは女性の身ぶりの古典的起

図9　パブロ・ピカソ
《ゲルニカ》
部分

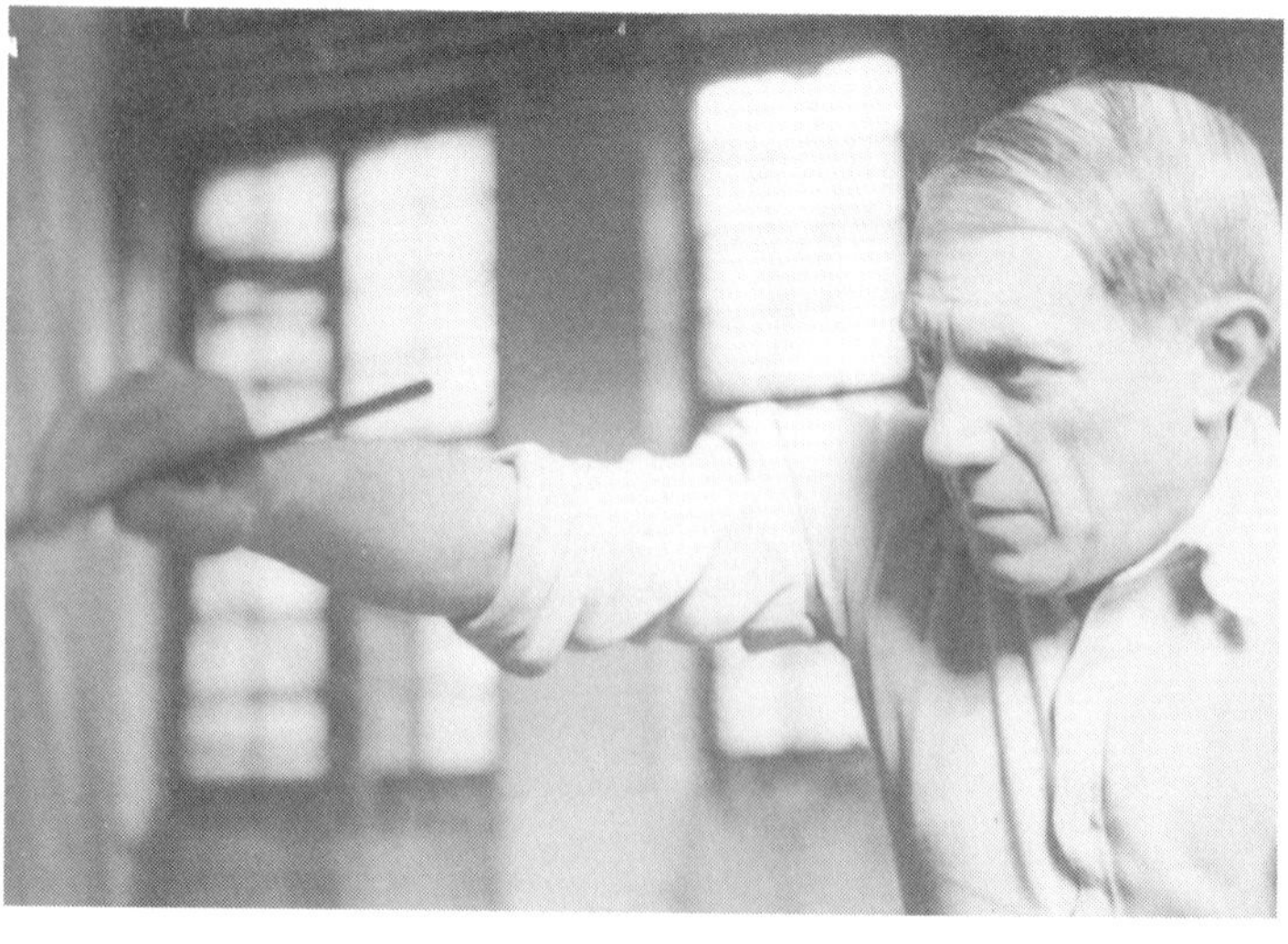

図10　ドラ・マール《アトリエで「ゲルニカ」を描くパブロ・ピカソ》 写真 1937年

図 11　パブロ・ピカソ《ミノタウロス》 エッチングとエングレイヴィング
1935 年 3 月 23 日　近代美術館，ニューヨーク

源からうかがうことができる。ふたたびブレンデルの言を聴いてみよう。

本物のシンボルは長い生命をもっていて、夢と同様、さまざまな状況に適応する。この意味では、《ゲルニカ》のなかのランプを手にしている女性はもっと古い作品に登場する傍観者の女性の代わりを務めているということができる。前者は後者と似た役割を展開する。様式の観点からしても、《ゲルニカ》のコンテクストのなかにあって、その女性は例外的な存在である。……［彼女の顔つきは］作品の残りの部分とは異なって、古典的なモデルを模写したものとなっている。……その女性は悲劇の仮面に似ている。展開する役割

はギリシア悲劇における合唱団の役割である。(26)

しかしまた女性が展開しているのは画家の役割でもある。一九六三年、ピカソの最も親しい友人のひとりであるミシェル・レリスは、彼の日記に記していた。「絵——絵を描くという行為——はたしかにP〔ピカソ〕にとって最も重要なテーマであるようだ」と。(27)こう記すとき、レリスが暗に言及していたのは、無数のパスティーシュ〔模作〕、改作、等々が証言しているように、ピカソが他人の描いた絵に魅了されているということだった。しかし、レリスの言葉は別の意味にもとることができる。ピカソにとって、絵を描くという行為は、愛の行為の、あるいは——《ゲルニカ》の場合のように——認識の行為の、メタファーでもありえたのだった。

6

《ゲルニカ》の二年前に公刊された、何度となく引用されてきたインタヴューで、ピカソは言っていた。

過去には絵は段階をへて完成へ向かっていった。毎日なにか新しいものを携えていた。いいかえると、絵は付加物の総計であった。わたしの場合、絵は破壊の総計である。絵を制作しては打ち壊すのだ。しかし最後にはなにひとつ失われていない。ある場所から奪い去った赤は、どこか別の場所にふたたび姿を現わしている。絵が段階を踏んで徐々にできあがっていく様子ではなく、姿を変えていく様子を写真に撮って固定してみると、面白いかもしれない。そうしてみたなら、どのようにして頭脳が自分の夢の実現に向かっていくのか、ひょっとしてその様子がわかるのではないだろうか。しかし、とりわけ印象的なのは、根底においては絵は変化しないということ、最初に思い描いたヴィジョンは、外見にもかかわらず、ほぼそのまま残っているということに気づかされることである。(28)

ピカソのデッサンも、《ゲルニカ》が変容していく様子を記録したドラ・マールの写真も、五月一日に走り書きされた「最初の「ヴィジョン」」が最後までほぼそのまま残っていたことを確認させてくれる（図1と図8）。

しかし、その「ほぼ」が重要である。最初のデッサンのひとつの細部を例にとってみよう。牡牛の背中に止まっている小鳥と解釈されてきた物体がそれである。(29) これは一対のバンデリラス（闘牛にうちこまれた小旗の付いたもり）と解釈するほうが説得力があるようにおもわれる。こちらのほうが《ゲルニカ》の当初の計画が闘牛に関係するものだったという（十分にありうる）考えとも両立する。それ以上に重要なのは、こちらも《ゲルニカ》のために描かれた、同じく五月一日の日付をもつ第二番目のデッサンのなかで、ピカソは牡牛の上の物体を変更ないし特定し始めたという事実である。最初はなんであったのかは不明である。が、その時点では、それ（バンデリラス）はギリシア神話の翼をもった馬、ペガソスに変わっていたのだった（図12）。

図12　パブロ・ピカソ《ゲルニカの習作》（II）
青い紙に鉛筆　1937年5月1日　ソフィア王妃芸術センター，マドリード

翼をもった馬は、ピカソの破壊に次ぐ破壊（destructio destructionum）を生き延びることはなかった。絵の最終ヴァージョンでは姿を見せていないのだ。しかし、それが束の間であれ存在していたことは連鎖的な反応に火をつける。五月一日と二日、ピカソはほかに全体を概観した二枚のデッサンを丹精をこめて木の上で描いている。第一番目のデッサンは数多くの古典的要素を含んでおり、そのなかには傷を負った馬の腹から出てきた翼のついた赤ん坊の馬と、地面に仰向けになって倒れている古い兜と槍をもった男の姿も見える。第二番目のデッサンでは翼をもった馬と兜は消し去られ、槍はピカドール〔闘牛の槍方〕の槍に変わって、場面は

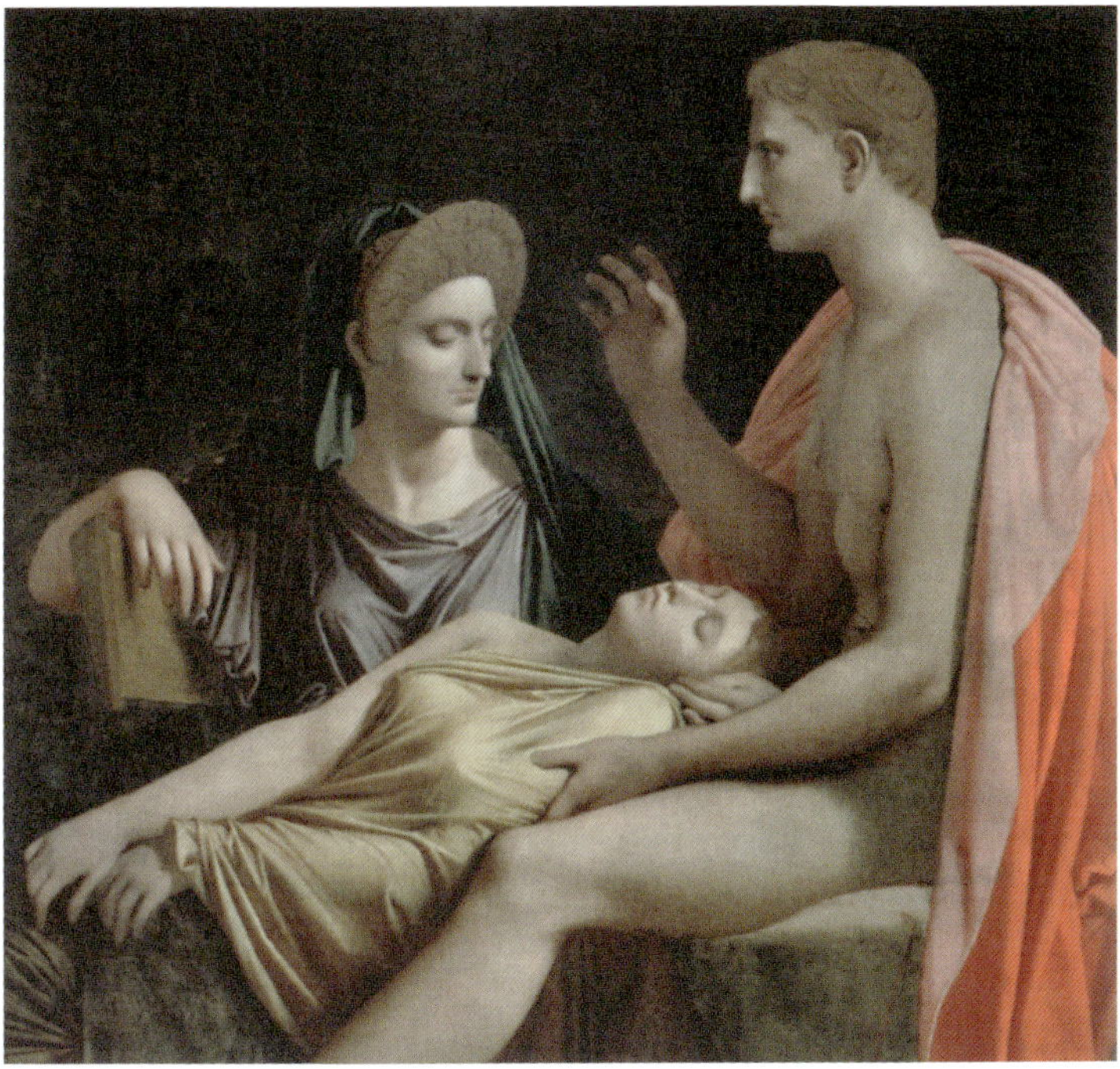

図 14　ジャン＝オーギュスト＝ドミニク・アングル
《『アエネーイス』の朗読に耳を傾けるアウグストゥス》
キャンヴァスに油彩　1819 年　ベルギー王立美術館，ブリュッセル

上／図 19　ヘンリー〔ヨハン・ハインリヒ〕・フュースリー《夢魔》
キャンヴァスに油彩　1781 年　デトロイト美術研究所
下／図 20　同《夢の中でポンペイウスの前に姿を現わすユリア》
紙に鉛筆と水彩　1768-80 年
マンチェスター大学フォトワース・アートギャラリー

上／図 21　ヘンリー・フュースリー《ローマのサント・スピリト病院で現実に見たシーン》
ペン，茶色のインク，灰色のウォッシュ　1772 年　大英博物館，ロンドン
下／図 23　フランソワ・ジャン＝バティスト・トピノ＝ルブラン《ガイウス・グラックスの死》
キャンヴァスに油彩　1792-97 年　マルセイユ美術館

図 16　パブロ・ピカソ《子どもを抱く女》
キャンヴァスに油彩　1921 年
ノイエ・ピナコテーク，ミュンヘン

パブロ・ピカソ《石膏の頭部のあるアトリエ》
キャンヴァスに油彩　1925 年
近代美術館，ニューヨーク

闘牛場に変容している。

明らかにピカソは、古典風の要素があるものとないものとを交互に探査して回っているのだった。おそらく闘牛の場面を軸にした第二番目のヴァージョンの雰囲気のほうが気も狂わんばかりの雰囲気に見えたのではなかっただろうか。このことは、前へ突進していく牡牛と、古典風に立ち止まったまま動かずにいる牡牛との対照が示唆しているようにおもわれる。右側の前進していく女性のようなドラマティックな細部を含んでいる五月九日の新しい概観図は、ピカソが現代風のヴァージョンへと向かいつつあるのではないかと思わせる。しかし、最終ヴァージョンでは、刃の折れた剣と敗北して地面に仰向けに倒れた戦士のうちに、古典風の細部がふたたび姿を見せている。

ピカソが語っていたヴィジョンの構造的永続が認められるというのは否定しがたい。しかし、それはさまざまな不確実さと探査と選択からなる軌道のうちに挿入されていたのである。

7　これらのさまざまな選択肢を解読するためには、なぜピカソは現代の出来事を追悼する絵のなかにギリシア神話への暗々裡の示唆――ペガソス――を挿入したのかを理解する必要がある。ブラントは、翼をもった馬は自己引用だと指摘している。ピカソが一九三七年に制作した一連の反フランコ主義的なエッチング《フランコの夢と嘘》のなかに出てくるというのだ。しかし、翼をもった馬はすでに二十年前、ピカソが一九一七年のローマ滞在中に描いた、バレエ『パラード』のための大きな緞帳のなかに姿を見せていた。『パラード』――ジャン・コクトーの台本、エリック・サティの音楽

――の最初の上演は同じ年パリでおこなわれた。上演したのはセルゲイ・ディアギレフのバレエ・リュス〔ロシア・バレエ団〕だった[30]。

『パラード』の緞帳は、ピカソの作品のなかに、とりわけ大規模な、あるいはともかく野心的な構成の作品のなかに、深い影響を残すこととなった[31]。しかし、これらの影響には説明が必要とされる。一定期間、コクトーとピカソのあいだの知的・芸術的関係は双方にとってきわめて実りあるものだったと言ってよいだろう。たとえば、『秩序へ復帰せよ』――コクトーが一九二六年に公刊した彼の評論集のタイトルとして利用したモットー――はコクトーとピカソが一九一七年に一緒におこなったローマ旅行のうちに根をもっていないかどうか、尋ねている研究者がいる[32]。ローマでピカソはコクトーの肖像画を描いている。そしてコクトーはこの肖像画やそれ以外の類似するデッサンにかんして提案されていたアングルへの参照をしりぞけ、この絵の様式上の新しさを強調している[33]。実際にも、アングルをとおして濾過された古代ギリシアの衣装の背後では、ほとんどキュビスム的な優雅さが顔を出している（図13、口絵・14[34]）。

このデッサンの重要性は例外的な批評家、マルセル・プルーストによってただちに摑み取られた。プルーストの肖像画を描いたことのある画家にして美術史家のジャック＝エミール・ブランシュの回顧録の第一巻が一九一九年に出た。この巻にプルーストは序論を書いているが、そこには突然のねじ曲がった逸脱の部分が含まれている。ブランシュをブランシュと同じく画家にして批評家であったウジェーヌ・フロマンタンになぞらえたあと、プルーストはフロマンタンが『昔日の巨匠たち――ベル

図13　パブロ・ピカソ《ジャン・コクトーの肖像》 紙に鉛筆、1917年　個人蔵

ギーとオランダ』のなかでオランダの画家のうちでも最大の画家フェルメールの名を挙げていなかったと指摘しているのだ。それからプルーストはブランシュに――しかし実際にはコクトーに立ち戻って言う。「たしかに、ジャン・コクトーのように、ジャック・ブランシュは、コクトーのもろもろの特徴をヴェネツィアの最も魅力的なカルパッチョの記憶すら色あせさせてしまうほど高貴な硬直さをもったひとつのイメージのなかに凝縮してみせた、偉大で感嘆に値するピカソを公平に評価しようとしたのだろう」と。(35)

フェルメールと同様、自らの世代の最も偉大な画家。これはこのうえなく高い称賛の辞である。と同時に、芸術上の新しい発展に遅れずに歩みを進めていくプルーストの驚くべき力量を示す証拠でもある。

しかし、それ以上に注目されるのは、プルーストがピカソのデッサンの様式上の硬直さをことのほか強調していることである。同じ特徴は、これもまた一九一七年にローマで、二人が初めて出会ったさいに制作された、イーゴリ・ストラヴィンスキーのすてきな肖像画(図15)にも見いだされる。(36)この二つの肖像画はいずれも、《泉のほとりの三人の女》(一九二一年 ニューヨーク、近代美術館)や《子どもを抱く女》(一九二一年 口絵・図16)のような、ピカソの以後のいくつかの作品を先取りしたものになっている。より間接的には、それらの肖像画は、一九二七年に初めて制作されたストラヴィンスキーとコクトーの「オペラ゠オラトリオ」、『オイディプス王』の着想源となっていた古代ギリシアのヴィジョンを先取りしているようにみえる。一九二八年、エルンスト・ブロッホはまさにその硬直を標的にして『オイディプス王』を攻撃している。

この硬直（diese Starre）は、晩年のストラヴィンスキーの、パリの反動への、いやそれどころか世界の資本主義的安定化への捧げものである。これはまた彼の音楽の「客観主義」と呼び慣わされているものの源泉でもある。いかなる心理だけでなく、およそ人間的なものすべてにたいして、

図 15　パブロ・ピカソ
《イーゴリ・ストラヴィンスキーの肖像》
1917 年　個人蔵

ことさらに距離をとろうとすることなのだ。……コクトーのラテン語テクストは、まったく別の、ほとんど謎めいたファシズムの諸要素をこれに付け加えている。……ピカソ、ストラヴィンスキー、コクトー――彼らは古代の形式に近づくなかで三和音となり、ブルジョワジーの上層階級が最後の瞬間に打ち出した「節度」への最後の誘惑となったのである。(37)

のちになってブロッホは、ピカソにかんする、とりわけ《ゲルニカ》にかんする考えを変更している。しかし、彼の攻撃は、一九二〇年代と三〇年代に古典主義的（あるいは新古典主義的）言語を使用することが、左翼にとって、とりわけ非共産党系の左翼にとって、さまざまな政治的意味合いに満ち満ちたテーマであったことをわたしたちに想い起こさせる。一九三二年、ゲーテの死の百周年のさいに、カール・アインシュタインは古典主義にたいするお定まりの攻撃の矢を放っている。(38) アインシュタインの論文の直接の標的はスターリンの文化政策であり、芸術的・知的なアヴァンギャルドにたいする彼のますます強まっていく敵意であった。アインシュタインは、一九一七年から一九二九年まで教育人民委員だったアナトーリイ・ルナチャルスキイの打ち上げた「人間主義」へのアピールを「非合理主義的諸勢力には一度として言及されていない。逆に見受けられるのは、凡庸で平坦な歴史主義であり、文化的な強迫観念である」としてしりぞけている。(39)

ゲーテへの――あるいはステロタイプ化したゲーテ像への――攻撃のなかでも、アインシュタインは同じテーマを取りあげている。

このオプティミスト［ゲーテ］は、認識が破壊の形態であり死の過程であることをまったく理解していなかった。認識を死の観点から、現実を破壊するための道具として、世界の混沌とした圧力にたいする防護策として見てみようというような考えは、彼には思い浮かびもしなかった。認識は、あらゆる形式と同様、死の過程である。それはなによりもまず、生きた接触の減少、わたしたちの最強の現実である新しい神話を創造するために因習的な現実を根絶する力の減少を意味しているのである。(40)

このように新しい神話の必要性を主張するなかで、アインシュタインは暗々裡にピカソの作品に言及していた。彼にとっては、ピカソは反ゲーテの役割を引き受けた芸術家なのだった。一年前、アインシュタインは一九二八年のピカソの作品を評して書いていた。

ここでピカソが創造していたのは形式的神話学の被造物である一連の人物像である。……これらの像はその直接性において陳腐なものや模倣とはまったく疎遠であるようにみえる。それらはなおも未開の心的な層から湧出してきたものであって、理性の計算を踏み越えたところに位置している。ここには、杭、頭蓋骨、家屋、母胎といった古いシンボルが再発見される。……／ピカソは、自立したイメージが現実の死を要請することを理解していた。しかし、このことによって、かえって現実は強化されるのである。というのも、多量のイマジネーションが現実のなかに投射されるからである。[41]

アインシュタインは、スペイン戦争で国際旅団とともに戦うずっと前から反ファシスト・グループの政治活動に参加していた（一九四〇年に、フランスの敗北後、自殺している）。彼はアフリカ芸術に取り組んだ最初のヨーロッパ人研究者の一人だった。彼が非合理的なものと新しい神話の必要性とを執拗に主張したのには、ゲーテとルナチャルスキイへの攻撃と同様、もろもろの芸術的ならびに政治的な含意が込められていた。ある意味では、アインシュタインはトーマス・マンの立場を先取りしていた。マンもまた、一九四二年に自分の作品『ヨゼフとその兄弟たち』（一九三三―一九三六年。この最後の四部作は一九四三年に公刊されることとなる）を評して、神話をファシズムの手からもぎ取る必要があると書いていたのだった。[42] しかし、アインシュタインの立場はマンの立場とは異なっており、正反対のものですらあった（ゲーテを拒否し、ピカソを称賛するなどといった話を聞いたなら、マンはぞっとしたにちがいない）。

それでも、型にはまった現実の問題へのピカソの解決策は、アインシュタイン自身も指摘しているように、「私的な神話学」に立脚していた。ピカソが当初、スペイン館に展示される予定の壁画のためにテーマとして選択した画家とモデルは、私的な観念連合で溢れかえったテーマだった。たぶん、公的な出来事を追悼するという決断がピカソを古典神話学という公的で世間に広く分かちもたれてい

る言語から引き出された諸要素を取り入れる方向へと突き進ませたのではなかったかとおもわれる。(43)

8　ここまでは、翼をもった馬、兜、折れた剣という、古典風の細部について語ってきた。しかし、ずっと以前に指摘されたことがあったように、壁画の構造自体が古典主義的ニュアンスが強い。一九四六年にアルフレッド・バー・ジュニアは書いていた。「構成ははっきり半分に分割されている。そしてそれぞれの半分は対角線によって切断されており、二つが合わさって、左側にある手と右側にある足から始まって中央にあるランプの頂点にいたる切り妻型の三角形——ギリシアの神殿のペディメントを示唆した三角形を形成している」と。この評言は、《ゲルニカ》を「欠陥だらけのスチームローラーで平らにならされてしまったペディメントから導き出された戦闘場面」と定義したクレメント・グリーンバーグによってアイロニカルな意味合いを込めて取りあげ直されている。(44)

この構成図式が出現するにいたった次第は《ゲルニカ》のために描かれたデッサンのうちにたどることができる。まず五月一日と二日には、兜をかぶった兵士とピカドールの姿をした兵士という、二者択一的なヴァージョンが登場している。それから一週間の中断があって、五月八日にピカソはふたたび壁画の仕事に取りかかり、最終ヴァージョンに近い長方形の判型で一連のデッサンを制作している。(45)そこでは、馬、牡牛、等々と結びついたデッサンと並んで、新しい像が出現している。死んだ赤ん坊を腕に抱いている女性の像がそれである。五月九日には、全体のデッサンは最終的な構成にきわめて接近したものになる。このデッサンと、四角形のそれまでのデッサン（図12を参照）を比較してみると、右端から歩み出てくる女性を挿入したことが構成全体を新しい方向に向け変えさせ、古代のフリーズ〔帯状装飾〕の要素を強調したものになっていることがわかる。《ゲルニカ》の制作過程におけるこの転回を近くから追跡するということは、ピカソのアトリエに入り込んで、伝統にたいする彼の態度をよりよく理解することを意味する。しかし、ここではまずもって横道に逸れることが必要とされる。

9 何年も前、ロバート・ローゼンブルムは、ニコラ・プッサンの《ゲルマニクスの死》〔一六二八年〕は西洋絵画の最も影響力のある絵のひとつだった、と指摘した。[46] 一六二六年に枢機卿フランチェスコ・バルベリーニに委嘱され、メレアグロスの死を描いた古代の石棺にもとづいて制作された、この死の床に横たわる男の絵は、十八世紀のうちに無数のメタモルフォーゼ〔変更・置換〕をたどることとなった。それらの大半は、「プッサンの到達した頂点は美術の道を開くどころか閉ざしてしまった——少なくともダヴィッドまでは」というフランシス・ハスケルのコメントを確証しているようにみえる。[47]

ジャン゠バティスト・グルーズは、この規則への例外のうちでも最も注目に値する例外の一人である。グルーズがそれによって歴史画家として承認されたいと願っていた《カラカラを叱責する皇帝セプティミウス・セウェルス》——プッサンの《ゲルマニクスの死》のごくありきたりの模倣——は、だれからも失敗作であると判断された。これとは対照的に、グルーズは、彼を有名にした風俗画のシ

図17　ジャン＝バティスト・グルーズ《息子たちに見棄てられた残酷な父親の死》素描　1769年　グルーズ美術館，トゥールニュ

ーンでは、プッサンの死の床の絵から着想を得たフリーズ状の構成を想像力ゆたかに作り直し、普段着の主役たちを古典風のアウラでもって包み込んだ。たとえば、《父親の呪い／罰せられた息子》がそうである。(48) しかし、《カラカラを叱責する皇帝セプティミウス・セウェルス》といっしょに一七六九年のサロンに展示された力強いデッサン、《息子たちに見棄てられた残酷な父親の死》（図17）では、グルーズはプッサンから摂取した静態的で荘厳な言語を狂気じみた様式に置き換えている。こちらのほうが彼には道徳的かつ社会的にみて破廉恥なシーンに適しているようにおもわれたのだった。(49)「なんというテーマだ！……まったくあきれさせるよ。フランス人ともあろう者がこ

図18　ミケランジェロ・ブオナローティ《アダムの創造》
フレスコ　1508-1512年　システィーナ礼拝堂，ヴァティカン市

んなことを想像できたとは、じつに不愉快きわまる」とグルーズと同時代の批評家は評した。[50]憤慨をいっそう重大なものにしたのは、グルーズがそのときまで、そしてそれ以後も長らく、穏健で感傷的な画家として評価されてきたという事実であった。これは、ヴィリバルト・ザウエルレンダーがグルーズがミケランジェロと古代彫刻に深く負っていることを証明したときになってようやく克服されたイメージである。[51]《息子たちに見棄てられた残酷な父親の死》のうちにミケランジェロの《アダムの創造》（図18）の影響の跡がうかが

がえるというのは、一七五五年から一七五八年にかけての時期におけるローマ滞在がグルーズに残した刻印の数多くある例のうちのひとつの例でしかない。

グルーズの描いた父親の仰向けになった体は一七八一年の日付をもつヘンリー・フューズリーのきわめて有名な作品《夢魔》（口絵・図19）において練りあげ直されていることは、これまでだれも気づいた者がいなかったようにおもう(52)。ミケランジェロがいなかったなら、フューズリーは画家としてはけっしてこの世に存在しなかったかもしれない。しかし、ここに指摘してきた連関は、フューズリーはミケランジェロとグルーズを見ていただけでなく、グルーズをとおしてミケランジェロを見ていたのではないかと想わせる(53)。たとえば、一七六八年から一七七〇年にかけて、フューズリーのローマ逗留の最初の時期に制作された《夢の中でポンペイウスの前に姿を現わすユリア》（口絵・図20）を取りあげてみよう(54)。ここにアーラン・カニンガムによって作成されたフューズリー伝の一節がある。

［フューズリーは］毎日毎日、何週間も、寝そべって、賛嘆の眼を上に向けながら、システィーナ礼拝堂のすばらしい天井をじっと見つめていた、と語るのが好きだった。かのフィレンツェ人の達成した及びがたい偉大な作品をである。そしてこう付け加えていた。実際、このようなくつろいだ姿勢をとることが自分のように豪奢な都市の提供するさまざまな快楽によって疲れきってしまった身体には必要とされたのである、と。ともあれ、彼には、こうして寝そべっていると崇高な聖ミカエルの霊を吸い込んで、システィーナで習作している間、彼の上に宙づりになった着想

のマントから十分な恩恵を引き出しているようにおもわれたのだった。[55]

グルーズも、さきに見たように、「崇高な聖ミカエル」によって彼の上に宙づりになった「着想のマント」から恩恵を引き出していた。ローマ時代のほかのデッサンは、グルーズが《息子たちに見棄てられた残酷な父親の死》で使っていた、フリーズの形態をした、動揺した構成に、取り憑かれたように立ち戻っている。フューズリーは、グルーズのモデルを自らの狂気じみたスタイルに翻案して、同じ図式を（同じ身ぶりではないとしても）狂乱から嘆願へ、さらには哀悼にいたるまでの、極端な情動を軸とした一連のテーマにおいて利用している。ローマのサント・スピリト病院で自分の眼で見たシーンにもとづいて描かれた一七七二年の日付をもつデッサン（口絵・図21）は、フューズリーにとって現実はミケランジェロから着想を得た、より正確には、イタリアのマニエリスタたちとグルーズに強く影響されたミケランジェロのシュトルム・ウント・ドラング〔疾風怒濤時代〕的読解から着想を得た、パトスフィグーレン（Pathosfiguren）ないしパトスフォルメルン（Pathosformeln）にしたがって配置されていたことを示している。[56] フューズリーが《アイトリア人がメレアグロスにカリュドンの町を防衛するよう嘆願する》（図22）でシスティーナ礼拝堂の壁面の今日では破壊されてしまった半円形明かり取りのためのデッサン《ペレツ、ヘツロン、アラム》を複写した様式も、似たような態度を証言している。[57] このデッサンとローマで制作された《瀕死のコルデリアを抱きしめるリア》（一七七四年　ロンドン、大英博物館）を比較したフレデリック・アンタルは「〔フューズリーの〕デッサンにおい

図 22　ヘンリー・フュースリー
《アイトリア人がメレアグロスにカリュドンの町を防衛するよう嘆願する》
紙にペン，茶色のインク，灰色のウォッシュ，鉛筆　1771 年
大英博物館，ロンドン

て長い対角線が構図を横断し支配しているダイナミックな様子は、これまた古典主義の特徴とはほど遠い」と評している。[58]

「古典主義」というのはつねに限定を要する術語である。ローマでフュースリーはプッサンの《ゲルマニクスの死》を見て、いささか距離を置きながらも称賛していた。また一七七五年にローマに到着したジャック゠ルイ・ダヴィッドと親交を結ぶ。そして彼らの芸術的軌道が交差することはけっしてなかったとしても、ダヴィッドが自分の道を見いだすにあたってフュースリーが手助けしたというのはありうることである。[59] フュースリーがローマで一七七〇年以後発展させることとなった「痙攣を起こしたような動揺した古典主義様式」（アンタル[60]）は、プッサンによって濾過されたダヴィッドの古典古代解釈からは遠く隔たったものだった。しかし、ダヴィッドの何人かの生徒——たとえば大革命後、アカデミー・フランセーズの客人として何年間かをローマで過ごしたアンヌ゠ルイ・ジロデとフランソワ・トピノ゠ルブラン——は師匠の息の詰まるようなモデルから脱却しようとして、フュースリーに眼を向けていた。一七九一—一七九二年にジロデは《アルタセルクセスの贈物を拒否するヒポクラテス》を描いているが、これはダヴィッドの彫刻的なスタイルとフュースリーの動揺した構図との妥協のこころみである。ジロデは「魂の感情の表現」を狙っていたという。これはフュースリーの先生であり友人であったスイスの改革派の牧師ヨーハン・カスパー・ラヴァーターの影響の下で発展させられた心理学的解釈である。(61)

ジロデの友人トピノ゠ルブランも、同様の軌道をたどった。ローマで「彼はミケランジェロ化した」とジロデはトピノ゠ルブランについて言っている。(62)これは「彼はフュースリー化した」と言うこともできただろう。フュースリーの友人でモデルでもあった女性のマグダレーナ・シュヴィツァー゠ヘッセは、トピノ゠ルブランをラヴァーターに紹介したさい、彼のことを「ロンドンのフュースリーのやり方で絵を描く画家」で観相学に精通した人物であると述べている。(63)トピノ゠ルブランは一七九八年のサロンに、その農地改革計画が激しい憎悪に遭って、伝説によるとひとりの奴隷によって殺害されたというローマの護民官、ガイウス・グラックスの死を描いた大寸の絵〔口絵・図23〕を出展している。(64)その前年、護民官に敬意を表してグラキュース〔グラックス〕の名で通っていた農業コミュニズムの理論家、フランソワ゠ノエル・バブーフが、総裁政府にたいする陰謀を企んだとして告発され、ギロチンの刑に処されていた。トピノ゠ルブランの《ガイウス・グラックスの死》は批評家の大部分から様式上の理由で、「野蛮な絵」あるいは（王政派のある批評家が言ったらしいが）「タタール人の絵」の見本であるとして排撃される。しかし、絵には政治的意味合いが込められていたことは火を見るよりも明らかであった(65)。それは明らかにバブーフの死を悼んだものであって、トピノ゠ルブランは政治的にバブーフに近い立場にあったのだった(66)。一八〇〇年、トピノ゠ルブランはボナパルトにたいするジャコバン派の陰謀に巻き込まれたということでギロチン台に上ることとなった(67)。

フリーズの形態をとって動揺した絵画言語で表現された構成を軸にした伝統にかんする横道は、《ガイウス・グラックスの死》でもって終了することにする。《ゲルニカ》に似た大寸の政治的絵画である（しかしながら《ゲルニカ》のほうが長方形の形が少しばかり長い）。《ゲルニカ》のフリーズの形態をとった構図は何人かの研究者にダヴィッドの名前を示唆してきた。しかし、《ホラティウス兄弟の誓い》（一七八四年　本書第三試論、口絵・図4参照）や《サビーニの女たち》〔一七九九年〕のような均整のとれた構図は《ゲルニカ》とほとんど関係がない。《ゲルニカ》の場合には、ほぼすべての要素が――ランプを手にした女から走る女まで、絵の中央に描かれている馬の頭から牡牛の頭まで――右から左へ向かっていて、無理やり均整を乱した構図をつくり出している（唯一の例外は折れた剣を持って地面に斃れている戦士である(68)）。部分的にミケランジェロの《ヘルメス柱像を狙い撃つ射手たち》と《グラディアトーレ・ボルゲーゼ》〔紀元前一世紀ごろに制作されたギリシアの彫刻。一八〇八年までボルゲーゼ家が所有していたことから《グラディアトーレ・ボルゲーゼ》と呼ばれる。現在はルーヴル美術館が保管している」から着想を得たトピノ＝ルブランの構図も、ガイウス・グラックスと主人を死に追いやったあと自害しようとしている彼の奴隷からなる、左端にいるグループに向かってドラマティックに均整を乱している[69]。

ここで《ゲルニカ》についての考古学者オットー・ブレンデルのコメントを再度引用しておく価値があるだろう。

形式的観点からは、絵の構図はきわめて興味深い。古代の多くの記念碑的構図がそうであるように、この絵も横長の形をしているが、中心を具えている。したがって、形式的観点からも、絵は古典からの影響の痕跡を露呈している。結果生じているのは静態的な記念碑的たたずまいであって、一見したところでは、絵が明確な形を確立するにいたるさいの激しい動きとは対立するようにみえる。ここから、ひとつの強力な形式的緊張がもたらされる[70]。

このコメントは、ピカソが新古典主義的伝統にずっと魅了されながらも、ダヴィッドへの参照指示が《ゲルニカ》の場合には満足のいくものでないのはなぜなのか、その理由を理解させてくれる[71]。ダヴィッドとフュースリーを結びつけようとしたトピノ＝ルブランのこころみのほうが《ゲルニカ》とはるかに関係があるようにおもわれる。しかし、ピカソは《ガイウス・グラックスの死》を見たことがあったのだろうか。

もろもろの政治的ならびに様式的な要素がこのきわめて著名な絵の受容を制約してきた。絵は一七九八年に国家によって買い取られ、何年間かマルセイユのミディ市庁舎に展示されていた。それから、どうやら毀損したとみえて、一八〇九年にふたたび売却された。一八七六年、画家のシャルル・グリーズが買い取って修復したうえで、ふたたびマルセイユの美術館に売る。一九四二年、倉庫にしまい込まれ、忘れられたままになっていたが、一九七四年、ふたたび見つけ出されて、再度修復措置が講じられ、展示されるにいたる。一九〇八年に作成されたマルセイユの美術館のカタログには、絵の名前が上がっており、コピーが載っている。[72] ピカソは一九一二年八月、ジョルジュ・ブラックと二人で二日間マルセイユで過ごしている。ウィリアム・ルービンは「二十世紀芸術における「プリミティヴィズム」」展のカタログで「カーンワイラーに宛てて送った郵便はがきで、ブラックは街をピカソに見せ、「ありとあらゆる黒人ものを買い漁った（avoir acheté tous les nègres）」と報告した」と書いている。[73] そのとき、二人が美術館も訪れたのかどうかはわからない。

ピカソは自分が見たものについての信じられないほどの記憶力をもっていた。《ガイウス・グラックスの死》の記憶は二十五年間心の底にしまい込まれていて、ピカソが《ゲルニカ》の仕事に取りかかったときに再活性化したのかもしれなかった。[74] これは証明不可能な仮説であるが、重要な点は本当をいうと別のところにある。わたしが復元しようとしてきた絵画の伝統、そしてピカソが多くの道をつうじて知ることができていたはずの伝統は、「［キュビスムを］美術館に接近させる」とともに「ミケランジェロ的な壮大な様式の考え方」に依拠する（こちらのほうは「ピカソにおける」テッリビリタ

terribilità〔圧倒的な迫力〕の生来の欠如によって阻止されていた〉という《ゲルニカ》の矛盾したこころみを理解するためのコンテクストを提供してくれる。[75] クレメント・グリーンバーグがこういった指摘をおこなったのは一九五七年であって、一九四〇年代と一九五〇年代にピカソによって描かれた大寸の絵に言及したものだったが、これは《ゲルニカ》にも適用しうる。《ゲルニカ》も、疑いもなく、それらを優に凌駕する力強い作品なのである。《アヴィニョンの娘たち》〔一九〇七年　ニューヨーク、近代美術館〕のような絵のことを思えば、グリーンバーグの述言はばかげているようにみえる。しかし、《ゲルニカ》の場合には、ピカソがあらかじめ定めていた記念碑的な野心を達成することに成功しなかったというのは否定しがたいことである。たぶん、このことは彼もまた自覚していたのではないだろうか。[76]

10　ティモシー・ヒルトンは、《ゲルニカ》における新古典主義的要素にかんする多くの鋭い指摘のなかでも、とりわけつぎのような指摘をおこなっている。

《ゲルニカ》と新古典主義絵画とのあいだに直接認めることのできるひとつの連関があるとするなら、それは安定と動乱とが結合していることだろう。ところが、その結合は最良の新古典主義絵画においてはかくもしっかりと統制されている一方で、ピカソの場合には弛緩してしまっている。新古典主義的な戦闘場面の主役たちが彼らの所作においてかくも冷たく凍りついていながらかくも力強く見えるのは、彼らが正確さに満ち満ちているからである。これにたいして《ゲルニカ》は曖昧な絵である。その中でなにが進行しているのか、だれにもわからない。まさにこの点こそが絵を普遍的なものにしていると主張するのは、たんなる戯言《たわごと》でしかない。曖昧さは図像学的な曖昧さである。主要な形象である牡牛の意味を解読することは不可能であるが、それは牡牛がなにか別のものの代理をしているかもしれないということがつねにありうるからである。しかし、それはまた絵画的観点から見た場合の曖昧さでもある。この納屋の明かりが電球の明かりなのか、それとも超自然的な明かりなのか、なぜ決めなければならないのだろうか[77]。

この曖昧な要素をピカソが一九二五年に描いた大寸の静物画《石膏の頭部のあるアトリエ》（口絵・図24）から出発してもっと詳細に検証してみよう[78]。

ヒルトンも指摘しているように、ピカソは自分の描いた絵をけっして忘れたことがなかった[79]。《石膏の頭部のあるアトリエ》は、多くの面で、《ゲルニカ》を先取りしたものと考えることができる。石膏の胸部像は斃れた戦士に変化しており、棒か権丈を握っている石膏の手は折れた剣を握っている手になっている。そして本または新聞は馬の胴体に投射されている。総体的にみて、《石膏の頭部のあるアトリエ》は、広い意味でキュビスムにもとづく様式を古典古代への暗示と結合しようとしたこころみと考えることができる。しかし、二つの絵の階調は異なっている。《ゲルニカ》は悲劇的であるが、《石膏の頭部のあるアトリエ》のほうは諷刺劇的な要素を特徴としていて、ヒルトンが指摘するように、ジョルジョ・デ・キリコの同時代の、これまた諷刺劇的な古代想起を思わせる。[80] テーブルの上に置かれている曲尺《かねじゃく》は、愚かにも想定されてきたようなフリーメーソンへの暗々裡の言及などではなくて、技師の息子で、父親の仕事道具をたえず自分の絵のなかに挿入していたデ・キリコからの引用である。不可思議なことではあるが、ピカソも《石膏の頭部のあるアトリエ》のなかに自分の父親への言及らしきものを挿入していた。一九四三年十月、ブラッシャイはピカソに、彼の最近の一連のデッサンではどの人物も髭を生やしていることを想い起こさせたところ、つぎのような面食らったような答えが返ってきたという。「たしかに。だれもかれもが髭を生やしているね。……どうしてかわかるかって？　男性の人物をデッサンするたびに、そのつもりはないのだけれども、ぼくの父親のことを考えているんだよね。……ぼくにとっては、男性は「ドン・ホセ」なんだよ。これからもずっとそうだとおもう。……親父は髭を生やしていたんだよ。……」[81]。これらの発言にフロイト的な意味合いが込められていることはいうまでもない。そしてこのことはピカソもたしかに自覚していた。これらの発言にうかがえる私的な含意《ニュアンス》は石膏の鋳型の存在によって強化されている。マラガ、ラ・コルーニャ、バルセロナの工芸学校でデッサンを教えていた画家のホセ・ルイス・ブラスコは、彼の息子パブロの最初の教師でもあった。エルンスト・ゴンブリッチは、鋭利であると同時に思慮深い論考で、パブロ・ルイス・ピカソ――彼はごく早い時期から自分の作品に父方ではなく母方の名前でもって署名し始めている――が心理的に愛憎相半ばする態度でもって幼少期からアカデミーおよび絵画の伝統一般を眺めていたことを強調している。[82]「ぼくはこれまで一度も子どものような絵を描いたことがなかった」とピカソはあるとき画家のバルテュスに憂鬱げに語ったことがあった[83]。

ブレンデルは、《ゲルニカ》の斃れた戦士のもつ心理的意味合いに注意を促している。「剣を持った腕はアカデミーで使われている石膏の鋳型を薄気味の悪いパラドックスのかたちで想起させる」というのだ[84]。これらの私的な含みは壁画の政治的なメッセージの力を減少させるどころか強化する。父親と祖国は互いに排除し合う関係にはない。しかし、電球の存在によってその時代錯誤なありさまが強調されている折れた剣は、ファシズムの攻勢を前にしては伝統の武器は政治的に無効であるということを示唆している[85]。「善き古きことからではなく、悪しき新しきことから始める必要がある」と、ほぼ同じころ、ベルトルト・ブレヒトは友人のヴァルター・ベンヤミンに語っていた[86]。

11

《ゲルニカ》では、牡牛、馬など、ピカソの祖国スペインへの言及は明々白々である。それらの意味するところは《ゲルニカ》のイコノグラフィーにかんする豊富な文献のなかで繰り返し議論されてきた。一九四五年、ピカソはジェローム・セクラーに「そのとおりです。……ここでは［《ゲルニカ》では］牡牛は野獣性を表わしており、馬は人民を表わしています。たしかに、ここではわたしは象徴主義を使いましたが、それ以外の絵では使っていません」と語っている。そのうえで「わたしの作品は象徴主義的なものではありません」と続けている。「《ゲルニカ》の壁画だけが象徴主義的なものです。しかし、壁画の場合には、アレゴリーが存在します。だからこそ、馬、牡牛、等々を使ったのです。壁画はある問題に特有の解決であろうとしています。だからこそ、象徴主義を使ったのです」。そして「わたしの絵にはプロパガンダは存在しません」と付け加えている。「《ゲルニカ》の場合を別として」とセクラーが言うと、これに答えてピカソは「たしかに……《ゲルニカ》の場合を別としてです。そこには、人民へのはっきりとしたアピール、はっきりとしたプロパガンダのジェスチャーが存在しています」と述べている。[87] しかし、二年後、アルフレッド・バー・ジュニアに宛てたカーンワイラーの手紙からわかるように、ピカソは別の解釈を提供している。もっと正確にいうと、なんの解釈も提供していない。「でも、この牡牛は牡牛であり、この馬は馬なんだよね」とピカソは彼の古くからの女友達であるガートルード・スタインを真似て言ったというのだ。[88] 実際にも、プロパガンダの作品としては《ゲルニカ》は奇妙である。そこでは、あとで見るように、ピカソはいっさいの明示的な政治的言及を慎重に除去している。この反ファシスト芸術のイコンのなかにファシズムは存在しない。それでは、《ゲルニカ》は時間の外にある暴力と戦争の図像なのだろうか。アンソニー・ブラントが示唆しているように、無辜の民の大量殺戮なのだろうか。[89] しかし、そうだとしたら、大量殺戮を引き起こした張本人たちはどうして描かれていないのだろうか。

この決定的な難題を解決するために、壁画の最終局面で制作された、斃れた戦士の頭部に注意を集中してみよう。ずっと前に指摘されたことがあったように、この細部にかんしては、ピカソはパリのフランス国立図書館に保管されている十一世紀スペインの有名な写本のなかの大洪水を描いた細密画から着想を得ていた。『サン゠スヴェの黙示録』として知られる、リエバナのベアトゥスによる図解付きの註解本である。ピカソがこの図像のことを知るにいたった経緯については議論があった。彼がそれをだれのものだかはっきりしない学術本のうちに見つけ出したというのはおよそありそうもない。しかし、謎を解いてきた研究者たちも、この原資料がピカソにとってもった意味を摑み取ってはこなかった[90]。

その細密画は一九二九年に『ドキュマン』誌に発表された『サン＝スヴェの黙示録』にかんする論考に付された図版のなかで複製された[91]。論考の著者は（カール・アインシュタインなどと一緒に）『ドキュマン』誌の編集人をしていたジョルジュ・バタイユだった。バタイユは、大洪水を図示した細密画を長々と註解し、その「粗削りな写実主義と悲壮な偉大さ」を強調して、それを「束縛を解かれたもろもろの人間的反応の極端な無秩序の徴候」であると解釈している[92]。論考（ピカソが読んでいたかどうかはわからない）では、学識ある考察がバタイユの著作のなかに繰り返し現われる残酷なものへの魅惑と混ざり合っている。

図表入りの雑誌『ドキュマン』には「学説、考古学、美術、民族誌」という副題が付いていた。この異例の知的くわだては一九二九年から一九三四年までしか続かなかったが、その反響は雑誌の短い存続期間をはるかに超えてあとあとまで残った。そして一九九一年には、雑誌のすべての号がドゥニ・オリエの序文を付して復刊された。ただ、オリエの序文ではほぼもっぱらバタイユの参加に絞って論じられていて、造形美術を扱った記事の大部分を書いたり編集したりしていたカール・アインシュタインはかろうじて名前が挙げられているにすぎない[93]。しかし、一九三〇年に出た『ドキュマン』のピカソ特集号を編集したのはアインシュタインだった。バタイユも「腐った太陽」と題する短い濃密な論考を寄稿している。[94] そのなかでバタイユは書いている。真昼の太陽は最も崇高な人間の概念であり、最も抽象的な実体であるが、それはそれを直視することができないからである、と。それは、数学的な距離の、精神の上昇の、詩的なシンボルである。しかし、もしわれわれがそれでもへこたれることなく太陽を凝視することに成功するなら――これは一種の狂気を意味する行為である――、そのとき出現するのは生産行為ではなく、屑（déchet）であり、心理的には「白熱したアーク灯から漂う恐怖によって」表現される燃焼である。[95] ミトラ信仰について触れたのち、バタイユは生産的な太陽を均衡のとれた精神的上昇の形態であるアカデミーの絵画と同一視し、腐った太陽を過剰、上昇の拒否、もろもろの形式の錬成もしくは解体を狙う現代美術（とくにピカソの作品）と同一視して締めくくっている。[96]

12

「腐った太陽」はバタイユの私的神話学の最初のドキュメントのひとつである。これからそこに含まれているいくつかの意味を解読してみようとおもうが、しかし、まずもって、バタイユの論考の名目上の宛先人であるピカソがまさに《ゲルニカ》の仕事に取りかかっていた最中にその論考から深い影響を受けたということを強調しておくべきだろう。

壁画制作のさまざまな局面は、当時ピカソの愛人だったドラ・マールの撮った一連の写真をつうじて復元することができる。一九三四年から一九三五年のあいだ、ドラ・マールはバタイユと恋仲にあった（当時バタイユは極左の小集団「マッセ」のリーダーをしており、この集団にはドラ・マールも参加していた）。一九三七年五月十一日の日付の入った《ゲルニカ》の最初の局面の写真から見るかぎり、壁画は最終版とは大きく異なっていたようである。最も明白な相違は斃れた戦士にかんする部分であって、最初の局面では戦士は共産党員が敬礼するしぐさをして、拳を握りしめて高く持ち上げた姿で描かれている（このテーマは五月九日の最後の概観図のなかに登場していた）[97]。五月十三日ごろに撮られた第二の局面では、そのしぐさの政治的含意は姿を消し始めている。拳は一束の花を握っており、巨大な太陽に向かって差し出されている[98]。五月十六日と十九日のあいだに撮られたとみられる第三の局面では、拳も太陽も抹消されてしまっている。

壁画の唯一の政治的シンボルが抹消されたのは、五月三日から八日にかけてバルセローナで起きた事件、すなわち、五百人の犠牲者を出した共産主義者とアナキストのあいだの街頭での血なまぐさい戦闘にたいするピカソの回答ではなかったのか、という仮説が提起されてきた。この事件の責任をとって首相のラルゴ・カバジェーロは辞任し、共産党にきわめて近い立場にあったファン・ネグリン・ロペスにポストを譲っている[99]。この仮説はさらなる検証を要するだろうが、わたしが提案しようとしていることと両立しないわけではない。

第三の局面では、太陽と花束を握った拳は卵の形状をしたものに取って代えられており、第四の最終局面では、まず卵になったあと、ついで虹彩の代わりをする電球が中に置かれた、眼の形をした太陽になっている（図1参照）[100]。ピカソは一連の破壊作業をつうじて、生産の太陽を解体の太陽、すなわち、バタイユが記述した腐った太陽、「白熱したアーク灯から漂う恐怖」を表現した太陽に変容させたのだった。[101]

13　万国博覧会のスペイン館の入口にはポール・エリュアールの「ゲルニカの勝利」と題された詩が掲げられていた。[102] ゲルニカもピカソの《ゲルニカ》も勝利ではなかった。その時期おそらくピカソの最も近くにいた友人であったエリュアールには、太陽と握りしめた拳が気に入っていたのだろう。しかし、壁画はエリュアールのシュルレアリスム的共産主義のレトリックとは遠く離れた、別の方向をとっていた。[103] 見たように、最後の局面では、《ゲルニカ》は――これ自体も私的な次元をもつ作品であって――バタイユの私的な神話学から引き出した諸要素を含んでいたのである。

無意識を公けなものにすること、無意識のレヴェルで通信を交わし合うこと。これが、知られているように、シュルレアリストたちの夢であった。ピカソは彼らに沿って歩んできた。バタイユも最初は彼らの党派のメンバーであり、のちには異端者であった。バタイユの初期の諸著作（そこにはピカソにかんするテクスト「腐った太陽」も含まれる）において主要なテーマをなしている、理想主義《イデアリスム》の拒否は、攻撃的な反シュルレアリスム的要素を含んでいた。しかし、ここにも私的な要素があった。バタイユの最初のポルノグラフィー小説『眼球譚』――この小説は一九二八年に偽名で公刊されたが、これは彼の精神分析医の示唆に従ったもののようである――の読者なら、最終部においてフィクションの背後で作者自身の自伝的出来事との恐るべき暗合を示すストーリーが開陳されているのを想い起こすだろう。[104] 一九二七年に執筆され、一九三一年にアンドレ・マッソンのイラスト入りで出版された

『太陽肛門』は、『眼球譚』の性的・糞尿嗜好的強迫観念を政治的含意に満ち満ちた宇宙論に投射していた。父親、盲目の太陽（バタイユの父親は盲目だった）、そしてプロレタリアは、「卑賤なもの」、非生産的な性、腐敗と分解の表現として称揚される。ひいては、高尚で高貴なもの、生産力としての自然、「ブルジョワジーのやがて切断されることになる無性の高貴な頭」に対置されるのである。(105)

一九三〇年代には、バタイユはパリの政治的および知的なシーンにおける中心的な存在になる。『ドキュマン』以外にも、ボリス・スーヴァリーヌの雑誌『クリティック・ソシアル〔社会批評〕』に協力し、極左の二つの集団、マッセとコントル＝アタック〔反撃〕を誕生させる。また短命に終わったが精力的に活動を展開したコレージュ・ド・ソシオロジー〔社会学研究会〕の組織者の一人でもあった。(106)人民戦線にたいする敵意が、彼を一九三六年三月、コントル＝アタックの宣伝ビラに署名させるにいたる。そのビラは「われわれは……いずれにしても、ヒトラーの反外交的な野蛮さのほうを好ましくおもう。実際、こちらのほうが外交官と政治家どものお世辞たらたらのそそのかしよりもずっと平和的なのだ」と締めくくられていた。そしてアピールの第二ヴァージョンでは「だまされないように注意しながら」という一句が付け足されていた。(107)これは一回かぎりのエピソードでもなければ、たまたま起きた不測の事故でもない。ファシズムにたいするバタイユの態度は心底あいまいなものであった。ファシズムの暴力の美学とその行き過ぎたあり方に魅了されながらも、折あるごとにバタイユは、ファシズムはそれ自身のよって立つ地盤の上で、大衆の情動の次元で打倒されなければならないと力説していた。(108)

このことはわたしたちを《ゲルニカ》に立ち戻らせる。

14 《ゲルニカ》は一九三七年六月に制作の作業を終え、七月に展示された。バタイユが彼の新しい雑誌『アセファル〔無頭人〕』の増大号を出した月である。[109]「アセファル（acéphale）」＝「頭がない」という語のもつ多形的な意味は、バタイユが深く結びついていたテーマのいくつかに触れていた。彼が暴力、とりわけ斬首に魅了されていること、非合理性、理性の拒否、頭を失うという選択、等々。[110]一九三七年七月の増大号にはバタイユがナチスのニーチェ解釈を攻撃した「ニーチェ通信」が載っていたが、この通信の一節は一九三七年の四月から五月にかけておこなわれた『ヌマンティア』の上演についての批評にあてられている。ローマ軍によるヌマンティア市攻囲戦を題材にしたセルバンテスの最後の戯曲のフランス語版である。[111]脚色と演出の責任者だったジャン＝ルイ・バローと舞台装置と衣装のデザインを手がけた画家のアンドレ・マッソン（彼はバタイユの親友でもあった）は、すでにスペインでもなされていたように、古代のヌマンティアとフランコ軍に包囲された現代のマドリードのあいだには類似性が認められることを強調していた。これにたいして、バタイユはドラマの政治的解釈に同意しながらも、その解釈を「形而上学的極端」にまで推し進め、「一人の首領に基礎を置いたカエサル的実体」をなしていたローマ人を「強迫観念的な悲劇のイメージによって結ばれた首領なき共同体」であるヌマンティアの住民に対置させている。そして、人間たちが団結することができるのは、一人の首領によってか、悲劇のイメージによってである、と続けている。「共同存在に強迫観念的な価値をあたえる感情的な要素は死である」というのだ。このため、バタイユはファシズムと反ファシズムを対立的にとらえることを斥けるのだった。そのようなとらえ方は「民主主義の装いのもとでソ連邦のカエサル主義をドイツのカエサル主義に対置する喜劇」にほかならないというわけである。また反ファシズム運動を「否定によってのみ結ばれた人間存在の空疎な混雑であり巨大な解体現象である」として斥けるのだった。バタイユは書いている。「ファシストの悲惨」と闘うためには、「ヌマンティアによって象徴される心の共同体」を、つまりは悲劇と死によって結ばれた共同体を必要とする、と。[112]

15　バタイユとピカソは同じサークルで行き来しあい、時期を違えて同じ女性を愛し、多くの共通の友人をもっていた。ピカソが《ゲルニカ》を描き、バタイユが『ヌマンティア』にかんする劇評を書いていた月々に、二人が互いに会っていたかどうかはわからない。しかし、反ファシズムの限界についてのバタイユの曖昧模糊とした批判は、《ゲルニカ》のパラドクス――ファシストという敵が不在で、悲劇と死によって結ばれた人間と動物の共同体に置き換えられている、すぐれて反ファシズム的な絵画――に光を投げかけてくれる。

（1）Brassaï, *Conversations avec Picasso* (Paris: Gallimard, 1964), p. 123.〔ブラッサイ著、飯島耕一・大岡信訳『語るピ

カソ』（みすず書房、一九六八年）、一三五頁〕

（2） このことをアンソニー・ブラントはピカソの四十五枚の予備的習作と壁画のさまざまな局面を撮ったドラ・マールの写真に言及して強調している。Cf. Anthony Blunt, *Picasso's* Guernica（London: Oxford University Press, 1969）, pp. 26, 28〔アンソニー・ブラント著、荒井信一訳『ピカソ《ゲルニカ》の誕生』（みすず書房、一九八一年）、三六、四二頁〕。これらの習作と写真はすべて、*Picasso's Guernica: Illustrations, Introductory Essays, Documents, Poetry, Criticism, Analysis*, edited by Ellen C. Oppler（New York: W. W. Norton, 1988）, fig. 1-52 に複写されている。

（3） ピカソおよびとくに《ゲルニカ》について書かれてきた研究のうち、わたしにとって有益だった研究を挙げておく。Otto J. Brendel, "Classic and Non-Classic Elements in Picasso's *Guernica*," in: Whitney Jennings Oates（ed.）, *From Sophocles to Picasso: The Present-Day Vitality of the Classical Tradition*（Bloomington: Indiana University Press, 1962）, pp. 121-159; Rudolph Arnheim, *Picasso's Guernica: The Genesis of a Painting*（London: Faber & Faber, 1964）; Blunt, *Picasso's* Guernica; Timothy Hilton, *Picasso*（London: Thames & Hudson, 1981）; Werner Spies, "*Guernica* und die Weltausstellung Paris 1937," in: *Kontinent Picasso: Ausgewählte Aufsätze aus zwei Jahrzehnten*（München: Prestel, 1988）, pp. 62-99.

（4） 民間人への空爆の初期の印象的な表象については、レフ・クレショフのフィルム『死の光線』（一九二五年）を観られたい。

（5） 一九三七年パリ万国博覧会のスペイン館については、Catherine Blanton Freedberg, *The Spanish Pavilion at the Paris World's Fair of 1937*, 2 vols（New York: Garland Publishing, 1986）が基本的文献である。

（6） Cf. Kenneth Frampton, "A Synoptic View of the Architecture of the Third Reich," *Oppositions: A Journal for Ideas and Criticism in Architecture*, 12（Spring 1978）, pp. 54-84（とくに pp. 68, 69）.

（7） Heinrich Hoffmann, *Deutschland in Paris, ein Bild-Buch*（München: Heinrich Hoffmann, 1937）, p. 105.

（8） Otto Karl Werckmeister, "The Political Confrontation of the Arts at the Paris World Exposition of 1937," *Arts and Sciences*, 7（2）（Fall 1984）, pp. 11-16（とくに p. 14）.

（9） Anthony Blunt, "Art in Paris," *The Spectator*（6 August 1937）, p. 241. 資本主義世界における芸術家たちの孤立は Blunt, "Art under Capitalism and Socialism," in: Cecil Day Lewis（ed.）, *The Mind in Chains: Socialism and the*

Cultural Revolution（London: F. Muller, 1937）, pp. 103–122 における主要なテーマである（p. 113 におけるピカソへのどちらかというと非難めいた言及も参照のこと）。

（10） Blunt, *Picasso's* Guernica cit. p. 26〔荒井訳、三五頁〕——「ピカソが《ゲルニカ》で用いたもろもろのシンボルはその絵のために突如案出されたものではなく、それに先立つ歳月のあいだに芸術家の精神のなかで……進展してきたものだった。しかし、先立つ局面ではそれらは私的・個人的な悲劇を表現するための手段であったのにたいして、スペイン内戦の衝撃のもとでピカソはそれらをずっと高い平面にまで高め上げ、宇宙的な悲劇への彼の反応を表現するのに利用することができるようになった」。

（11） Freedberg, *The Spanish Pavilion* cit., vol. I, p. 83, nota 60 et p. 222, nota 3 によると、博覧会が開会した一九三七年五月二十五日には、全部で四十の館のうち四つ——ドイツ、ソ連邦、ベルギー、イタリアのパビリオン——だけが開館の準備ができていた。そしてそれ以外の十七の館がその週の終わりまでに機能し始めたが、大部分は翌週になってから開館したという。George Lefranc, *Histoire du Front Populaire*（*1934–1938*）（Paris: Payot, 1965）, p. 241 も見られたい。

（12） この点はとくにドイツ館とソ連館にかんして繰り返し指摘されてきた。たとえば、Hoffmann, *Deutschland in Paris* cit., pp. 5, 24, 117 を見られたい。Spies, "*Guernica* und die Weltausstellung" cit., pp. 80–81 はマックス・ホルクハイマーとテオドール・W・アドルノの『啓蒙の弁証法』の第一版（一九四四年）からドイツ館とソ連館の一致にかんする一節を引用している。著者たちはその後、この比較の部分を削除している。

（13） Wolfgang Büchel, *Karl Friedrich Schinkel*（Reinbeck bei Hamburg: Rowohlt, 1994）, p. 138 を参照。そこには、Albert Speer, *Spandauer Tagebücher*（Berlin: Propyläen, 1975）, p. 17 の「第二のシンケルになる」という一節が引用されている。アルフレート・ローゼンベルクにたいするヒトラーのよく知られた敵意についてコメントして、シュペーアは「ヒトラーはローゼンベルクがあまり好きではなかった。［ヒトラーは］実際にも北方様式ではなくドーリア様式に傾きすぎていた」と述べていた。"Interview with Albert Speer by Francesco Dal Co and Sergio Polano," *Oppositions*, 12（19778）, pp. 39–53（とくに p. 45）を参照。永遠の衛兵《エーヴィゲ・ヴァッヘ》神殿群は、ヒトラーのお抱え建築家、パウル・ルートヴィヒ・トローストのプランに従って、一九三四年にミュンヘンの王宮広場《ケーニヒスプラッツ》に建立された。それらには一九二三年のミュンヘン「ビアホール」一揆で殺されたいわゆるナチ殉教者たちの遺骸が葬られていた。神殿群は一九四七年一月に取り壊された。Cf. Gavriel D. Rosenfeld, *Munich and Memory: Architecture, Monuments, and the Legacy of the Third Reich* (Berkeley: University of California Press, 2000), p. 89.

(14) Gottfried Benn, "Dorische Welt: Eine Untersuchung über die Beziehung von Kunst und Macht," *Sämtliche Werke*, hrsg. von Gerhard Schuster (Stuttgart: Klett-Cotta, 1989), vol. IV, pp. 124–153; Erster Aufl.: Gottfried Benn, *Kunst und Macht* (Stuttgart: Deutsche Verlags-Anstalt, 1934)〔「ドーリアの世界——芸術と権力の関係についての試論」『ゴットフリード・ベン著作集』第一巻「文明論・社会批評・自伝」、山本尤訳・解説（社会思想社、一九七二年）、七五—一〇八頁〕。Elizabeth Rawson, *The Spartan Tradition in European Thought* (Oxford: Clarendon, 1969) も見られたい。

(15) ヴェラ・ムーヒナの彫刻については、Burkhard Fehr, *Die Tyrannentöter, oder, Kann man der Demokratie ein Denkmal setzen?* (Frankfurt am Main: Fischer, 1984), pp. 54–63 を見られたい。古典的伝統の内部における「僭主殺害者」の役割については、Ernst Bloch, "Rassen Theorie im Vormärz" (1934), in: *Erbschaft dieser Zeit* (Frankfurt am Main: Suhrkamp, 1962), pp. 90–93〔エルンスト・ブロッホ著、池田浩士訳「三月革命前の人種理論」（一九三四年）、『この時代の遺産』（筑摩書房、一九九四年）、五八七—五九二頁〕を見られたい。

(16) Cf. *Exposition internationale des arts et des techniques dans la vie moderne, Paris, 1937. Catalogue général officiel*, tome. II: *Catalogue par pavillons* (2e éd.: Paris: Déchaux, 1937), pp. 378–380.

(17) Freedberg, *The Spanish Pavilion* cit., vol. I, p. 172.

(18) Cf. *Exposition internationale* cit., pp. 131–132. ピカソは、《ゲルニカ》とマリー＝テレーズ・ワルターから着想を得た五体の彫刻に加えて、一連のエッチング《フランコの夢と嘘》を出展している。Cf. Freedberg, *The Spanish Pavilion* cit., vol. I, pp. 316–336（彫刻の同定もなされている）; Marko Daniel, "Spain: Culture at War," in: *Art and Power: Europe under the Dictators, 1930–1945*, exhibition cataloque, edited by Dawn Ades, Tim Benton, David Elliott, Iain Boyd Whyte (London: Thames & Hudson, 1995), pp. 65–66.

(19) Eberhard Fisch, *Picasso, «Guernica»: Eine Interpretation* (Freiburg: Herder, 1983)（ここでは James Hotchkiss による英訳、*«Guernica» by Picasso: A Study of the Picture and Its Context*, Second ed. [Lewisburg, PA: Bucknell University Press, 1988], pp. 18–19 を参照した）。

(20) Cf. "Symposium on *Guernica*, Museum of Modern Art, 25 November 1947," typescript, Museum of Modern Art

Archives, New York. わたしはセルトの言明にあちこち手を加えて明確化を図った。Freedberg, *The Spanish Pavilion* cit., vol. I, pp. 611, 650–651 も見られたい。

(21) Fisch, *«Guernica» by Picasso* cit., p. 19.

(22) Spies, "*Guernica* und die Weltausstellung" cit., p. 83.

(23) たとえば、Werner Spies, "Picasso und seine Zeit, II: Die Weltgeschichte im Atelier," in: *Pablo Picasso: Eine Ausstellung zum hundertsten Geburtstag, Werke aus der Sammlung Marina Picasso*, Ausstellungskatalog, hrsg. von Werner Spies (München: Prestel, 1981), pp. 19–33. シュピースは、《ゲルニカ》の制作に到らせた「最初のショック」は *Fantastic Art, Dada, Surrealism*, exhibition catalogue, edited by Alfred H. Barr Jr (New York: Museum of Modern Art, 1936), fig. 7 に入っているハンス・バルドゥング・グリーンの木版画《魔法にかかった馬丁》（一五四四年）からもたらされたのではないか、と想定している。しかし、こう想定するシュピース自身、松明《たいまつ》を手に持った女性はすでにピカソが一九三四年に制作した二つの作品、《闘牛士》と《コンポジション》のなかに登場する、と指摘していたのだった。Cf. Spies, "*Guernica* und die Weltausstellung" cit., pp. 72, 74 nota 12.

(24) Frank D. Russell, *Picasso's Guernica: The Labyrinth of Narrative and Vision* (London: Thames & Hudson, 1980), p. 116 は、身体的に類似している（わたしの見るところ、そうとはおもえないのだが）という想定にもとづいて、ランプを手にした女性をピカソと同一視している。

(25) Brendel, "Classic and Non-Classic Elements" cit., p. 133. Carl Einstein, *Die Kunst des 20. Jahrhunderts*, 3. Aufl. (Berlin: Propyläen, 1931), p. 76〔カール・アインシュタイン著、鈴木芳子訳・解説『二十世紀の芸術』（未知谷、二〇〇九年）、一三一頁〕——「それから私的な神話学（private Mythologie）が突然姿を現わした」（この一節は一九二六年の第一版にも一九二八年の第二版にも出てこない）。

(26) Brendel, "Classic and Non-Classic Elements" cit., p. 137. Fisch, *«Guernica» by Picasso* cit., pp. 42–46 は《ゲルニカ》の女性をエリーニュス〔復讐の女神たち〕とルシフェル〔サタンと同一視される反逆天使〕の双方をともに表象した存在と解釈している。Meyer Schapiro, "Picasso's Woman with a Fan: On Transformation and Self-Transformation," in: *In Memoriam Otto J. Brendel: Essays in Archaeology and the Humanities*, edited by Larissa Bonfante and Helga von Heintze (Mainz: Phillip von Zabern, 1976), pp. 249–254 は、《ゲルニカ》のランプを手にした女性をフランソワ・リュ

ードの《ラ・マルセイエーズ》（一八三二―一八三六年　パリ、凱旋門）とウジェーヌ・ドラクロワの《民衆を導く自由の女神》（一八三〇年　パリ、ルーヴル美術館）とピエール＝ポール・プリュードンの《「正義」と「復讐」に追われる「罪」》（一八〇八年　パリ、ルーヴル美術館）に近づけている。これらの比較のいずれも説得力に欠ける。

（27）Michel Leiris, *Journal 1922–1989*, éd. établie, présentée et annotée par Jean Jamin (Paris: Gallimard, 1992), p. 595〔ミシェル・レリス著、ジャン・ジャマン校注、千葉文夫訳『ミシェル・レリス日記2（1945―1989）』（みすず書房、二〇〇二年）、一七三頁〕

（28）Christian Zervos, "Conversations avec Picasso," *Cahiers d'art*, 10 (1935), p. 173. ファン・ラレア〔スペインの詩人〕はこのくだりを《ゲルニカ》に言及したものと解釈している。Cf. Roland Penrose, *Picasso: His Life and Work*, 3rd ed. (Berkeley: University of California Press, 1981), p. 302; Blunt, *Picasso's* Guernica cit. p. 28〔荒井訳、三六頁〕

（29）たぶん、絵の最終ヴァージョンで鳥が姿を見せているからだろう。

（30）Blunt, *Picasso's* Guernica cit. p. 12〔荒井訳、二八頁〕。ピカソも「キュビスム」的な舞台装置と衣装をデザインした。また振り付けはレオニード・マシーン〔ロシア出身のバレエダンサー・振付師〕によるものだった。《ゲルニカ》と『パラード』が連関しているということは、Francesco Arcangeli によって彼の敵意に満ちてはいるが鋭い論文"Picasso, «voce recitante»," *Paragone*, 47 (1953), p. 73で強調されている。

（31）『パラード』の影響は、たとえば、Hilton, *Picasso* cit., pp. 138–139 によって指摘されてきた。一般的には、Deborah Menakar Rothschild, *Picasso's Parade: From Street to Stage: Ballet by Jean Cocteau; Score by Erik Satie, Choreography by Leonide Massine* (London: Sotheby's Publications and New York: Drawing Center, 1991) を見られたい。

（32）Giovanni Carandente, "Il viaggio in Italia: 17 febbraio 1917," in: *Picasso: Opere dal 1895 al 1971 dalla Collezione Marina Picasso*, a cura di Giovanni Carandente, catalogo della mostra (Venezia, 1981) (Firenze: Sansoni, 1981), pp. 45–57.

（33）Jean Cocteau, *Le rappel à l'ordre* (Paris: Stock, 1926), pp. 294–295〔佐藤朔訳「ピカソ」『ジャン・コクトー全集6　評論＊＊＊』（東京創元社、一九八五年）、四七三頁〕

（34）デッサンはJean Cocteau, *Le coq et l'arlequin* (Paris: Éditions de la Sirène, 1918) に収録されている。Cf. Jean

Cocteau, *Entre Picasso et Radiguet*. Textes réunis et présentes par André Fermigier (Paris: Hermann, 1967), p. 20.

（35） Marcel Proust, "Préface" de: Jacques-Émile Blanche, *Propos de peintre*, I: *De David à Dega* (Paris: Émile-Paul Frères, 1919), p. xxii.

（36） Cocteau, *Le rappel à l'ordre* cit., p. 51〔堀口大學訳「白紙」『ジャン・コクトー全集4　評論*』（東京創元社、一九八〇年）、七九頁〕

（37） Ernst Bloch, "Zeitecho Stravinskij," in: *Erbschaft dieser Zeit* cit., pp. 216-217〔池田訳「時代のこだま、ストラヴィンスキー」、前掲『この時代の遺産』、三一一―三一二頁〕

（38） Carl Einstein, "Obituary: 1832-1932," in: *Werke*, vol. III: *1929-1940*, hrsg. von Marion Schmid und Liliane Meffre (Berlin-Wien: Medusa, 1985), pp. 535-541. この論考は最初、Eugène Jolas によって英訳されて、*Transition: An Intenational Quarterly for Creative Experiment*, 21 (1932), pp. 207-214 に発表された。Sibylle Penkert, *Carl Einstein: Beiträge zu einer Monographie* (Göttingen: Vandenhoele & Ruprecht, 1969); Heidemarie Oehm, *Die Kunsttheorie Carl Einsteins* (München: W. Fink, 1976); *Kritische Berichte*, 13 (4)（カール・アインシュタイン特集号）; Carl Einstein, *Die Kunst des 20. Jahrhunderts*, hrsg. von Uwe Fleckner und Thomas W. Gaehtgens (Berlin: Fannei & Walz, 1996)（この新版には編者による重要な序文が入っている）も参照のこと。

（39） Einstein, "Obituary" cit., p. 537.

（40） Ibid., p. 540.

（41） Carl Einstein, "The Dinard Period," in: *Picasso in Perspective*, edited by Gert Schiff and translated by A. D. Simons (Englewood Cliffs, NJ: Prentice-Hall, 1976), pp. 72-73. これはアインシュタインの『二十世紀の芸術』第三版（p. 96）からの抜粋である。同書一九九六年版では p. 134 に出てくる〔鈴木訳、一六二―一六三頁〕。

（42） Thomas Mann, "Joseph und seine Brüder," in: *Essays*, hrsg. von Hermann Kurzke und Stephan Stacorski, vol. V: *Deutschland und die Deutschen, 1938-1945* (Frankfurt am Main: Fischer, 1996), p. 189.〔『トーマス・マン全集』第五巻「自作について『ヨゼフとその兄弟たち』」土屋明人訳、新潮社、一九七二年）、八〇五頁〕

（43） 階級なき社会では、画家は「現在展開されているような種類のリアリズムをなんらの神話学も用いることなしに展開するだろう。そこでは、そのような神話学を他の諸階級を抑圧するために用いる必要はもはやなくなるだろう」とブラントは書いている。Cf. Blunt, "Art under Capitalism" cit., p. 120.

（44） Alfred H. Barr Jr., "Picasso: Fifty Years of His Art," in: *Picasso: Fifty Years of His Art* (New York: Metropolitan Museum of Art, 1946), p. 201; Clement Greenberg, "Picasso at Seventy-Five," in: *Art and Culture: Critical Essays* (Boston: Beacon Press, 1961), pp. 59-69（とくにp. 65）〔クレメント・グリーンバーグ著、藤枝晃雄編訳『グリーンバーグ批評選集』（勁草書房、二〇〇五年）、「七十五歳のピカソ」、二〇二―二一六頁（とくに二一〇頁）〕。バーの定義は、ほかにも、Max Raphael, *The Demands of Art, with an Appendix: Toward an Empirical Theory of Art*, translated by Norbert Guterman (Princeton, NJ: Princeton University Press, 1968), pp. 135-179; Eugene B. Cantelupe, "Picasso's Guernica," *Art Journal*, 31 (1) (Autumn 1971), pp. 18-21; Russell, *Picasso's* Guernica cit., pp. 81-85によって復唱されてきた。

（45） Blunt, *Picasso's* Guernica cit., p. 32〔荒井訳、四〇頁〕は似たような指摘をしているが、この新しいフォーマットが最初のデッサンで前進する女性が登場したときから始まっていたことに気づいていない（**口絵・図23参照**）。

（46） Robert Rosenblum, *Transformations in Late Eighteenth Century Art* (Princeton, NJ: Princeton University Press, 1970), pp. 28-49, 154ff.

（47） Francis Haskell, "Poussin's Season," *New York Review of Books*, 23 March 1995, p. 50.

（48） 絵が制作されたのは一七七八年であったが、《父親の呪い／罰せられた息子》のためのデッサンは一七六五年のサロンに出展されていた。Cf. Edgar Munhall, *Jean-Baptiste Greuze, 1725-1805*, edited by Joseph Focarino, exhibition catalogue (Hartford, CT: Wadsworth Atheneum, 1976), pp. 114-115 (entry no. 49), pp. 178-180 (entry no. 88). ガブリエル・ド・サン＝トーバンは、一七六九年のサロンのための彼の小冊子の余白でグルーズの《息子たちに見棄てられた残酷な父親の死》をプッサンの《ゲルマニクスの死》と比較している。Cf. Munhall, *Jean-Baptiste Greuze* cit., pp. 118-119 (entry no. 51). Rosenblum, *Transformations* cit., pp. 37-38も見られたい。ローゼンブルムは、グルーズがウィリアム・ホガースに負っていることにかんして、Frederick Antal, *Hogarth and His Place in European Art* (London: Routledge & Kegan Paul, 1962), pp. 198ff.〔フレデリック・アンタル著、中森義宗・蛭川久康訳『ホガース――ヨーロッパ美術に占める位置』（英潮社、一九七五年）、二〇七頁以下〕を引用している。

（49） Munhall, *Jean-Baptiste Greuze* cit., pp. 120-121 (entry no. 52).

（50）Raphaël [Daudet de Jaussac] et Jérôme, *Lettre sur les peintures, gravures et sculptures qui ont été exposées cette année au Louvre* (Paris: Delalain, 1769), p. 28.

（51）Willibald Sauerländer, "Pathosfiguren im Oeuvre des Jean Baptiste Greuze," in: *Walter Friedlaender zum 90. Geburtztag: Eine Festgabe seiner europäischen Schüler, Freunde und Verehrer*, hrsg. von Georg Kauffmann und Willibald Sauerländer (Berlin: Walter de Gruyter, 1965), pp. 146-150.

（52）Cf. Nicholas Powell, *Fuseli: The Nightmare* (London: Allen Lane, 1973), pp. 28ff.

（53）Gert Schiff, *Johann Heinrich Füssli, 1741-1825*, vol. I (München: Berichthaus, 1973), p. 211 は、フュースリーのデッサン《兜を着けた頭部の幻と相談するマクベス》（一七九一―一七九三年　チューリヒ、美術館）をグルーズのデッサン《父親の呪い／罰せられた息子》（一七六五年　リール、美術館）と比較している。そして、この考察をGeorge Levitine, review of Gert Schiff, *Johann Heinrich Füsslis Milton-Galerie*, *Art Bulletin*, 47 (2) (1965), pp. 300-301によるものだとしている。

（54）Schiff, *Johann Heinrich Füssli* cit., vol. I, p. 70; vol. II, p. 65 (entry no. 333).

（55）Allan Cunningham, *The Lives of the Most Eminent British Painters, Sculptors, and Architects*, vol. II, Second ed. (London: John Murray, 1830), p. 280, quoted in: Giorgio Melchiori, *Michelangelo nel Settecento inglese. Un capitolo di storia del gusto in Inghilterra* (Roma: Edizioni di Storia e Letteratura, 1950), p. 81.

（56）Schiff, *Johann Heinrich Füssli* cit., vol. I, pp. 112, 462 (entry no. 515), vol. II, p. 121 (entry no. 515); *The Age of Neo-classicism: The Fourteenth Exhibition of the Council of Europe*, exhibition catalogue (London: Arts Council of Great Britain, 1972), pp. 343-344 (entry no. 589 by Rhodri Liscombe); Frederick Antal, *Fuseli Studies* (London: Routledge & Kegan Paul, 1956), p. 20.

（57）Cf. Schiff, *Johann Heinrich Füssli* cit., vol. I, p. 440 (entry no. 378), vol. II, p. 86 (entry no. 378). シフは《メレアグロス》のこのヴァージョンは一七七一年に制作されたとしている（少なくとも五つのヴァージョンが現存している）。*The Age of Neo Classicism* cit., p. 344 (entry no. 591 by Rhodri Liscombe) では一七七六―一七七八年に制作されたとされている。

（58）Antal, *Fuseli Studies* cit., p. 34, Plate 18a.

(59) Gert Schiff, "Füssli, puritan et satanique," *L'oeil*, 63 (1960), pp. 23-29は、ダヴィッドはフュースリーの作品をよりリアリスティックなものにするうえで一時的に影響を及ぼしたということはありうると論じている。しかし、この示唆は支持しがたい。フュースリーの《リュトリ山上での誓い》(一七七八—一七八一年　チューリヒ、市庁舎)をダヴィッドの《ホラティウス兄弟の誓い》(一七八三—一七八四年　パリ、ルーヴル美術館)と比較してみるなら、逆に、フュースリーのほうがダヴィッドに影響をあたえたのかもしれないと想定される。Cf. Antal, *Fuseli Studies* cit., pp. 71-72, Plate 28, 29a.

(60) Frederick Antal, "Fuseli Studies," *The Burlington Magazine*, 96 (617) (October 1954), pp. 260-261.

(61) Cf. George Levitine, "The Influence of Lavater and Girodet's *Expression des sentiments de l'âme*," *Art Bulletin*, 36 (1) (1954), pp. 33-44 (とくに pp. 40-44). Thomas Crow, "Girodet et David pendant la Révolution: Un dialogue artistique et politique," in: *David contre David*, tome II (Paris: La Docmentation Française, 1993), pp. 845-866 (とくに p. 854) によると、ジロデの《ヒポクラテス》は「彼の経歴のうちで最も純粋にダヴィッド的なコンポジション」だったという。

(62) *Marseille en Révolution*, exhibition catalogue (Claude Badet éd.) (Marseille: Éditions Rivages, 1989), p. 150 (entry no. 171 par Philippe Bordes). その後しばらくしてジロデも「ミケランジェロ化」し始める。たとえば、彼の《大洪水》(一八〇六年　パリ、ルーヴル美術館)を見られたい。

(63) Alain Jouffroi et Philippe Bordes, *Guillotine et peinture: Topino-Lebrun et ses amis* (Paris: Chêne, 1977), p. 124 (一七九五年十一月二十日の手紙)。マグダレーナ・シュヴィツァー＝ヘッセについては、Schiff, *Johann Heinrich Füssli* cit., vol. I, p. 85 et passim を見られたい。

(64) James Henry Rubin, "Painting and Politics, II: J.-L. David's Patriotism, or the Conspiracy of Gracchus Babeuf and the Legacy of Topino-Lebrun," *Art Bulletin*, 58 (4) (1976), pp. 547-568. しかし、Philippe Bordes, "Documents inédits sur Topino-Lebrun," *Bulletin de la Société de l'histoire de l'art-française* (1976), pp. 289-300, "Letter to the Editor," *Art Bulletin*, 59 (3) (1977), pp. 461-462 における Bordes と Rubin のあいだのやりとり、Jouffroi et Bordes, *Guillotine et peinture* cit., Philippe Bordes, "Les arts après la Terreur: Topino-Lebrun, Hennequin et la peinture politique sous le Directoire," *La revue du Louvre et des musées de France*, 29 (1979), pp. 199-212、*Marseille en Révolution* cit., pp.

149-152（entry no. 171 par Philippe Bordes）も参照されたい。トピノ＝ルブランといっしょにギロチンにかけられたジュゼッペ・チェラッキにかんしては、“Ceracchi, Giuseppe,” in: *Dizionario biografico degli italiani*, vol. 23（Roma: Istituto della Enciclopedia Itsliana, 1979）を参照のこと。

（65）Jouffroi et Bordes, *Guillotine et peinture* cit., p. 126（*Journal d'indications*）.

（66）Cf. Rubin, “Painting and Politics, II” cit., p. 555. そこでは、当時獄中にあったバブーフの書いた論説記事を出版社に運んでくれるようトピノ＝ルブランに依頼した一七九五年十月十日の手紙について議論されている。この論説記事はバブーフの創刊した新聞『人民の護民官』の三四号に掲載されることとなる。

（67）Cf. Rubin, “Painting and Politics, II” cit., pp. 560-563; Etienne-Jean Delécluze, *Louis David. Son école et son temps: Souvenirs*（Paris: Macula, 1983［1855］）, pp. 146-147, 238-240.

（68）この点は William Darr, “Images of Eros and Thanatos in Picasso's Guernica,” *Art Journal*, 25（4）（1966）, pp. 338-346 では見過ごされている。

（69）Arthur E. Popham and Johannes Wilde, *The Italian Drawings of the XV and XVI Centuries in the Collection of His Majesty the King at Windsor Castle*（London: Phaidon, 1949）, pp. 248-249（entry no. 424）.

（70）Brendel, “Classic and Non-Classic Elements” cit., p. 154.

（71）Hilton, *Picasso* cit., p. 246.

（72）Philippe Auquier, *Ville de Marseille, Musée des Beaux-Arts, Palais de Longchamp: Catalogue des peintures, sculptures, pastels et dessins*（Marseille: Barlatier, 1908）, p. 305（entry no. 575）. マルセイユ美術館保管係助手ナディーヌ・ザンニーニは一九九三年十一月九日付の書簡で親切にも情報を提供してくれた。感謝させていただく。

（73）William Rubin, “Picasso,” in: “*Primitivism*” *in Twentieth-Century Art: Affinities of the Tribal and the Modern*, vol. I, exhibition catalogue（William Rubin ed.）（New York: Museum of Modern Art, 1984）, p. 305. Isabelle Monod-Fontaine et Claude Laugier, *Daniel-Henry Kahnweiler, marchand, éditeur, écrivain*, exhibition catalogue（Paris: Centre Georges Pompidou, 1984）, pp. 111-112 に収録されている、ピカソのカーンワイラー宛て一九一二年八月十一日付の手紙も参照されたい。

（74）Carla Gottlieb, “Picasso's Girl before a Mirror,” *Journal of Aesthetics and Art Criticism*, 24（1966）, pp. 509-518（と

くに p. 510). Hilton, *Picasso* cit., p. 222 も参照のこと。

(75) Greenberg, "Picasso at Seventy-Five" cit., pp. 59-69（とくに p. 63）〔藤枝訳、二〇二―二一六頁（とくに二〇七頁）〕。同じ方向をとっているものとして、Arcangeli, "Picasso, 'voce recitante'," cit., pp. 73-74 を見られたい。テート・ギャラリーの館長ノーマン・リードは、ピカソの《三人の踊り子》とフュースリーの《短剣をもつマクベス夫人》をまったく偶然に同時購入できたことにかんしてコメントして、「大量の過去がピカソのうちには包み込まれている。その包みのどこかにはフュースリーの痕跡も残っているかもしれない」と書いている。Cf. *The Tate Gallery Report 1964-65* (London: Her Majesty's Stationary Office, 1966), p. 14.

(76) *The Tate Gallery Report 1964-65* cit., p. 50 に公表された、ピカソとの対話（一九六五年一月三十一日）のさいにローランド・ペンローズがとったノートを参照のこと――「わたしは言った。「《三人の踊り子》をわたしにとってきわめて重要なものにしている事柄のひとつは、そこには《ゲルニカ》の最初の痕跡が認められるということなのです」。するとピカソは驚いたようにわたしを見つめて答えた。「ことによるとそうかもしれないね。でも、二つのうち、ぼくとしては《三人の踊り子》のほうを選ばなければならない。こちらのほうがずっとリアルな絵なんだ。なんらかの外的な考慮もなしにそれ自体で存立している絵なんだよ」」。そのときピカソは《三人の踊り子》をテート・ギャラリーに売却しようとしていた。しかし、彼の発言にはいずれにしても意義深いものがある。

(77) Hilton, *Picasso* cit., p. 246.

(78) William Rubin, *Picasso in the Collection of the Museum of Modern Art, Including Remainder-Interest and Promised Gifts* (New York: Museum of Modern Art, 1972), p. 120.

(79) Hilton, *Picasso* cit., p. 215.

(80) Ibid., p. 148. 同じ指摘はロベルト・ロンギによって一九五三年のピカソにかんする一連のノートのなかでなされていた。Cf. Roberto Ronghi, "Picasso e l'Itslia, Picasso e l'arte italiana, Lo 'stupefacente' Picasso, Picasso: commenti e note, Picasso speaks," *Paragone*, 371 (1981), pp. 6-54――「ピカソのうちには、同じころ［一九二〇―一九二一年］のデ・キリコのそれと並んで、ほとんど古典主義のアイロニーに近いものが見られる」(p. 15)。「彼［ピカソ］の絵は線描画であるように、彼の巨大な人物像も中が空っぽの石膏の鋳型の軽さをもっている。おそらくピカソは鋳型を見ていて現物は見ていなかったのだろう」(p. 52)。似たような指摘は Otto J. Brendel, "The Classical Style in Modern Art,"

in: Whitney J. Oates (ed.), *From Sophocles to Picasso* cit., p. 96 でもなされていた。

（81）Brassaï, *Conversations avec Picasso* cit., p. 71〔飯島・大岡訳、七二頁〕

（82）Ernst H. Gombrich, "Psycho-analysis and the History of Art," in: *Meditations on a Hobby Horse, and Other Essays on the Theory of Art* (London: Phaidon, 1963), pp. 30-44〔E・H・ゴンブリッチ著、二見史郎・谷川渥・横山勝彦訳『[完訳版] 棒馬考——イメージの読解』（勁草書房、一九九四年）、「精神分析と美術史」（横山勝彦訳）、七六—一一四頁、とくに八〇—八二頁〕

（83）Semir Zeki, *Balthus ou La quête de l'essentiel* (Paris: Archimbaud, 1995), p. 38.

（84）Brendel, "Classic and Non-Classic Elemenrts" cit., p. 140.

（85）Sidra Stich, "Picasso's Art and Politics in 1936," *Arts Magazine*, 58 (2) (1983), pp. 113-118（とくに p. 117, nota15）——「典型的なことにも、ピカソは彼の戦士に［七月十四日〔フランス大革命記念日〕のための緞帳のために描いた一九三六年五月二十八日のスケッチのなかで］近代的な武器ではなくて最も原始的な防衛物——石をあたえた。より初期の戦闘場面においても（そして《ゲルニカ》においても）、彼の武器（刀剣、短剣、ナイフ、槍、投げ槍）は神話的な雰囲気をつくり出すのに役立っているか、時間の転位を引き起こしている」。

（86）Walter Benjamin, *Versuche über Brecht*, hrsg. von Rolf Tiedemann (Frankfurt am Main: Suhrkamp, 1971), p. 171〔ヴァルター・ベンヤミン著、浅井健次郎編訳、土合文夫・久保哲司・内村博信・岡本和子訳『ベンヤミン・コレクション7——〈私〉記から超〈私〉記へ』（筑摩書房、二〇一四年）、二四二頁（内村博信訳「一九三八年の日記」）〕

（87）Jerome Seckler, "Picasso Explains —— [1945]," in: *Picasso's Guernica: Illustrations, Introductory Essays, Documents, Poetry, Criticism, Analysis*, edited by Ellen C. Oppler (New York: W. W. Norton, 1988), pp. 148-149, 151——初出は *New Masses* (13 March 1945). わたしは近代美術館の書庫に保管されているインタビューのタイプ原稿を点検した。「牡牛はファシズムではなく、野獣性であり暗黒です」という言葉（p. 148）が言及しているのは、これまで何度か言われてきたように《ゲルニカ》ではなく、《黒い牡牛の頭部のある静物画》（一九三八年）である。Cf. Seckler, Fig. 148.

（88）*Picasso on Art: A Selection of Views*, edited by Dore Ashton (New York: Viking Press, 1972), p. 155 —— "Symposium on *Guernica*, Museum of Modern Art, 25 November 1947," typescript, New York: Museum of Modern

Art からの引用。

(89) John Berger, *The Success and Failure of Picasso* (Baltimore: Penguin, 1966), p. 169〔ジョン・バージャー著、奥村三舟訳『ピカソ——その成功と失敗』(雄渾社、一九六七年)、二六一頁〕; Blunt, *Picasso's* Guernica cit., pp. 44-47〔荒井訳、五〇—五三頁〕.

(90) Juan Larrea, Guernica*: Pablo Picasso*, edited by Walter Pach, translated by Alexander H. Krappe (New York: Curt Valentin, 1947), pp. 56-57, Fig. 12. ラレアは『ドキュマン』に言及してはおらず、《ゲルニカ》を明確に黙示録的な観点のもとで解釈しながらも、その細密画がピカソにとってのひとつの源泉であったと信じてもいない。一方、Ruth Kaufmann, "Picasso's *Crucifixion* of 1930," *The Burlington Magazine*, 111 (1969), pp. 553-561 は『ドキュマン』との関連を指摘している(ただ、彼女は『ドキュマン』をシュルレアリスムの雑誌であるとしているが [p. 553]、創刊者のバタイユ自身は反シュルレアリスムの雑誌であると考えていた)。

(91) Georges Bataille, "L'apocalypse de Saint-Sever," in: *Oeuvres complètes*, I: *Premiers écrits, 1922-1940* (Paris: Gallimard, 1970), pp. 164-170. 初出は *Documents*, 1 (2) (1929), pp. 74-84〔ジョルジュ・バタイユ著、江澤健一郎訳「サン゠スヴェールの黙示録」『ドキュマン』(河出書房新社、二〇一四年)、二一一—二七頁〕

(92) Bataille, "L'apocalypse" cit., pp. 168-169, ill. 8〔江澤訳、三〇頁〕

(93) Denis Hollier, "La valeur d'usage de l'impossible," préface à la réimpression de *Documents, I: Doctrines, archéologie, beaux-arts, ethnographie* (Paris: Jean-Michel Place, 1992 [1929]), pp. vii-xxxiv. Denis Hollier, *Les dépossédés: Bataille, Caillois, Leiris, Malraux, Sartre* (Paris: Éditions de Minuit, 1993), pp. 153-17 に収録。アインシュタインが『ドキュマン』に寄稿した諸論文は、Carl Einstein, *Ethnologie de l'art moderne*, éd. par Liliane Meffre (Marseille: André Dimanche, 1993) に収録されている。Michel Leiris, "De Battaille l'impossible à l'impossible *Documents*" [1963], in: *À propos de Georges Bataille* (Paris: Fourbis, 1988), pp. 17-40 には失望させられた。Roberto Longhi, "Picasso e l'Italia" [1953], *Paragone*, 371 (1981), p. 7 を見られたい——「偉大な折衷的教養の持ち主だった哀れなカール・アインシュタインの『ドキュマン』の時代。そしてピカソは折衷的教養の体現者である」。

(94) Georges Bataille, "Soleil pourri," in: *Oeuvres complètes*, I cit., pp. 231-232. 初出は *Documents*, 2 (3) (1930), pp. 173-174〔江澤訳(「腐った太陽」)、一七九—一八一頁〕。「ピカソ称賛」と題されたこの号には、クロード・レヴィ゠ストロ

ースも短い文章を寄稿している。

(95) Bataille, "Soleil pourri" cit., p. 231〔江澤訳、一七九頁〕

(96) Ibid., p. 232〔江澤訳、一八一頁〕。このテクストの重要性を掴み取った二人の研究者も、ピカソにはまったく関係がないミトラ信仰にバタイユが言及していることに惑わされて要点を見失ってしまっている。Cf. Kaufmann, "Picasso's *Crucifixion*" cit., pp. 553-561; Penrose, *Picasso* cit., p. 304, nota 12.

(97) Blunt, *Picasso's* Guernica cit., p. 34〔荒井訳、四六頁〕

(98) Arnheim, *Picasso's* Guernica cit., p. 120――「拳はたんなる脅威の域を超え出て、一束の花を握っており、燃え立つようなアウラに取り囲まれている」。

(99) Blunt, *Picasso's* Guernica cit., p. 34〔荒井訳、四六―四七頁〕; Werkmeister, "The Political Confrontation" cit., p. 16; Ruth Maria Capelle, "Die Bedeutung des Maitage in Barcelona in der ikonographischen Entwicklung von Picassos *Guernica*," in: *Der Spanische Bürgerkrieg und die bildenden Künste* (Hamburg: Argument, 1989), pp. 88-93; Ludwig Ullmann, *Picasso und der Krieg*, hrsg. von Jutta Held (Bielefeld: Karl Kerber, 1993), pp. 136-138（一九三七年五月におけるバルセローナの事件について）, p. 524, nota 325（ヴェルクマイスター論文に言及している）。

(100) Antonina Vallentin, *Pablo Picasso* (Paris: A. Michel, 1957), pp. 326-327.

(101) Bataille, "Soleil pourri" cit., p. 231〔江澤訳、一七九頁〕. Russell, *Picasso's* Guernica cit., p. 324, nota 179 も見られたい（ピカソのシュルレアリストの友人たちについて漠然とした指摘がなされている）。Russell, *Picasso's* Guernica cit., pp. 102-103, 268; Ludwig Ullmann, "Zur Vorgeschichte von Picassos *Guernica*: Unbekannte und unbeachtete Arbeiten (Januar-April 1937)," *Kritische Berichte*, 13 (4) (1985), pp. 45-56（とくに p. 47）では異なった（そしてわたしの見るところ受け入れがたい）解釈が示唆されてきた。

(102) Luc Decaunes, *Paul Eluard, Biographie pour un approche* (Rodez: Éditions Subervie, 1964), p. 55.

(103) エリュアールの詩は全文がフランス語とローランド・ペンローズによる英訳で Larrea, *Guernica* cit., pp. 6, 7 に収められている。一九四七年にニューヨーク近代美術館で開催されたシンポジウムで、ラレアは「絵の中には［エリュアールの］詩がたくさん存在しており、詩の中には絵がたくさん存在しているとわたしは考えている」と述べている。これにたいしてルドルフ・アルンハイムは「《ゲルニカ》は勝利ではなく敗北である――王者然とした野獣の高くそびえ立った無時間的な像にダイナミックに訴えることによって一時的なものとして示された、ぶざまに伸び拡がったカオスである」と異を唱えている。Cf. "Symposium on *Guernica*, Museum of Modern Art, 25 November 1947" cit. ピカソ、エリュアール、《ゲルニカ》にかんしては、Penrose, *Picasso* cit., pp. 315-316 を参照のこと。

(104) ジョルジュ・バタイユは、あるインタビューで、『眼球譚』の最終部分は文字どおり真実であると強調していた。これを読んで弟のマルシアル・バタイユは恐怖におののきながら反撥している。

(105) Georges Bataille, *L'anus solaire*, in: *Oeuvres complètes*, I cit., pp. 81-86, 644-645(とくに p. 86)〔ジョルジュ・バタイユ著、酒井健訳『太陽肛門』(景文館書店、二〇一八年)、一八頁〕。このテクストについて、ドゥニ・オリエは「プロレタリアートの糞尿嗜好的エロス化」ということを語っている(Denis Hollier, "De l'équivoque entre littérature et politique," in: *Les dépossédés* cit., pp. 109-130(とくに 119). これらのテクストにおけるサドとボードレールの影響をたどるためには、長い脱線が要求されるだろう。しかし、Georges Bataille, "[Rêve]," in: *Oeuvres complètes*, II: *Écrits posthumes, 1922-1940* (Paris: Gallimard, 1970), pp. 9-10, 413 を見られたい(「一九二七年六月ごろに書かれた」とある。それゆえ、バタイユがアドリアン・ボレルの精神分析の治療を受けていた時期と重なる)。この夢については、Denis Hollier, "La tombe de Bataille," in: *Les dépossédés* cit., pp. 95-99 を参照。自然嫌悪はバタイユをして死を敗北と見させるにいたる――「わたしは夜のように拡がる無個性で限りのない生、すなわち死にほかならない生の、おぞましい本性と腐敗をふたたび見いだすだろう。いつの日か、この生きた世界はわたしの死んだ口の中でおびただしく繁殖するだろう」("L'histoire de l'érotisme," in: *Oeuvres complètes*, VIII [Paris: Gallimard, 1976], p. 70〔ジョルジュ・バタイユ著、湯浅博雄・中地義和訳『エロティシズムの歴史』(筑摩書房、二〇一一年)、一一二―一一三頁〕)

(106) *La Critique Sociale. Revue des idées et des livres (1931-1934)* (Paris: Éditions de la Différence, 1983) ――これは雑誌の十一号すべてのファクシミリ復刻版であって、当時八十七歳になっていたボリス・スーヴァリーヌのプロローグが入っている。コレージュ・ド・ソシオロジーの議事録は Denis Hollier (éd.), *Le Collège de sociologie: 1937-1939* (Paris: Gallimard, 1979; nouvelle édition refondue: 1995) として出版されている。

(107) Jean Dautry, "Sous le feu des canons française..." ――ジョルジュ・バタイユおよびコントル=アタックの他のメンバーによる署名入りビラ――in: Bataille, *Oeuvres complètes*, I, p. 398. 改訂版ビラにはさらに五名の署名が入っている(p. 671)。バタイユと彼を取り巻くメンバーたちによって書かれた文書の一大集成――Marina Galletti (éd.),

L'apprenti Sorcier. Textes, lettres et documents (1932-1939) (Paris: Éditions de la Différence, 1999) ——への序文で、編者のマリーナ・ガッレッティは当惑を隠さずに、これらのテクストが「おそらく過度の性急さをもって」作成されたことを認めている（p. 56）。

（108） Carlo Ginzburg, “Mitologia germanica e nazismo. Su un vecchio libro di Georges Dumézil” (1984), in: *Miti emblemi spie. Morfologia e storia* (Torino: Einaudi, 1986), pp. 210-238（とくに pp. 229-231）〔カルロ・ギンズブルグ著、竹山博英訳（せりか書房、一九八八年）、二二七—二六〇頁（とくに二五四—二五五頁）〕

（109） 完全復刻版 *Acéphale: Religion, sociologie, philosophie, 1936-1939* (Paris: Jean Michel Place, 1980) を見られたい。

（110） Leiris, *Journal* cit., pp. 721-722（一九七九年十月五日、六日）〔千葉訳『ミシェル・レリス日記2（1945—1989）』、二九六—二九七頁〕の「アセファルのテーマ」にかんする指摘を見られたい。これはコレージュ・ド・ソシオロジーの議事録がオリエによって公刊されたのを機に記されたものである。

（111） Georges Bataille, “Chronique nietzschéenne,” in: *Oeuvres complètes*, I, pp. 477-490（とくに pp. 485-489）（“La représentation de ‘Numance’,” “Numance! Liberté!”）——初出 *Acéphale*, 3-4 (juillet 1937), pp. 15-23〔ジョルジュ・バタイユ著・中沢信一訳「ニーチェ風時評」（「『ヌマンティア』の上演」、「ヌマンティアよ！　自由よ！」）、ジョルジュ・バタイユ他著、兼子正勝・中沢信一・鈴木創士訳『無頭人《アセファル》』（現代思潮新社、一九九九年）、一六〇—一六一頁、一六二—一六九頁〕。このテクストの重要性は Denis Hollier, “Desperando” (Betsy Wing trans.), *New German Critique*, 67 (Winter 1996), pp. 19-31によって強調されている。

（112） Bataille, “Chronique nietzschéenne” cit., pp. 488-489〔中沢訳、一六五—一六六頁〕

訳者あとがき

本書は Carlo Ginzburg, *Paura reverenza terrore. Cinque saggi di iconografia politica* (Milano: Adelphi, 2015) の全訳である。

翻訳にさいしては、英語版 Carlo Ginzburg, *Fear Reverence Terror: Five Essays in Political Iconography* (Calcutta/London/New York: Seagull Books, 2017) も参照した。

なお、原書のタイトルを直訳すれば、『畏怖・崇敬・恐怖——政治的イコノグラフィーにかんする五つの試論』となる。しかし、今回の日本語版では、編集部とも協議のうえ、『政治的イコノグラフィーについて』というタイトルにすることとした。

＊

本書には、一五三〇年頃アントワープで制作された金めっきされた銀杯から、ホッブズの『リヴァイアサン』扉頁の図像と、ダヴィッドの《最後の息を引き取ろうとしているマラー》、そして第一次世界大戦時の英国で陸軍大臣に就いたキッチナー卿が見る者を指さして「祖国はきみを必要としている」と訴えている図を描いた新兵募集のポスターを経て、ピカソの《ゲルニカ》にいたるまで、一九九九年から二〇〇九年にかけて公表された五本の論考が収録されている（「原書による凡例」に紹介されている初出一覧を見られたい）。

取りあげられている素材は、一見したところ、時代も場所もまちまちである。しかし、テーマそのものは、いずれも「政治的イコノグラフィー」、すなわち図像の発揮する政治的効果についての試論ないし実験である点では共通している。

また、これらの実験をおこなうにあたってギンズブルグが使っている分析道具も同一である。美術史家アビ・ヴァールブルクがルネサンス期における古典古代の図像の具体的な「再生」――継承・断絶・残存――の様態にかんする研究に取り組むなかで練りあげた「情念定型（Pathosformeln）」という概念がそれである。古代美術とこれを踏襲したルネサンス期の美術が、不断に流動して止むところを知らない生を「強調された感傷性をおびた身振り」をつうじて表現しようとするさいに常套的に用いていた、いくつかの原初的な図像があった。これらの図像は原初的なものであると同時に両義的なものでもあって、歴史的に伝達されていく過程で「エネルギー論的な反転」をこうむる。すなわち「似たような所作が正反対の意味をおびることがありうる」のだった。これらの原初的かつ両義的な図像のことをヴァールブルクは「情念定型」と名づける。そして、その特質をそれらが置かれていた政治的・社会的・文化的状況との関連のなかで解明しようとするのだったが、このヴァールブルクのアプローチにギンズブルグは彼がまだピサ高等師範学校の学生時代、ほどなくして歴史学界へのデビュー作『ベナンダンテたち――十六世紀から十七世紀にかけての時期における魔術と農耕信仰にかんする研究』（一九六六年）となってまとめられることになる研究のための指導を受けていた宗教史家のデリオ・カンティモーリの勧めで一九六一年、六四年、六〇―六七年の三度にわたってロンドンのウォーバーグ研究所に長期滞在していたなかでいたく興味をそそられたらしいことが、一九六六年度の『中世研究』誌に掲載されたサーヴェイ論文「A・ヴァールブルクからE・H・ゴンブリッチへ――方法の問題にかんする覚え書き」(1)からうかがうことができる。

ヴァールブルクとその後継者たちの仕事についてのこの若き日のサーヴェイ論文から五十年の歳月を経過したのちのひとつの成果が本書にほかならなかったのである。ヴァールブルクの「情念定型」概念への明示的な言及は、一五三〇年頃アントワープで制作された金めっきされた銀杯を取りあげた第一試論と、第一次世界大戦時の英国で陸軍元帥に就いたキッチナー卿が見る者を指さして「祖国はきみを必要としている」と訴えている図を描いた新兵募集のポスターを取りあげた第四試論でしかなされていない。しかし、同様のアプローチそのものは他の三つの試論のなかでも採られている。

＊

さて、ヴァールブルクとその後継者たちの仕事についての若き日のサーヴェイ論文から五十年の歳月を経過したのちにと言ったが、その間も、芸術作品のもつ意義について、これまで美術史家たちの多くがとってきた様式論に特化したアプローチを超えて、それらの芸術作品が置かれていた時々の政治的・社会的・文化的状況と関連させせながら解明しようとする、ギンズブルグによるとこれこそがヴァールブルクがあとに続く研究者たちに託した最大の遺産であるというこころみがなされなかったわけではない。

たとえば一九七六年。この年は、異端の嫌疑で裁判にかけられ、最後は火炙りの刑に処せられた、十六世紀フリウリ地方の一介の粉挽きの抱懐していた宇宙観を裁判記録をもとに復元したうえで、その粉挽きが読んでいたと推測される『コーラン』などの書物と突き合わせつつ解読してみせた『チーズとうじ虫』が公刊された年であった。そして、これによってギンズブルグは歴史学界のみならず広く人文・社会科学の諸領域から注目を浴びることになるのだったが、その同じ一九七六年には、パウロの『ローマ人への手紙』一一・二〇に出てくる、聖ヒエロニュムスのラテン語訳聖書（いわゆる『ウルガータ聖書』）で"noli altum sapere, sed teme"（思い上がってはなりません、むしろ恐れなさい）となっている、高慢を戒める道徳的な意味合いの文章が、十六、十七世紀には多くの場合、知識をもつことを禁じる意味で受け取られるようになっていった社会・文化史的な経緯を、当時流行したエンブレム・ブックの図版などを使って解明することをこころみた「高きものと低きもの――十六、十七世紀における禁じられた知識というテーマ」という論文を『パスト・アンド・プレゼント〔過去と現在〕』誌に発表したりしている。(2)

また、『チーズとうじ虫』が成功を収めた勢いに乗って、ギンズブルグが経済史家のジョヴァンニ・レーヴィと共同で企画したエイナウディ出版社の《ミクロストリア叢書》の刊行が一九八一年に始まったさいには、その第一冊目として、イタリア・ルネサンス期の画家ピエロ・デッラ・フランチェスカの作品の制作年代の同定作業に注文主と図像表現という二つの面から挑戦したギンズブルグの著作『ピエロにかんする調査』が世に問われるのだが、同書の序文には、そうした方向にだれよりも先んじて決然と歩んでいった代表的人物としてヴァールブルクの名が挙げられている。「特定の社会的・文化的コンテクストに注目したことこそがヴァールブルクをパノフスキーのような偉大な研究者ですら（彼の後継者の一部についてはいうまでもなく）時としておちいった解釈の行き過ぎから救っていた」というのだった。(3) 同様のアプローチをギンズブルグは一九九六年、十五世紀フランスの画家ジャン・フーケの《道化師ゴネッラの肖像》についてもこころみている。(4)

＊

それだけではない。ヴァールブルクによると、「情念定型」の出現に直面した人々の反応には、なにか歴史自体を超えたもの、なにか動物とも共通の人間の自然本性に結びついたものが認められるという。そうであってみれば、ここからは、一方における形態学的な探求と他方における歴史的な探求とのあいだに未決の緊張が生じることとなる。この緊張のうちにギンズブルグは二〇一三年の論文「ヴァールブルクの鋏」のなかで「ヴァールブルクの仕事の比類なき豊かさ」を見てとるのだったが、[5] 同じ緊張はまさしく「形態学と歴史」という副題を付された『神話・エンブレム・証跡』（一九八六年）に集められている諸論文から『夜の歴史――サバトを解読する』（一九八九年）にいたるまでのギンズブルグ自身の仕事の大部分をも一貫して賦活してきたのだった。そして、この緊張に耐え抜くなかで鍛えあげられた形態学者の眼と歴史家の眼とは、いずれもが、ギンズブルグにとって、（ある研究者も本書への書評で指摘しているように）「事物を自明的ではないしかたで眺める」のに役立っているのである。[6]

「事物を自明的ではないしかたで眺める」ということは、まずもって、その事物には実質的に曖昧模糊としていて不分明な点が残っていることを見てとり、その曖昧模糊さと不分明さを明るみに出すよう努めることを意味している。が、しかしまた逆に、記録資料をそれらが直接には言っていないことを再建する目的で研究すること、一九六六年のヴァールブルクとその後継者たちの仕事にかんするサーヴェイ論文で述べられていたように、「必ずしもつねに直接には資料的に裏づけられていないもろもろの連関、関係、対応」[7] の存在の論証に努めることをも意味している。この二重の方法的態度がギンズブルグの仕事全体を領導しているのだった。

＊

本書では、この方法的態度は、一部は、記憶と距離の関係という、すでに著者が取り組んできたテーマ(8)に、別の視点からではあるが適用されている。まさしく「記憶と距離」と題された第一試論のほか、第四試論で、第一次世界大戦時に英国で制作された、陸軍大臣キッチナー卿が指を突き出して「祖国はきみを必要としている」と訴えている場面を描いた新兵募集のポスターをジョージ・オーウェルの『一九八四年』に出てくる〈ビッグ・ブラザー〉のポスターの思い出と照らし合わせつつ、それがどこからでも見ている権威のイメージであると同時に攻撃的な脅威のイメージでもあるとして、イメージというものが基本的に曖昧で両義的な性質のものであることを強調するとともに、それ自体曖昧なものである記憶ではなく、歴史だけが、「遠く離れたところからの眼差し」とそれが要請する「批判的距離」によって、その曖昧さと両義性を捉えることを可能にすると述べている箇所などがこれに当たる。

しかし、それはまた、新しい論点と問題にも適用されている。近代において世俗化のたどってきた相矛盾する経過とそのなかにあっての政治の遍在性というテーマがそれである。この案件にかんしては、第二試論と第三試論で主題的に取りあげられている。

まずホッブズの『リヴァイアサン』の扉頁に描かれている図像を取りあげた第二試論では、ギンズブルグは、その図像に先の尖ったマスクを着けてペストの防疫作業に当たっている二人の医師が登場することに着目する。そしてそれをホッブズが若い頃に英訳したトゥキュディデスのペロポネソス戦史のなかに出てくる紀元前四二九年にペストに見舞われて荒廃の極みに達したアテナイの情景と重ね合わせたうえで、トゥキュディデスのペロポネソス戦史のなかで使われていた“apergein”（抑制する）というギリシア語がホッブズの英訳では“awe”（畏敬させる）となっており、この同じ“awe”という語が『リヴァイアサン』でも使用されていることに読者の注意を喚起する。ペストに見舞われたアテナイでは法律と国家《ボディ・ポリティック》はもはや存在しなかったが、『リヴァイアサン』で仮設されている自然状態ではそれらはいまだ存在していないという違いはあるものの、いずれの場合にも、国家の存立のためには力だけでは不十分で、“awe”という宗教によっても自在に使用されていた手立てが必要とされると考えられていたことでは変わりがない。この意味では、絶対主義の哲学者ホッブズは国家にかんする省察が政治神学から切り離すことができなくなっていた伝統の創始者だったのであって、世俗化によって宗教は乗り越えられたわけではなく、たんに取って代えられたにすぎないというのだった。

つぎにダヴィッドの《最後の息を引き取ろうとしているマラー》について分析した第三試論では、ギンズブルグは、その絵にうかがえる古典的要素とキリスト教的要素の絡まり合いを政治を鍵にして読もうとする解釈には十分な説得性があることをさまざまな図像資料の踏査をつうじて証明してみせたうえで、ここでも第二試論同様、「世俗的権力は、可能な場合には、宗教のアウラを（それは武器でもある）横取りしようとする」のであって、世俗化は聖なるものの領域を撤廃するのではなく、むしろ、聖なるものの領域に浸透していくとの述言でもって全体を締めくくっている。

なるほど、テーマそのものは目新しいものではなく、多くの人々にとってはすでに解決済みのテーマであるのかもしれない。しかし、見落としてはならないのは、そのテーマにギンズブルグは解決済みとして片づけるにはほど遠い、しばしば紆余曲折に満ちた回りくどい道をたどって、盟友の歴史家サルヴァトーレ・セッティスも本書の書評で指摘しているように、「諸学科のあいだ」と「過去と現在のあいだ」という二つの横断面からなる、峻険でいまにも滑り落ちそうな尾根の上を歩みながらアプローチしようとしていることである。(9)そして一見したところあえて逆説を好んで弄んでいるかにみえるこのスタイルこそは、ギンズブルグのスタイルにほかならないのである。

＊

本書には、ほかにも何箇所か目を惹いた箇所がある。たとえば、第五試論で、これまで一般に反ファシズム宣言の作品であるとみなされてきたピカソの《ゲルニカ》について、そこには肝腎の敵であるファシストたちが登場しないことに注意を喚起したうえで、「ファシズム不在の反ファシズム絵画」としての《ゲルニカ》という逆説の意味するところを、当時ジョルジュ・バタイユが反ファシズム自体の限界にたいして投げかけていた、ファシズムをその地盤――大衆の情動、もしくは神話――に立ったところで打倒することができないでいるという批判と連結させて摑み取ろうとしている箇所がそうである。管見のかぎり、こうした連結のさせ方はこれまで他に類例を見たことがない。

なお、第五試論は、ピカソがハンガリー出身の写真家ブラッシャイから、ごくちっぽけなデッサンまでも含めて、作品のすべてに日付を記しているのはどうしてなのか、と尋ねられたのにたいして、できるかぎり完全な記録をのこしておいて、いつの日か、「創造活動にたずさわる者の研究をつうじて、人間一般についてもっと多くを学ぼうとする科学」が利用できるようにしておきたいのだ、と答えたというエピソードを紹介することでもって書き起こされているが、十五年前の二〇〇〇年に刊行された『力関係――歴史・レトリック・立証』に初出の論考「エグゾティズムを超えて――ピカソとヴァールブルク」が同じエピソードを紹介して締めくくられていたことにも注意しておいてよいだろう。[10]

＊

最後ながら、編集作業を担当してくださったみすず書房編集部の川崎万里さんに感謝する。

二〇一九年三月

上村忠男

（1）　Carlo Ginzburg, "Da A. Warburg a E. H. Gombrich. Note su un problema di metodo," *Studi medievali*, serie III, VII（1966）, pp. 1015-1065. この論考はその後、Carlo Ginzburg, *Miti emblemi spie. Morfologia e storia*（Torino: Einaudi, 1986）, pp. 29-106〔竹山博英訳『神話・寓意・徴候』（せりか書房、一九八八年）、四五―一一二頁〕に収録された。

（2）　Carlo Ginzburg, "High and Low: The Theme of Forbidden Knowledge in the Sixteenth and Seventeenth Centuries," *Past and Present*, n. 73（November 1976）, pp. 28-42. その後、*Miti* cit., pp.101-132〔竹山訳、一一三―一三九頁〕に収録。

（3）　Carlo Ginzburg, *Indagini su Piero. Il Battesimo, il ciclo di Arezzo, la Flagellazione di Urbino*（Torino: Einaudi, 1981）, p. XXI.〔森尾総夫訳『ピエロ・デッラ・フランチェスカの謎』（みすず書房、一九

九八年)、xv頁〕

(4) Carlo Ginzburg, "Le peintre et le bouffon: le «Portrait de Gonella» de Jean Fouquet," *Revue de l'Art*, 111 (1996), pp. 25-39; Id., *Jean Fouquet. Ritratto del buffone Gonella* (Modena: Franco Cosimo Panini, 1996).

(5) Carlo Ginzburg, "Le forbici di Warburg," in: Maria Luisa Catoni, Carlo Ginzburg, Luca Giuliani, Salvatore Settis, *Tre figure. Achille, Meleagro, Cristo*, a cura di Maria Luisa Catoni (Milano: Feltrinelli, 2013), pp. 109-132. (とくにp. 118)〔「ヴァールブルクの鋏」、上村忠男編訳『ミクロストリアと世界史』(みすず書房、二〇一六年)、一〇一—一〇二頁〕

(6) Cf. Michele Lodone, Recensione su Carlo Ginzburg, *Paura reverenza terrore. Cinque saggi di iconografia politica*, *Odradek*, II (2016), n. 1, pp. 145-155. ちなみに、「事物を自明的ではないしかたで眺める」というのは、アデルフィ出版社の社主兼編集人のロベルト・カラッソが、ギンズブルグの本書とともに始まった、まさにフロイト風に《イマーゴ》と銘打たれた同社の新しい叢書を紹介した一文のなかで、今日「言葉以上に侵略的で遍在的で専制的な存在になってしまっている」図像の暴力に対決することが必要とされると述べたさいに要請した条件である。(cf. Roberto Calasso, "Una collana nel segno dell'intuizione di Freud," *Repubblica*, 29 agosto 2015)

(7) Ginzburg, *Miti* cit., p. 60.〔竹山訳、八七頁〕

(8) Carlo Ginzburg, *Occhiacci di legno. Nove riflessioni sulla distanza* (Milano: Feltrinelli, 1998)〔竹山博英訳『ピノッキオの眼——距離についての九つの省察』(せりか書房、二〇〇一年)〕に集められている諸論文のほか、Id., "Shared Memories, Private Recollections," *History and Memory*, vol. 9: *Passing into*

History: Nazism and the Holocaust beyond Memory. In Honor of Saul Friedlander on His Sixty-Fifth Birthday (1997), pp. 353-363; Id., “Memoria e globalizzazione,” *Quaderni storici*, vol. 40 (2005), pp. 657-669 も見られたい。

(9) Cf. Salvatore Settis, “L'immagine è sempre politica,” *Il Sole 24 Ore*, 6 settembre 2015.

(10) Cf. Carlo Ginzburg, “Oltre l'esotismo: Picasso e Warburg,” in: Id., *Rapporti di forza. Storia, retorica, prova* (Milano: Feltrinelli, 2000), p. 146.〔上村忠男訳『歴史を逆なでに読む』(みすず書房、二〇〇三年)、二二六頁〕

人名索引

ア　行

アインシュタイン，カール　Carl Einstein (1885–1940)　183, 194–196, 213
アウエルバッハ，エーリヒ　Erich Auerbach (1892–1957)　98
アウグストゥス　Augustus (Gaius Julius Caesar Octavianus, 63 BC–14 BC)　136
アスキス，ハーバート・ヘンリー　Herbert Henry Asquith, 1st Earl of Oxford and Asquith (1852–1928)　126, 128
アペレス　Apelles (370 BC–306 BC)　136, 137, 152, 155, 158
アボット，モント　Mont Abbott (Montague Archibald Abbott, 1902–1989)　138, 140
アリストゲイトン　Aristogeiton (–514 BC)　177
アリストテレス　Aristoteles (384 BC–322 BC)　58
アルブヴァクス，モーリス　Maurice Halbwachs (1877–1945)　42, 159
アレクサンドロス大王　Alexandros Magnus (356 BC–323 BC)　136, 137, 141, 144, 152, 155, 158
アングル，ジャン＝オーギュスト＝ドミニク　Jean-Auguste-Dominique Ingres (1780–1867)　190
アンタル，フレデリック　Frederick Antal (1887–1954)　202, 203
アントネッロ・ダ・メッシーナ　Antonello da Messina (1430–1479)　144
イエス・キリスト　Iesus Christus (c. 6/4 BC–c. 30 AD)　64, 100, 101, 104, 141, 147
イオファン，ボリス・ミハーイロヴィチ　Boris Mikhailovich Iofan (1891–1976)　177
ヴァザーリ，ジョルジョ　Giorgio Vasari (1511–1574)　15, 74
ヴァールブルク，アビ　Aby Warburg (Abraham Moritz Warburg, 1866–1929)　1–6, 8, 13, 14, 24, 25, 40, 135, 136, 154, 155
ウィトルウィウス・ポッリオ，マルクス　Marcus Vitruvius Pollio (c. 80/70 BC–15 BC)　16, 29
ヴィンケルマン，ヨーハン・ヨアヒム　Johann Joachim Winckelmann (1717–1768)　2
ヴィント，エドガー　Edgar Wind (1900–1971)　3, 4
ヴェスプッチ，アメリゴ　Amerigo Vespucci (1454–1512)　14–16
ヴェーバー，マックス　Max Weber (1864–1920)　112, 113
ヴェルクマイスター，オットー・カール　Otto Karl Werckmeister (1934–)　174–176
ウェルズ，ハーバート・ジョージ　Herbert George Wells (1866–1946)　41

ヴォルフガング，ペーテル　Peter Wolfganck（1475–1535）　26
ウルマン，ハーラン・ケネス　Harlan Kenneth Ullman（1941–）　77, 78
エウクレイデス　Eukleides（c. 330 BC–c. 275 BC）　53, 59
エピクロス　Epikuros（341 BC–270 BC）　64, 65, 73
エベール，ジャック＝ルネ　Jacques-René Hébert（1757–1794）　104
エリザベス一世（処女王）　Elizabeth I（1533–1603）　62
エリュアール，ポール　Paul Éluard（1895–1952）　216
オーウェル，ジョージ　George Orwell（Eric Arthur Blair, 1903–1950）　156, 158
オストホフ，ヘルマン　Hermann Osthoff（1847–1909）　3
オットー，ルドルフ　Rudolf Otto（1869–1937）　76
オーブリー，ジョン　John Aubrey（1626–1697）　53
オリエ，ドゥニ　Denis Hollier（1942–）　213

カ　行

ガッリーニ，クララ　Clara Gallini（1931–2017）　76
カニンガム，アーラン　Allan Cunningham（1784–1842）　201
カペッロ，ステファノ　Stefano Capello（？–？）　34–37, 39, 40
カラヴァッジョ　il Caravaggio（Michelangelo Merisi da Caravaggio, 1571–1610）　110, 145, 147
ガリレイ，ガリレオ　Galileo Galilei（1564–1642）　53
カール五世　Karl V（1500–1558）　35, 39
カルパッチョ，ヴィットーレ　Vittore Carpaccio（c. 1465–1525/1526）　192
カーンワイラー，ダニエル＝アンリ　Daniel-Henry Kahnweiler（1884–1979）　207, 212
キケロ　Marcus Tullius Cicero（106 BC–43 BC）　96
キッチナー，ホレイショ・ハーバート　Lord Horatio Herbert Kitchener（1850–1916）　126–134, 137–140, 147, 150–152
ギロー，フランソワ＝エリー　François-Élie Guiraut（1762–1844）　93, 105
キローガ，バスコ・デ　Vasco de Quiroga（1477/1478–1565）　16
クザーヌス，ニコラウス　Nicholaus Cusanus（1401–1464）　140, 141, 152
クーパン，ピエール＝アレクサンドル　Pierre-Alexandre Coupin（1780–1841）　96, 98
クラーク，ティモシー・ジェイムズ　Timothy James Clark（1943–）　111–115
グラックス，ガイウス・センプロニウス　Gaius Sempronius Gracchus（154 BC–121 BC）　204, 206
クリストゥス，ペトルス　Petrus Christus（c. 1410/1420–1475/1476）　114
グリフィス，デイヴィッド・ウォーク　David Wark Griffith（1875–1948）　155
グリーンバーグ，クレメント　Clement Greenberg（1909–1994）　197, 208
グルーズ，ジャン＝バティスト　Jean-Baptiste Greuze（1725–1805）　198–202
クールベ，ギュスターヴ　Gustave Courbet（1819–1877）　111, 181
グロ，アントワーヌ＝ジャン　Antoine-Jean Gros（1771–1835）　94
クロウ，トマス　Thomas E. Crow（1948–）　105
ゲーテ，ヨーハン・ヴォルフガング・フォ

ン　Johann Wolfgang von Goethe（1749-1832）　194-196
コクトー，ジャン　Jean Cocteau（1889-1963）　189, 190, 192, 194
ゴーリ，ジョルジョ　Giorgio Gori（1910-？）　177
コルテス，エルナン　Hernán Cortés（1485-1547）　22, 24, 31, 40, 41
コンスタブル，ジョン　John Constable（1776-1837）　106
ゴンブリッチ，エルンスト・ハンス・ヨーゼフ　Ernst Hans Josef Gombrich（1909-2001）　14, 25, 210

サ　行

ザウエルレンダー，ヴィリバルト　Willibald Sauerländer（1924-2018）　105-108, 200
ザクスル，フリッツ　Fritz Saxl（1890-1948）　2
サティ，エリック・アルフレッド・レスリ　Érik Alfred Leslie Satie（1866-1925）　186
サミュエル，ラファエル　Raphael Elkan Samuel（1934-1996）　125, 133, 159, 161
サンチェス・ペレス，アルベルト　Alberto Sánchez Pérez（1895-1962）　180
ジェンティーリ，アルベリコ　Alberico Gentili（1552-1608）　75
シットウェル，オズバート　Osbert Sitwell（1892-1969）　151, 152
シャルロット・コルデー　Marie-Anne Charlotte de Corday d'Armont（1768-1793）　96, 108
ジャンソン，ニコラス　Nicolas Jenson（c. 1420-1480）　144
シュヴァイツァー＝ヘッセ，マグダレーナ　Magdalena Schweizer-Hesse（1751-1814）　204
シュトラウス，レオ　Leo Strauss（1899-1973）　77
シュペーア，アルベルト　Albert Speer（1905-1981）　177
シュマルゾー，アウグスト　August Schmarsow（1853-1936）　4
シュミット，カール　Carl Schmitt（1888-1985）　75
ジョット　Giotto di Bondone（c. 1267-1337）　30
シラー，ヨーハン・クリストフ・フリードリヒ・フォン　Johann Christoph Friedrich von Schiller（1759-1805）　112, 113
ジロデ，アンヌ＝ルイ　Anne-Louis Girodet（Anne-Louis Girodet-Trioson, 1767-1824）　204
シンケル，カール・フリードリヒ　Karl Friedrich Schinkel（1781-1841）　176
スーヴァリーヌ，ボリス　Boris Souvarine（Boris Lifschitz, 1895-1984）　217
スタイン，ガートルード　Gertrude Stein（1874-1946）　212
スタニスワフ・コストカ　Stanisław Kostka（1550-1568）　108, 110, 118
スターリン，ヨシフ・ヴィッサリオノヴィチ　Iosif Vissarionovich Stalin（Ioseb Dzhugashvili, 1878-1953）　155, 158, 194
ストラヴィンスキー，イーゴリ・フョードロヴィチ　Igor' Fydorovich Stravinsky（1882-1971）　192-194
セクラー，ジェローム　Jerome Seckler（1915-1987）　211, 212
ゼーモン，リヒャルト　Richard Wolfgang Semon（1859-1918）　25
ゼーリ，フェデリコ　Federico Zeri（1921-1998）　15, 119
セルト，ホセ・ルイ（生地のカタルーニャ語ではジュゼプ・ルイス）　Josep

Lluís Sert（1902–1983）　180, 181
セルバンテス　Miguel de Cervantes Saavedra（1547–1616）　218
ソヴァジョー，ピエール　Pierre Sauvageot（生没年不詳，1792年ディジョン市長）　101, 102

タ　行

ダヴィッド，ジャック＝ルイ　Jacques-Louis David（1748–1825）　7, 89–96, 98, 99, 102, 104–108, 110–112, 114, 115, 117, 118
ダーウィン，チャールズ　Charles Robert Darwin（1809–1882）　4, 5
ダヴレ，H＝D　Henry D. Davray（1873–1944）　139, 140
タキトゥス，プブリウス・コルネリウス　Publius Cornelius Tacitus（c. 55–c. 120）　8, 66–68
ダモクレス　Damocles（紀元前4世紀頃）　96
タルデュー，ピエール＝アレクサンドル　Pierre-Alexandre Tardieu（1756–1844）　92
ダンギエーラ，ピエトロ・マルティーレ　Pietro Martire d'Anghiera（1457–1526）　14
チェザリアーノ，チェーザレ　Cesare Cesariano（1475–1543）　16, 29
チャーチル，ウィンストン　Sir Winston Leonard Spencer Churchill（1874–1965）　127
チャールズ一世　Charles I（1600–1649）　53
チャールズ二世　Charles II（1630–1685）　68
ディアギレフ，セルゲイ・パヴロヴィチ　Sergei Pavlovich Diaghilev（1872–1929）　190
ディオニュシオス　Dionysios（432 BC–367 BC）　96
デヴォンシャー伯ウィリアム・キャヴェンディッシュ　1st Earl Devonshire, William Cavendish（1552–1626）　52, 53, 62
デカルト，ルネ　René Descartes（1596–1650）　53
デ・キリコ，ジョルジョ　Giorgio de Chirico（1888–1978）　210
デューラー，アルブレヒト　Albrecht Dürer（1471–1528）　1, 6, 28–30, 34–36
デュルケム，エミール　Émile Durkheim（1858–1917）　60
トゥキュディデス　Thucydides（c. 460 BC–395 BC）　52, 59–63, 70, 73, 74
ドナテッロ　Donatello（Donato di Niccolò di Betto Bardi, 1386–1466）　3, 30, 177
トピノ＝ルブラン，フランソワ・ジャン＝バティスト　François Jean-Baptiste Topino-Lebrun（1764–1801）　204–206
トーマ，ハンス　Hans Thoma（1839–1924）　22
ドルチェ，ルドヴィーコ　Ludovico Dolce（1508/1510–1568）　145
ドレイトン，リチャード　Richard Drayton（1964–）　77
トロツキー，レフ・ダヴィードヴィチ　Lev Davidovich Trotsky（Lev Davidovich Bronstein, 1879–1940）　134

ナ　行

ナポレオン・ボナパルト　Napoléon Bonaparte（1769–1821）　205
ニーチェ，フリードリヒ・ヴィルヘルム　Friedrich Wilhelm Nietzsche（1844–1900）　2, 218
ネグリン・ロペス，フアン　Juan Negrín López（1892–1956）　215

ノースクリッフ卿　Alfred Charles William Harmsworth, 1st Viscount Northcliffe (1865–1922)　139

ハ　行

バー，アルフレッド・ハミルトン・ジュニア　Alfred Hamilton Barr jr. (1902–1981)　197, 212
パウシアス　Pausias（4 世紀前半）　137
バクサンドール，マイケル　Michael David Kighley Baxandall (1933–2008)　29
ハスケル，フランシス　Francis James Herbert Haskell (1928–2000)　198
バタイユ，ジョルジュ　Georges Albert Maurice Victor Bataille (1897–1962)　213–219
パーチャス，サミュエル　Samuel Purchas (1577？–1626)　62–64
ハッサル，ジョン　John Hassall (1868–1948)　150
パノフスキー，エルヴィン　Erwin Panofsky (1892–1968)　15, 16, 35
バブーフ，フランソワ＝ノエル（通称グラキュース・バブーフ）　François-Noël Babeuf, dit Gracchus Babeuf (1760–1797)　204, 205
パール，リチャード・ノーマン　Richard Norman Perle (1941–)　77
バルザック，オノレ・ド　Honoré de Balzac (1799–1850)　107
バルテュス　Balthus (Balthasar Michel Klossowski de Rola, 1908–2001)　211
バルベリーニ，フランチェスコ　Francesco Barberini (1597–1679)　198
ハルモディオス　Harmodios (–514 BC)　177
バロー，ジャン＝ルイ　Jean-Louis Barrault (1910–1999)　218
バンディネッリ，バッチョ　Baccio Bandinelli (1488–1560)　3
ピアチェンティーニ，マルチェッロ　Marcello Piacentini (1881–1960)　177
ピエロ・ディ・コジモ　Piero di Cosimo (Piero di Lorenzo di Chimenti, 1462–1522)　15, 16
ヒエロニュムス　Eusebius Sophronius Hieronymus (347–420)　55, 73
ピカソ，パブロ・ルイス　Pablo Ruiz Picasso (1881–1973)　7, 169–171, 174, 175, 180, 181, 183, 186–190, 192, 194–198, 206–216, 219
ヒトラー，アドルフ　Adolf Hitler (1889–1945)　177, 217
ヒルトン，ティモシー　Timothy Hilton (1941–)　208, 209
ビング，ゲルトルート　Gertrud Bing (1892–1964)　135
ファムルス（またはファブルス）　Famulus (Fabullus)（紀元 1 世紀）　136
フェルナンデス・デ・オビエド　Gonzalo Fernández de Oviedo y Valdés (1478–1557)　27, 28
フェルメール，ヨハネス　Johannes Vermeer (Jan van der Meer van Delft, 1632–1675)　192
プッサン，ニコラ　Nicolas Poussin (1594–1665)　198, 199, 203
ブラック・ジョルジュ　Georges Braque (1882–1963)　207
ブラッシャイ　Brassaï (Gyula Halász, 1899–1984)　169, 170, 174, 175, 180, 181, 183, 186–190, 192, 194–198, 206–216, 219
ブラマンテ，ドナート　Donato Bramante (1444–1514)　29
フランコ・バアモンデ，フランシスコ　Francisco Franco Bahamonde (1892–

1975)　171, 189, 218
ブランシュ，ジャック＝エミール　Jacques-Émile Blanche (1861–1942)　190, 192
フランソワ一世　François I (1494–1547)　39
フランツ・フェルディナント　Franz Ferdinand von Habsburg-Lothringen (1863–1914)　126
ブラント，アンソニー・フレデリック　Anthony Frederick Blunt (1907–1983)　176, 212
フリース，ローラン　Laurent Fries (1485–1532)　31, 37
ブリッジウォーター，ハワード　James Howard Bridgewater (1895–1955)　147, 148
プリニウス　Gaius Plinius Secundus (23–79)　136, 137, 140, 141, 144, 145, 152, 157, 158
ブルクハルト，ヤーコプ　Carl Jacob Christoph Burckhardt (1818–1897)　2
ブルクマイアー，ハンス　Hans Burgkmair (1473–1531)　26, 27
プルースト，マルセル　Valentin Louis Georges Eugène Marcel Proust (1871–1922)　190, 192
プルタルコス　Ploutarcos (46/48–125/127)　92
ブレーデカンプ，ホルスト　Horst Bredekamp (1947–)　76, 77
ブレヒト，ベルトルト　Bertolt Brecht (Eugen Berthold Friedrich Brecht, 1898–1956)　211
ブレンデル，オットー　J. Otto J. Brendel (1901–1973)　183, 206, 211
ブロッホ，エルンスト　Ernst Simon Bloch (1885–1977)　192, 194
フロマンタン，ウジェーヌ　Eugène Fromentin (1820 - 1876)　190
フローリオ，ジョン　John Florio (1553–1625)　63
フュースリー，ヨーハン・ハインリヒ　Johann Heinrich Füssli (1741–1825)　201–204, 206
ベーコン，フランシス　Francis Bacon, Baron Verulam and Viscount St. Albans (1561–1626)　66
ベアトゥス（リエバナの）　Beatus de Liébana (c. 730–798)　212
ベッカー，バルタザール　Balthasar Bekker (1634–1698)　113
ベルゲーテ，アロンソ　Alonso González Berruguete (1490–1561)　27
ヘルディンク，クラウス　Klaus Herding (1939–)　105
ベルトルド・ディ・ジョヴァンニ　Bertoldo di Giovanni (1420–1491)　3
ベン，ゴットフリード　Gottfried Benn (1886–1956)　177
ベンヤミン，ヴァルター　Walter Benjamin (1892–1940)　211
ボウマン，フランク・ポール　Frank Paul Bowman (1927–2006)　100, 101
ボス，アブラハム　Abraham Bosse (c. 1604–1676)　68, 70
ホッブズ，トマス　Thomas Hobbes (1588–1679)　7, 51–56, 58, 59, 61–68, 70, 73–78, 115
ポッライオーロ，アントニオ　Antonio Pollaiolo (c. 1431–1498)　28, 29, 31
ボードレール，シャルル　Charles-Pierre Baudelaire (1821–1867)　107, 108, 110
ホール，S・ローランド　S. Roland Hall (1876–？)　148
ホールデン，リチャード・バードン　Richard Burdon Haldane (1856–1928)　128

ポントルモ　Pontormo（Iacopo Carrucci, 1494-1557）　145

マ　行

マキャヴェッリ，ニッコロ　Niccolò Machiavelli（1469-1527）　116
マックドナー，マイケル　Michael MacDonagh（1862-1946）　138, 140
マッソン，アンドレ　André-Aimé-René Masson（1896-1987）　216, 218
マラー，ジャン゠ポール　Jean-Paul Marat（1743-1793）　89, 93-96, 98, 100-102, 104-108, 110-112, 115, 117
マール，ドラ　Dora Maar（Henriette Theodora Markovitch, 1907-1997）　183, 187, 214
マルクス・アウレリウス　Marcus Aurelius Antoninus（121-180）　177
マルグリット（ハプスブルクの）　Margherita d'Asburgo（1522-1586）　35-39
マン，トーマス　Paul Thomas Mann（1875-1955）　196
マンク，ジョージ　George Monck（1608-1670）　129
マンテーニャ，アンドレーア　Andrea Mantegna（1431-1506）　1, 2, 26-30, 40
ミケランジェロ・ブオナローティ　Michelangelo di Lodovico Buonarroti Simoni（1475-1564）　29, 30, 74, 145, 200-202, 204, 205
ミロ，ホアン　Joan Miró（1893-1983）　180
ムハンマド　Muhammad（c. 570-632）　64
ムーヒナ，ヴェラ　Vera Ignatyevna Mukhina（1889-1953）　177
メディチ，ロレンツォ・ディ・ピエルフランチェスコ・デ　Lorenzo di Pierfrancesco de'Medici（1463-1503）　14
メムリンク，ハンス　Hans Memling（1430-1494）　144
メルセンヌ，マラン　Marin Mersenne（1588-1648）　53
モア，トマス　Thomas More（1478-1535）　16
モーセ　Moses（紀元前 16 世紀または紀元前 13 世紀頃）　64
モデルノ（ガレアッツォ・モンデッラ）　il Moderno（Galeazzo Mondella, 1467-1528）　30
モンテーニュ，ミシェル・エケム・ド　Michel Eyquem de Montaigne（1533-1592）　63, 64

ヤ　行

ユング，カール・グスタフ　Carl Gustav Jung（1875-1961）　25

ラ　行

ラヴァーター，ヨーハン・カスパー　Johann Kaspar Lavater（1741-1801）　204
ラファエッロ・サンツィオ　Raffaello Sanzio（1483-1520）　30
ラルゴ・カバジェーロ，フランシスコ　Francisco Largo Caballero（1869-1946）　215
ランディーノ，クリストーフォロ　Cristoforo Landino（1424-1498）　144
リート，アルフレッド　Alfred Leete（1882-1933）　148, 150-152
リュッツェルブルガー，ハンス　Hans Lützelburger（c. 1495-1526）　31
リュミエール，オーギュスト　Auguste Lumière（1862-1954）　154
リュミエール，ルイ　Louis Lumière（1864-1948）　154
ルイ 11 世　Louis XI（1423-1483）　15

ルイーズ・ド・サヴォワ　Louise de Savoie（1476–1531）　39
ルイス・ブラスコ，ホセ　José Ruiz y Blasco（1838–1913）　210
ルキアノス　Lucianos（120–192）　16
ルクレティウス　Titus Lucretius Carus（c. 94 BC–c. 55 BC）　64, 65
ルグロ，ピエール　Pierre Legros（1666–1719）　108, 110, 118
ルソー，ジャン＝ジャック　Jean-Jacques Rousseau（1712–1778）　92, 115–117
ルナチャルスキイ，アナトーリイ・ヴァシリエヴィチ　Anatoliy Vasilievich Lunacharsky（1875–1933）　194, 196
ルービン，ウィリアム　William Stanley Rubin（1927–2006）　207
ルペルティエ・ド・サン＝ファルジョー，ミシェル・ルイ　Michel Louis Le Peletier de Saint-Fargeau（1760–1793）　92–96, 98
レオナルド・ダ・ヴィンチ　Leonardo da Vinci（1452–1519）　27, 29,
レオパルディ，ジャコモ　Giacomo Leopardi（1798–1837）　79
レズリー，チャールズ・ロバート　Charles Robert Leslie（1794–1859）　106
レノルズ，ジョシュア　Sir Joshua Reynolds（1723–1792）　3–5
レピントン，シャルル・ア・クール　Charles à Court Repington（1858–1925）　128
レリス，ミシェル　Michel Leiris（1901–1990）　186
ローゼンブルム，ロバート　Robert Rosenblum（1927–2006）　100, 104, 198
ロヒール・ファン・デル・ウェイデン　Roger van der Weyden（c. 1399–1464）　140
ロベスピエール，マクシミリアン・フランソワ・マリー・イジドール・ド　Maximilien François Marie Isidore de Robespierre（1758–1794）　92, 105, 115

著者略歴

(Carlo Ginzburg)

歴史家. 1939年, イタリアのトリーノに生まれる. ピサ高等師範学校専修課程修了. ボローニャ大学・近世史講座教授, カリフォルニア大学ロスアンジェルス校教授を経てピサ高等師範学校教授. 著書『夜の合戦—— 16-17世紀の魔術と農耕信仰』(上村忠男訳, みすず書房 1986 [原著 1966])『チーズとうじ虫—— 16世紀の一粉挽屋の世界像』(杉山光信訳, みすず書房 1984,《始まりの本》2012 [1976])『神話・寓意・徴候』(竹山博英訳, せりか書房 1988 [1986])『闇の歴史——サバトの解読』(竹山博英訳, せりか書房 1992 [1989])『裁判官と歴史家』(上村忠男・堤康徳訳, 平凡社 1992 [1991])『ピエロ・デッラ・フランチェスカの謎』(森尾総夫訳, みすず書房 1998 [1994])『ピノッキオの眼——距離についての九つの省察』(竹山博英訳, せりか書房 2001 [1998])『歴史・レトリック・立証』(上村忠男訳, みすず書房 2001 [1999])『歴史を逆なでに読む』(上村忠男訳, みすず書房 2003)『糸と痕跡』(上村忠男訳, みすず書房 2008 [2006])『ミクロストリアと世界史——歴史家の仕事について』(上村忠男編訳, みすず書房 2016) ほか.

訳者略歴

上村忠男〈うえむら・ただお〉 1941年兵庫県尼崎市に生まれる. 東京大学大学院社会学研究科 (国際関係論) 修士課程修了. 東京外国語大学名誉教授. 学問論・思想史専攻. 著書『ヴィーコの懐疑』(みすず書房, 1988)『歴史家と母たち——カルロ・ギンズブルグ論』(未來社, 1994)『歴史的理性の批判のために』(岩波書店, 2002)『グラムシ 獄舎の思想』(青土社, 2005)『ヘテロトピア通信』(みすず書房, 2012)『ヴィーコ論集成』(みすず書房, 2017) ほか. 訳書 グラムシ『知識人と権力』(みすず書房, 1999) アガンベン『残りの時』(岩波書店, 2005)『いと高き貧しさ』(共訳, みすず書房, 2014)『身体の使用』(同, 2016)『哲学とはなにか』(同, 2017) ヴィーコ『新しい学』上・下 (中公文庫, 2018) カッチャーリ『死後に生きる者たち』(みすず書房, 2013) ほか多数.

カルロ・ギンズブルグ
政治的イコノグラフィーについて
上村忠男訳

2019年 6 月 10 日 第 1 刷印刷

発行所 株式会社 みすず書房
〒113-0033 東京都文京区本郷 2 丁目 20-7
電話 03-3814-0131（営業） 03-3815-9181（編集）
www.msz.co.jp

本文組版 キャップス
本文・口絵印刷所 中央精版印刷
扉・表紙・カバー印刷所 リヒトプランニング
製本所 中央精版印刷

ISBN 978-4-622-08815-8
［せいじてきイコノグラフィーについて］